A Criança
na Clínica
Psicanalítica

Angela Vorcaro

A Criança na Clínica Psicanalítica

EDITOR
José Nazar

Companhia de Freud

Copyright © *by* COMPANHIA DE FREUD Editora

Direitos de edição em língua portuguesa adquiridos pela
EDITORA CAMPO MATÊMICO
Proibida a reprodução total ou parcial

EDITORAÇÃO ELETRÔNICA
FA – Editoração Eletrônica

ILUSTRAÇÃO DE CAPA
Leornado da Vinci
LA MADONE A L'ŒLLET – 1478 ou 1473
PINACOTHÉQUE – MUNICH

REVISÃO
Sandra Felgueiras

EDITOR RESPONSÁVEL
José Nazar

CONSELHO EDITORIAL
Bruno Palazzo Nazar
José Nazar
José Mário Simil Cordeiro
Maria Emília Lobato Lucindo
Teresa Palazzo Nazar
Ruth Ferreira Bastos

Rio de Janeiro, 2004

FICHA CATALOGRÁFICA

V953p
    Vorcaro, Angela M. R. (Angela Maria Resende)
        A criança na clínica psicanalítica / Angela Vorcaro . –
Rio de Janeiro : Companhia de Freud, 2004.

196 p. ; 23 cm

ISBN 85-85717-05-X

    1. Psicanálise Infantil. I. Título. II. Título: A criança
na clínica psicanalítica.

CDD-618.928917

ENDEREÇO PARA CORRESPONDÊNCIA
Rua da Candelária, 86 – 6º andar
Tel.: (21) 2263-3960 • (21) 2263-3891
Centro – Rio de Janeiro
e-mail: ciadefreud@ism.com.br

Para
Ana Luiza

Apresentação

O texto desse livro foi apresentado inicialmente como Tese de Doutorado ao Programa de Estudos Pós-Graduados em Psicologia Clínica da PUC-SP, no mês de Abril de 1997. A tese teve a orientação da psicanalista Nina Virgínia de Araújo Leite, Profa. Dra. do Instituto de Estudos da Linguagem da UNICAMP, que percorreu, comigo, toda a trajetória. O privilégio das incidências de sua presença torna o escrito que agora se publica tributário dessa aposta. Cláudia de Lemos e Viviane Veras foram, também, especialmente generosas: muito além das funções em que se engajaram, examinadora e revisora foram leitoras efetivas.

São Paulo, maio de 1997

Sumário

1 Introdução 11

2 Da condição de criança 21
    2.1. A inscrição da criança na língua 22
    2.2. A visibilidade da criança 25
    2.3. A criança observável 34
        2.3.1. *A transcrição descritiva como ideal da observação* 37
        2.3.2. *A tradução como ideal da observação* 40
    2.4. A manifestação da criança na psicanálise 46
    2.5. A criança analisável 55

3 A constituição subjetiva 65
    3.0. Da precedência simbólica ao sujeito 71
    3.1. A fissura Real incide no Simbólico 77
    3.2. O Imaginário recobre a hiância real no simbólico 91
    3.3. A demarcação Simbólica do Imaginário 103
    3.4. A fissura real da equivalência criança : falo 111
    3.5. O recobrimento imaginário da interdição real 116
    3.6. O laço da metáfora – o Simbólico incide no Imaginário 119

4 A psicanálise de crianças 135
    4.1. Especificidade de criança 139
    4.2. Particularidades da clínica de crianças 140
    4.3. Da estrutura na clínica 151
        4.3.1. *Do significante...* 157
        4.3.2. *... à letra* 161
        4.3.3. *Operações clínicas* 168

5 Conclusão 185

Bibliografia 189

Introdução

Na proliferação de seus modos, a clínica psicanalítica de crianças submete-se a impasses e sustenta querelas suficientes para que seja muitas vezes localizada na fronteira da capacidade operatória da psicanálise.

Efetivamente, a singular opacidade que constrange a observação das manifestações da criança perfuram o que se consideram condições da operação analítica, razão mesma da saturação imaginária que tal opacidade instiga, produzindo seja a deriva infinita, a que o clínico se submete, seja a contenção, que o apóia nos engodos da biunivocidade entre o comportamento e seu sentido.

Consideramos, entretanto, a hipótese de que as manifestações da criança situam-se no campo da linguagem e, portanto, no exercício da função significante, que julgamos capaz de dissolver os paradoxos implicados na clínica psicanalítica de crianças, no mesmo movimento em que recupera a dignidade enigmática do que a criança confina de real, condição da hipótese do inconsciente.

Com Lacan, resgataremos o testemunho entrevisto nos registros em que Freud bordeja as manifestações da criança concreta, para conferir à condição de criança o estatuto de estruturalidade necessário à clínica. Isso não implica supor que o pensamento de Lacan seja redutível a uma chave interpretativa de Freud. Pelo contrário, a tomada das dimensões do Real, Simbólico e Imaginário assinala o salto de uma descontinuidade que transpõe, num outro registro, a letra freudiana, revelando sua espessura.

Vale notar que o percurso considerado capaz de situar a estruturalidade da constituição subjetiva da criança obrigou a efetuar uma subversão na cronologia da produção conceitual de Lacan, que não é senão um efeito do trilhamento que pinçou o estofo de certos eixos de orientação, destacados como pontuações privilegiadas do conjunto da obra (ou melhor dizendo, daquilo a que é possível ter acesso dessa obra, de certo modo regulado por seu editor). Sobre esses pontos, operou-se uma ordenação que enlaça cadeias seriadas de elementos, dispostos num outro registro, compondo uma espécie de deciframento cuja forma se presta à refutação.

Enfim, o tratamento dado aqui à obra de Lacan sofre os efeitos implicados pelo que o ensinamento freudiano marca, o próprio Lacan ressalta e Allouch sublinha: o convite a ler com o escrito, mediante um trabalho de deciframento.

Propõe-se, aqui, demarcar traços balizadores da clínica de crianças a partir das hipóteses de Lacan. Portanto, não são feitas prescrições ou ilustrações probatórias. Ao tratar a criança sob a vigência da linguagem, este trabalho pode ser tomado como uma espécie de preliminar a toda consideração de psicanálise com crianças. Afinal, espera-se diferenciar as armadilhas do que nós supomos transparente, quando supomos sentidos e registramos as manifestações de crianças, e avançar nas conseqüências da consideração da linguagem em suas incidências na aproximação à criança, questão imprescindível para que uma clínica psicanalítica de crianças seja possível.

O texto subdivide-se em 3 partes, que serão sintetizadas a seguir.

A primeira parte enfoca a construção do conceito de criança na época moderna: as modalidades clínicas de aproximação a ela, pautadas pela observação, e as pistas que Freud nos oferece para ultrapassar o plano euclidiano da observação.

A segunda parte desenvolve uma hipótese da constituição subjetiva, onde são feitas algumas operações sobre a obra de Lacan, privilegiando alguns eixos, constituindo uma ordenação e transpondo essa ordem para o registro da topologia que ele mesmo propõe. É o que parece essencial para poder contemplar a especificidade da constituição subjetiva que conta com a hipótese do inconsciente e a concepção de tempo que está em jogo.

A terceira parte aborda os impasses, os paradoxos e as operações clínicas implicadas na psicanálise de crianças.

Tomam-se as manifestações da criança como passíveis de serem recolhidas em três registros, contando com a diferenciação feita por Jean Allouch entre transcrição, tradução e transliteração: a *transcrição* é a transformação de manifestações num código; portanto, supõe igualdade entre o que é percebido e o que é registra-do. A *tradução* é a transformação das manifestações num sentido a elas atribuído. A tradução supõe uma consistência implícita no que é percebido e define seu signifi-cado. A *transliteração*, enfim, é a transposição de registros. Ela implica considerar as manifestações como um texto cujos traços são desconhecidos. Seu deciframento implica recuperar a lógica que estabelece os valores de cada cifra.

Inicialmente é feita a distinção de dois modos de observação das manifes-tações de criança, característicos das práticas psicológico-psiquiátricas. Por um lado, temos o ideal da transcrição, presente nas práticas que se pretendem cien-tíficas, que buscam uma *descrição classificatória*. Essa espécie de transcrição des-critiva reconhece as manifestações da criança, transformando-as num objeto pro-duzido e determinado por um código, alocando-as nos quadros patológicos ou nas escalas de maturação. A inscrição desse dispositivo num sistema classificatório permite simplificar e reduzir a transcrição: alguns sinais eleitos tornam-se sig-nos de equivalência a quadros clínicos ou a escalas já descritas, permitindo, as-sim, a identificação de uma criança a lugares já previstos pelas escalas de maturação ou pelos quadros patológicos possíveis, visando o seu reencontro e não o que a singulariza. Por outro lado, temos a *tradução compreensiva*, pautada no ideal de encontrar o sentido da manifestação. A tradução é essa atribuição de sentido, cujo critério é a intuição do clínico: sua subjetividade é o instrumento que oferece o sentido suposto. A observação assume, assim, as versões imagina-das pelo clínico, constituindo um campo de influências sugestivas.

Nos dois casos, seja por desconsiderar a singularidade da criança, chapando-a no código, seja por inflá-la de consistências, pela atribuição de sentido, o traço da especificidade da criança não é formulado, não há o que interrogar, a criança é feita transparente. Afinal, no *código*, a relação é biunívoca entre manifestação e quadro; no *sentido*, a relação também é biunívoca entre manifestação e intuição.

Todo o percurso restante do texto é feito para abordar essa operação de leitura nomeada *transliteração*, bem como o modo como ela se articula à trans-crição e à tradução, que também estão em jogo na clínica. Esse percurso foi necessário para poder considerar que as manifestações da criança são uma leitura de sua relação com a alteridade. Portanto, elas constituem um texto cifrado da sua relação com o Outro. Para que a clínica psicanalítica de crianças seja possível, é necessário distinguir as operações envolvidas no deciframento desse texto.

Os modos como Freud aborda as manifestações da criança, como toma a observação direta, são discernidos na recuperação dos momentos em que ele escreve sobre a criança concreta. Conclui-se que a criança mostra a Freud que lê a experiência vivida num outro registro, onde opera substituições, constrói mitos, desloca-se, pratica figuras de linguagem, usa elementos como significantes, ordena séries e estabelece uma sintaxe, num reordenamento e numa transposição de registros centrados na lógica de suas urgências.

No mesmo movimento em que interroga e articula essas manifestações, Freud ressalta a posição secundária da observação de crianças, em relação às investigações sobre o infantil, realizada através da análise. Para ele, a observação de crianças não responde pelo infantil; e ele chega mesmo a dizer que, *se os homens pudessem aprender com a observação direta, os três ensaios não precisariam ter sido escritos*. A observação de crianças é, para ele, fonte de equívocos, por *elaborar objetos que originam mal-entendidos*.

Para além dessas pontuações sobre as manifestações de crianças, podemos encontrar, no plano geral da obra de Freud, três incidências diferentes da criança. Não só o infantil, ou seja, a criança constituída pelo adulto, quando ele supõe o que ele teria sido, mas também a criança depositária do ideal parental podem ser considerados como a *criança imaginária*. O filho, ou seja, a criança como fruto materno, é encontrado na obra de Freud como termo numa equação inconsciente, onde ele tem equivalência simbólica a presente-excremento-dinheiro-pênis; isso nos permite considerar que Freud atribui uma função simbólica à criança. Podemos ainda supor que, algumas vezes, Freud tomou a criança como inapreensível. Trata-se da criança que confirmava suas teorias, mas que não lhe permitiu formular a analisabilidade que ele julgava possível; da criança que ele situou como coisa para o futuro; dessa versão da criança que ele delegou a sua filha Anna o encargo de formular; da criança que o surpreende, da qual ele chega a dizer que nada lhe reclamou tanta detenção, causou-lhe tantos embaraços; da criança analisável que seria tarefa para analistas mulheres e não para os analistas médicos. Enfim, essa criança *quase* abordável pela psicanálise, mas que, *sem a psicanálise, seria enigma inabordável*, situa a incidência da *criança real*, em Freud.

Depois de ressaltar o caráter imaginário que envolve as concepções de criança – a posição estratégica em que ela é localizada na modernidade como sustentáculo dos ideais da civilização – e situar as modalizações da observação na clínica pela via da transcrição e da tradução, além da trilha que Freud abre, foi necessário privilegiar a abordagem da criança para a psicanálise, no movimento da constituição subjetiva.

INTRODUÇÃO

A consideração de que as manifestações da criança não têm estatuto de ação, mas são atos constitutivos de sua realidade psíquica e, portanto, escrevem o texto cifrado de sua relação à alteridade, conduziu a explicitação da hipótese da constituição do sujeito numa espécie de tecido feito de cruzamentos do Real, do Simbólico e do Imaginário. Pretendeu-se, assim, apenas contemplar as condições que balizam a leitura do texto hieroglífico escrito pela criança em suas manifestações na clínica: passo necessário para que a clínica possa prestar-se à refutação, confrontar-se com a teoria e recolher o testemunho das manifestações da criança.

Considerar a constituição do sujeito como uma trama confeccionada pelo Real, Simbólico e Imaginário implica abrir as descontinuidades encobertas pela concepção de desenvolvimento, que explica o sujeito pela evolução de um sistema de necessidades, num corpo que tenderia à acumulação adaptativa. Afinal, a noção de desenvolvimento se pauta pela maturação ou pela complexificação de um equilíbrio cada vez maior, superador do que o precede e a que jamais retornaria. Trata-se, enfim, de dar vigência à afirmação de Freud de que o primitivo é imperecível.

Para esse fim, trabalhou-se na topologia do nó borromeano, que mostra a articulação e a constrição das dimensões do Real, do Simbólico e do Imaginário, formalizadas por Lacan, e um modo de constituir esse nó, numa trançagem das três dimensões, como linhas infinitas e maleáveis, em seis movimentos. Suas posições permutam-se até retornarem à disposição inicial. Supõe-se aí que essas dimensões sejam incessantes e indestrutíveis; por isso, cada uma compõe um círculo ou uma linha infinita. Tratou-se, assim, de seguir a trilha pela qual a unidade biológica de um ser, que está inicialmente no lugar de coisa operada por uma alteridade estruturada, reverte-se num sujeito estruturado, capaz de transmitir uma herança simbólica.

A criança é tomada como um lugar de relações que amarram um organismo irredutível, uma articulação de significantes e uma consistência ideal: três heterogêneos que se deixam ler como coincidência que os sobrepõe num mesmo ponto. A rota desse ponto mergulhado no espaço, que lhe impõe alteridade radical, é então traçada. Considerou-se uma *posição zero*, que precede o início do trançamento e que lhe dá condição de possibilidade. Trata-se do lugar em que o real do organismo neonato é inserido na realidade psíquica do agente materno, equivalendo ao termo simbólico que o localizava no campo discursivo antes que ele nascesse e equivalendo ainda à consistência dos sentidos que interpretam suas manifestações, supondo-lhes intencionalidade subjetiva. Essa superposição *real* do organismo à posição *simbólica* investida *imaginariamente* pela

A CRIANÇA NA CLÍNICA PSICANALÍTICA

alteridade de um agente produz uma espécie de regularidade automática de alternância. Essa alternância é o mecanismo que opõe tensão e apaziguamento, ao mesmo tempo que articula essa descarga orgânica de tensão, com o apaziguamento da resposta dada pelo agente materno. É isso que poderá ser tomado, por aquele que o vive, como uma experiência de satisfação. Aí, presença e ausência intercalam-se na automaticidade que articula a resposta materna à manifestação da necessidade. Essa matriz simbólica, que se inscreve na alternância de dois estados, inaugura a condição de subjetivação. Nada há, de sujeito, nesse momento mítico: uma matriz simbólica acéfala que permite a alternância tensão e apaziguamento, colando o organismo à consistência imaginária que lhe é suposta pela mãe que lhe responde. Podemos, assim, distinguir o organismo como algo de *real*, a alternância entre os termos (tensão e apaziguamento) como *simbólica* e a consistência dos sentidos em que o agente materno interpreta o organismo como *imaginária*. É o que nos permite planificar R, S, I como três linhas vizinhas e maleáveis, que sofrerão deformações contínuas.

A partir daí temos um *primeiro movimento*: incidência do real nessa matriz simbólica. O funcionamento dessa matriz no organismo pode ser caracterizado como um funcionamento simbólico, ou seja, funcionamento presidido pelo movimento que articula tensão e apaziguamento. Quando essa alternância não se mantém, ele é afetado por uma descontinuidade. É o que nomeamos incidência do real no simbólico. Nesse esgarçamento que perfura a matriz simbólica, situamos o primeiro movimento da trança.

O *segundo movimento* é a superação dessa descontinuidade no funcionamento, que exige o retorno da equivalência à situação de plenitude anterior. Mas os objetos oferecidos para a satisfação não possibilitam o reencontro do gozo pleno supostamente havido em algum momento. Esses objetos ressublinham o traço da diferença entre gozo esperado e gozo obtido, que está cunhado no sujeito. A criança situa o agente da privação, que ela ressente, na alteridade materna e, portanto, localiza nela a possibilidade de satisfação, supondo nela o saber sobre seu gozo. Assim, a falta real no simbólico é recoberta com a imaginarização do agente materno. O segundo movimento, portanto, é caracterizado como uma incidência do imaginário no real.

No terceiro movimento, a mãe imaginada onipotente deixa-se pressentir afetada em sua potência. Ela demanda à criança o que a criança não sabe dar. Aí, duas faltas se recobrem sem reciprocidade. A criança tenta determinar o desejo materno e se oferece como termo que o contempla, ocupando o lugar fálico a que pode supor equivaler. No pressentimento do falo constituindo uma

INTRODUÇÃO

falta na mãe – falta que não consegue recobrir, mas supõe preencher – traça-se o perfil da estrutura simbólica. Nesse lugar fálico, a criança opera simbolicamente, lidando com a falta. Portanto, neste terceiro movimento, o simbólico recobre o imaginário: a criança propõe-se como falo, tentando determinar o desejo materno, encarnando-se como termo simbólico que equaciona a falta pressentida na mãe. Mas o pilar é frágil e sem saída. Oferecer-se como falo ao desejo materno é fazer-se de objeto e anular-se como desejante. Nesse terceiro movimento, temos a incidência do simbólico no imaginário.

No *quarto movimento*, a criança pressente que essa posição que ela adota, de signo, não se sustenta. Por mais que a criança se dê, ela não é o falo materno, não satisfaz a mãe. E se ela pode supor-se ser, ela não tem como defender-se, será engolida e anulada. Por esta via, a criança precisa buscar algo que a defenda do desejo materno. É o que a conduz a deparar-se com *algo de real* que priva e interdita a mãe. A criança constata que há um constrangimento que incide nelas, obstáculo intransponível entre criança e mãe. Nesse quarto movimento, realiza-se, portanto, o esgarçamento real do simbólico que repete, na trama complexificada, o primeiro movimento; e, ainda, integra todos os outros.

No *quinto movimento*, o obstáculo intransponível entre criança e mãe será transformado, pela criança, no mito da onipotência paterna: ou seja, a impossibilidade real de ser o objeto do gozo materno é reencontrada, imaginariamente, personificada em pai, mitificado em sua onipotência. Apesar de terrível, por lhe tirar a mãe, defende-a da voracidade materna ilimitada. Toda a transição mítica que articula a idealização, o temor e a agressividade é aí produzida. Nesse quinto movimento, cuja estrutura repete, com outro elemento, o segundo movimento, perfaz-se o recobrimento imaginário do real.

O *sexto movimento* é efeito da exaustão combinatória da articulação das formas da impossibilidade de ser o falo materno, que esgota a permutação da relação imaginária da criança com o real. Produz-se a metáfora paterna, o sexto movimento da trança, em que o simbólico ultrapassa o imaginário. O falo imaginário é posto fora de jogo e substituído por uma unidade de medida que regula as relações entre desejo e lei, e confere a eles uma lógica. A criança pode supor um saber ao pai; àquele que é capaz de dar à mãe o que ela deseja, ou seja, a criança situa o pai no lugar em que *ao menos um* sabe o que ela quer. A criança encontra o termo simbólico que barra a sua posição de equivalência fálica e cria algo mais: o título virtual que sustentará a sua identificação ao elemento mediador do campo simbólico, elemento mediador que estrutura a orientação da relação à alteridade. O sexto movimento, portanto, faz reincidir no simbólico o que, no terceiro movimento, teve caráter imaginário.

A CRIANÇA NA CLÍNICA PSICANALÍTICA

Observa-se, assim, o percurso em que o sujeito se inscreve no simbólico que lhe pré-existe. Afinal, é a partir desse investimento fálico da alteridade na criança que se traça a incidência da ordem significante. Trata-se dessa dinâmica que se instaura a partir da função imaginária do falo, que irá promover a operação metafórica do Nome-do-pai, permitindo ao sujeito evocar a significação do falo. Dessa forma, o sujeito carrega o verso da causa que o fende, causa que é o significante, que lhe permite inscrição pela perda que só existe depois que essa simbolização lhe indica o lugar.

Entre a experiência em que a criança recebe atribuição fálica e a constituição de sua significação, temos o lapso que a trança percorre, na estrutura temporal reversiva em que a castração retroage ao recalcamento originário para lhe conferir significância; nesse *après-coup* que promove a articulação circular que não é recíproca: volutas do tempo. Portanto, se essa trança ordena a estruturalidade de um sujeito constrangido pelas dimensões Real, Simbólico e Imaginário, seus movimentos não se superam, eles se mantêm na constrição que os enlaça.

O que foi considerado no trançamento implica a retroação que lhe confere sua condição circular. Mas, cabe ressaltar, o nó borromeano não é a norma para a relação de três funções. A articulação R, S, I só incide num exercício determinado pela versão da nominação paterna, ou seja, o nó borromeano é sempre pai-vertido. A constrição que mantém RSI ligados é sempre singular e enigmática.

Os cruzamentos de R, S, I se encurralam num ponto central que demarca a causa vazia da realidade psíquica de um sujeito desejante: o objeto que viria satisfazer seu gozo é um objeto insensato do qual não há idéia. Atribui-se a tal objeto uma letra: a, objeto *a*, cerne do gozo, que só é reconhecível pelos resíduos de seu esfacelamento em objetos pulsionais. A insuficiência de qualquer gozo que lhe venha em suplência é constrição imposta pelo objeto *a*, inatingido *gozo a mais*, alocado no exterior mais central da escrita do nó borromeano. O nó escreve as condições de gozo e permite contar os seus resíduos: as intersecções entre os círculos notam as ramificações do gozo, por falta do gozo pleno que não há. E a realidade é abordada com os aparelhos do gozo, que a linguagem permite, enquanto articula e faz prevalecer articulações privilegiadas entre o Simbólico, o Imaginário e o Real.

É tomando a constituição subjetiva, formação do inconsciente, como o que define a condição de criança para a psicanálise que se chega à última parte do texto, ou seja, o que está em jogo na clínica psicanalítica de crianças. Afirmar que os atos da criança cifram a relação com a alteridade e produzem, dos

INTRODUÇÃO

traços que tal relação imprime, um texto que ordena sua realidade psíquica, supõe uma concepção de linguagem e de escrita capaz de orientar operações analíticas. Nesse ponto, as concepções de Saussure são postas em perspectiva, ressaltando a noção de *arbitrariedade* entre significante e significado, presente na teoria do signo; o conceito de *língua*, como sistema de elementos em oposição diferencial, e a teoria do *valor*, onde ele nos ensina que um elemento qualquer só toma valor na posição que ocupa relativamente aos outros, ou seja, ele é sempre diferente dele mesmo e dos outros. Esse campo que Saussure nos abre, esse Saussure que se manteve surpreendido pela fala na construção poética, mas que não chegou a formular seu modo de inscrição na língua, serve-nos de base para retomar o resíduo que Lacan dele recolheu, ao considerar o discurso analítico como modo de relação fundado sobre o que funciona na fala.

Para Lacan, a estrutura virtual da língua é atualizada pela fala que a habita. A fala é ato de um sujeito excêntrico ao enunciado que reúne sua consistência imaginária. Na substituição de significantes que fazem a metáfora e a metonímia, Lacan encontrou o transporte do sujeito sempre alhures ao funcionamento, indefinidamente substitutivo. Ao ler que a estrutura da língua contém, em exclusão interna, essa emergência distinta, a definição do elemento mínimo de uma estrutura qualquer inclui essa emergência, implicando que *um significante é o que representa o sujeito para outro significante*. Ao retomar a concepção de valor, Lacan toma o significante como Outro. Essa matriz de dupla entrada que não contém a si mesma, e, ao inscrever-se num ser, separa-se de sua própria incrição, formatando um resíduo – *a* – cunhagem de uma estrangeiridade radical na simplicidade de um traço que jamais equivalerá a nenhum elemento do tesouro de significantes, mas que o tesouro de significantes permitirá suprir, demarcando, apagando e reinscrevendo noutro lugar. A esse *significante um* Lacan atribuiu a *função contingente do falo*: significado irreconhecível do gozo, articulação da impossibilidade do reencontro do objeto perdido – suposto lugar de gozo pleno – ao que lhe vem em suplência. É o que permite toda a ordenação das séries significantes, movimento de interrogação e de coletivização do significante unário, onde qualquer demanda evoca o gozo substitutivo do primeiro.

É por essa diferença, inscrita no estatuto do gozo, que o ser fala, gozando ao preço da renúncia ao gozo pleno. Se, em um de seus registros, o sujeito pode se constituir enquanto saber feito do exercício da palavra, noutro ele constitui-se do que o inconsciente inscreve, não por acaso ou arbitrariamente, mas pela *petrificação contingente cunhada de letras colhidas na rede significante, onde age o*

19

gozo anômalo do não sabido. A letra é *litoral literal* entre saber e gozo, rasura do rastro do sujeito que rompe o sentido, precipitado da matéria em suspensão que aloja o recalcado: a letra é vazio cavado no simbólico que acolhe o gozo e permite o artifício de invocá-lo. A *letra*, isolada do sistema de diferenças que especifica o simbólico, só pode ser abordada sob a vigência do simbólico.

A criança se constitui numa série elíptica: *o constante retorno sincrônico de sua significância governa a diacronia de sua enunciação*. Se ela comparece à clínica analítica por padecer de mal-estar, localizá-la na temporalidade dessa estrutura é condição de sua abordagem. Nessa perspectiva, a consideração do material inchado em que a consistência da criança se faz presente sugerindo sentidos está em função da determinação dos constrangimentos da relação do *infans* à alteridade estruturada. Situar a criança no processo de estruturação subjetiva exige a hipótese de não haver insuficiência de linguagem mas insuficiências subjetivas, que conferem as condições para a circulação significante que a criança pode ter, na trajetória lógica de sua estruturação e no aprisionamento de enlaces aí gerados. A aproximação à realidade psíquica da criança implica o recolhimento do tecido significante, localizando, nele, marcas que balizam a sua constituição subjetiva, reconhecendo as senhas que poderão permitir operar sua leitura. A interpretação implica as operações de *tradução, transcrição e transliteração*. Elas se entrecruzam numa trama, mas podem ser distinguidas. A *pontuação* se aproxima da tradução, pois implica uma certa localização da criança numa hipótese. Pontuar o complexo significante é demarcá-lo, distinguindo configurações sintáticas, diferentes conjuntos de elementos em jogo, que obedecem à estrutura lógica do ato. A *seriação* opera uma transcrição desses conjuntos, num alfabeto ordenado. Compondo uma lista de configurações sintáticas, permite-se sua praticabilidade, ou seja, pode-se situar a função dos elementos e de seus efeitos, apreendendo as dificuldades de sua legibilidade. O *deciframento* situa propriamente a transliteração, no reconhecimento da letra e em sua leitura, que a toma como significante, destacado num testemunho.

Essas operações clínicas incidem, no exercício da clínica, trançadas umas às outras, respondendo, pois, pela interpretação. Trata-se de tomar o tecido significante articulado pelos sentidos, ressaltar as incidências e fisgar as insistências, para buscar a montagem que os estrutura. Elas orientam a direção do tratamento, enquanto permitem assegurar a vigência da posição subjetiva no campo simbólico, onde a ordem de significância da criança destaca-se da encarnação em que responde pelo gozo do Outro, para articular-se nas versões de sua constituição fantasmática.

Da condição de criança

A suspensão interrogativa quanto à legitimidade da psicanálise com crianças, testemunhada nas insistentes controvérsias comemoradas sob o título de *história da psicanálise de crianças*, não pode ser abordada sem que se considere como o percurso da aproximação da psicanálise à criança sofre a incidência do modo de entrada do discurso na obscuridade da infância. Afinal, a tomada disso que foi nomeado sob o termo *criança* numa rede discursiva que o definiu e o construiu, é modo que angula certas condições clínicas de visibilidade, às quais a psicanálise de crianças não poderia ter ficado imune, como o próprio Freud (1897) registrou: *"É curioso que a literatura se esteja voltando tanto agora para a psicologia das crianças. Hoje recebi outro livro sobre o assunto, de autoria de James Mark Baldwin. Portanto, sempre se é filho da época em que se vive, mesmo naquilo que se considera ter de mais próprio"*[1].

O estudo das condições de visibilidade da criança permite apontar, na antecedência do sujeito constituído, a virulência da sua opacidade, obstáculo tão imperativo que impõe fazer consistir um sujeito imaginado, sob o modo de criança. Assim, na mesma operação em que o constitui, o discurso obscurece a complexidade da determinação simbólica, que conduz o organismo a tornar-

---

[1] Jeffrey Masson, *A correspondência completa de Sigmund Freud para Wilhelm Fliess, 1887-1904*, Rio de Janeiro, Imago, 1986, p. 278.

A CRIANÇA NA CLÍNICA PSICANALÍTICA

se um sujeito constituído. Interessa notar essa condição estrutural de qualquer sujeito. A localização e a nomeação que permitem a inscrição do organismo na linguagem (antes mesmo que ele compareça como presença concreta), sua antecipação ficcional e seu conseqüente enlaçamento numa linhagem são imperativo lógico, condição estrutural de que a aposta no vir-a-ser é constitutiva. Tal condição, entretanto, não o esgota – afinal, o sujeito não encontra sua equivalência na consistência dessa aposta, e é o caráter mesmo dessa impossível coincidência que lhe oferece a tensão de sua unicidade.

Propõe-se, portanto, um breve percurso sobre os processos de sistematização da incidência do discurso sobre a criança e sua tomada pela psicanálise.

2.1. A inscrição da criança na língua

A polissemia implicada nos termos em que o discurso localizou a criança pode permitir o trilhamento da concepção de sua condição específica. É o que o recurso à etimologia[2] ajuda a conduzir, não porque a origem das palavras permita supor o encontro de um significado central, ou seja, encontrar uma "essência" de criança na raiz dos termos que a designam, mas porque ela envia a uma rede de articulações, relações significantes que o discurso fisgou da língua para alocá-la, reativando os sentidos, redescobrindo "as palavras sob as palavras".

O termo *infância* suporta uma referência ao inacabamento, à submissão e ao defeito. Em sua origem latina, *infans, infantis*, refere-se aos que não falam. *Infantia* é falta de eloqüência, dificuldade em explicar-se; é condição, estado *(ia)* em que não *(in)* fala *(fans, fantis,* o que fala; *fari* – fala; *fandus* – que se pode falar, permitido, justo, legítimo). Foi o que permitiu às línguas espanhola e portuguesa fazer do termo *infante* não uma referência à condição de antecedência ao adulto, mas apenas à condição daqueles filhos dos reis espanhóis e portugueses não herdeiros do trono, que seriam, portanto, *infantes*, indepen-

---

[2] Serão utilizadas aqui as referências bibliográficas de Ulhoa Cintra e Cretela Júnior, *Dicionário Latino-português*, São Paulo, Anchieta, 1947; Gómez de Silva, *Breve diccionario etimológico de la lengua española*, México, Fondo de cultura econômica, 1988; Silveira Bueno, *Grande dicionário etimológico-prosódico da língua portuguesa*, Santos, Editora Brasília, 1974; Buarque de Holanda Ferreira, *Novo dicionário Aurélio*, Rio de Janeiro, Nova Fronteira, 1986; Robert, *Dictionnaire de la langue Française*, Paris, Le Robert, 1991; *Grand Dictionnaire de la psychologie*, Paris, Larousse, 1995; *The Heritage Illustrated Dictionary of the English Langage*, ed. William Morris, Nova Iorque, A.H.P. Co., Inc., 1973.

DA CONDIÇÃO DE CRIANÇA

dentemente de sua idade. O termo conota, nas línguas latinas, muito mais do que uma referência orgânica a um suposto estágio de aquisição da linguagem, mas localiza a condição de submissão jurídica: uma condição de falante que não tem legitimidade, sem estatuto de reconhecimento social, que se aplica aos soldados adestrados para andar a pé (*infantaria*), aos desonrados (*infames*), à relação de filiação e àqueles que não podem tomar a palavra em razão seja de sua juventude, de sua condição social ou ainda de sua determinação jurídica. É talvez o que permite à psicanálise a tomada do infantil enquanto condição mesma da verdade de um sujeito: inconsciente.

Criança, tem sua origem em *creantia*, particípio presente de *creare*, referente ao animal que se está criando, e deriva do radical indo-europeu *Ker-*. Deste verbo, *criar*, temos ainda, além do particípio passado *criado* (crescido, educado), o substantivo homônimo significando servo, empregado. Sob este verbo, inscreveram-se as implicações de *tirar do nada, transformar, cultivar, inventar* e, ainda, *produção, eleição, escolha, nomeação (creãtio, creãtionis)*. Este caráter da criança enquanto processamento do ato criativo de outrem que a inventa, estabelece, funda ou institui, permite a acepção da criança enquanto única, singular, feita existir, trazida à luz.

Sob o termo *menino*, encontra-se a forma que repousa na raiz latina *minimus*, passando pelo espanhol *meniño* ao português arcaico *meninho*.

O radical latino *pueri-* (*puer, is* – referente a criança – pueril, puericultura, puerpério, etc.) e o radical grego *ped(i)* (raiz *paid* – criança – de onde *paidós*, educação do filhote humano; em português: *pediatria, pedologia, ortopedia, etc.*) têm sua origem reconstruída nas formas indo-européias *pōu-*, variante *pau-*, significando *pouco, pequeno, pobre*. A insuficiência permite relacionar ainda o criado, o servo, em português *pajem*, do grego, pelo francês *page*. Assim, a dimensão espacial da proporção metaforiza a medida de submetimento social, tal como acontece com as variantes de *infans*. Articulam-se ainda, nessa mesma linha genealógica, as variantes latinas *pullus* (filhote de animal) e *pūsus* (menino). Quanto a esta última, é possível reativar-lhe o sentido na palavra *pusilânime*, que significa, ao pé da letra, *de alma pequenina (pūsillis), de espírito fraco*.

Além do tamanho, da insuficiência, da dependência, a língua traz ainda as marcas da condição de anterioridade da criança em relação ao adulto. A palavra latina *pupa*, menina (do indo-europeu *pap-, teta, comida*), adormecida no português como *pūpa*, significando *crisálida, ninfa* (que ainda não passou pela metamorfose completa, demarcando a condição provisória e potencial da *pupila*, órfã sob tutela, protegida, aluna ideal), pode ainda ser acorda-

A CRIANÇA NA CLÍNICA PSICANALÍTICA

da por um gesto filo-lógico. Como já anotamos acima, tanto *criança*, como *criar* e *fazer crescer*, remetem ao radical indo-europeu *ker-*, de onde temos ainda, em latim, *sincērus*, significando *puro, limpo*, e, em grego *koros, garoto* e *korē, garota*, e também *menina dos olhos*. Este último sentido transfere-se, por analogia, à menina tutelada, a *pupila*. No rigor desta vertente, o termo pupila faz comparecer a condição de constrangimento da criança, subordinada ao outro, espelho do criador que circunscreve seu poder e garante-lhe a consistência, ao atribuir-lhe valências e conferir-lhe a vigência de atos em que se encontra e se reconhece. Pupila é o nome dado à fenda dos olhos, ao opérculo da íris do olho, por onde passa a luz. Numa relação de proximidade física, é possível ver, nessa fenda dos olhos do outro, a própria imagem refletida em miniatura[3].

Essa via permite associar ao in*fante* o traço do avesso implicado no *fantasma* do outro, sombra que nele se depositaria e que ele deformaria, difratado em objeto, espectador e autor. A raiz indo-européia *bha-* remete não apenas a *falar* (o *infans* é o que não fala), mas também a *brilhar* (em grego *phos*, luz). Nas formas ativa e passiva *phainein* e *phainesthai* implicam o *trazer à luz* e o *ser trazido à luz* (impossível resistir a associá-las aqui, colocando entre parênteses a verdade do étimo, a *criar* e *ser criado*). Dessas formas gregas derivam *fantasia, fantasma, fenômeno* e *ênfase*. Ligadas ao falar temos ainda *phanai*, ((a)fasia, profeta), *phēnē*, (fala, eufemismo), *blasphēmos* (blasfêmia, maldição) e *phōnē*, (voz, som, fonema, sinfonia, etc.). Pelo ramo do latim descobre-se *fari*, presente em *afável, fábula, fantoche, prefácio*; e ainda, *fatērī, confessar*. Nos interstícios da língua, a evidência da etimologia ata infante ao fantasma de um outro: *"A criança in-fans, sem luz, espelho, sem fala, mas não vem Sem Fantasia, como queria o trovador"*[4].

Todos esses termos traçam uma configuração importante, produzindo, entre o dizer e o aparecer, a sua ficção – fixão, na ortografia lacaniana. Assim,

---

[3] Interessa notar que Lacan (ao buscar o limite dos empregos do termo *agalma*, na multiplicidade do desenrolar de significações, para destacar sua função, em vez de supor o sentido na raiz), faz referência à pupila (*gal* ou *gel*) e ao brilho da superfície lisa do mar (*galenen* e *aglaé*: a brilhante). As imagens, ornamentos (*agalmata*), escondem *agalma*, objeto insólito e extraordinário do desejo. Enfim, ele situa *agalma* na função de objeto parcial, pivô do desejo humano, objeto incomparável de fruição, que não podemos deixar de relacionar com o que o outro vê na criança-pupila. (cf., Seminário VIII, em 01/02/61). Cabe ainda lembrar que a pupila permite articular dois termos em funcionamento antinômico: o anteparo reflexo, que elide a criança na captura imaginária, é o mesmo lugar em que o seu olhar opera o desejo, articulando o *ser visto* e o *ver* ao *fazer-se ver* (cf. Seminário XI, em 14/03/64).

[4] Viviane Veras, *Fantasia*, trabalho apresentado na Escola Psicanalítica de Campinas, em novembro de 1995, p. 5, inédito. A pesquisa etmológica do termo *fantasia* referida é retomada desse mesmo artigo.

se o tamanho constituiu-se signo da condição de criança, que permitiu a transposição direta da cronologia da maturação orgânica ao *quantum* de adulto presente na medida etária da idade, este índice de medida expressa também a condição de submetimento a uma especularidade, a um ideal e, ainda, à condição temporal de um inédito incomensurável. Na rede discursiva que os termos referenciais da criança permitem, implica-se um estado, um lapso que se referencia à especificidade de uma relação não-biunívoca que aponta a relação de subordinação à alteridade (seja de filiação ou de tutela). Mas relação que não se constrange ao apassivamento em arco-reflexo que a faria cópia, reprodução ou diminutivo, mas distorção. Afinal, é relação capaz de causar um processo de realização do que não existia antes. Portanto, relação que produz um precipitado da criação de outro para além da resposta em reciprocidade circular, por mais que a condição de insuficiência implique a criança na aderência imaginária em que é antecipada sujeito.

2.2. A visibilidade da criança

As abordagens clínicas da subjetividade da criança, esquecida na Idade Média, ocorreram neste século, marcando o mais recente desdobramento da reinscrição da criança no campo discursivo.

O estabelecimento de estatuto à condição de criança caracterizou a mudança das formas de sociabilidade operadas na modernidade. Como demonstra Ariès[5], na época medieval, a infância era reduzida ao período em que a fragilidade da cria humana não lhe permitia inscrição social, envolta nos riscos de sobrevivência e embaraço físico. Tendo vingado, a cria madura saía do anonimato, por volta dos sete anos, como miniatura indiferenciada do adulto, partilhando os trabalhos e jogos coletivos. No século XVI, o reagrupamento social da nova aristocracia em formação permite conceitualizar a *civilidade em crianças*, testemunhada como nome do livro de Erasmo de Rotterdam (1530), que orientava para o comportamento em sociedade e para o decoro corporal externo. Interessa notar, na trilha de Elias[6], que essa sistematização da civilidade expressava a equivalência de condutas entre crianças e adultos. Afinal, a distância que separava adultos e crianças era pequena, pois, mesmo submissos e socialmente dependentes, os meninos viviam na mesma esfera social dos adul-

---

[5] Philippe Ariès, *História Social da Criança e da Família*, Rio de Janeiro, Guanabara, 2ª Edição, 1981.

[6] Norbert Elias, *O processo civilizador*, Rio de Janeiro, Jorge Zahar, 1994.

A CRIANÇA NA CLÍNICA PSICANALÍTICA

tos, sendo que o grau de comedimento esperado pelos adultos entre si equivalia ao imposto às crianças e o mesmo véu tênue de sigilo entre os adultos repetia-se entre adultos e crianças.

Só o grande movimento de moralização, promovido pelos reformadores da Igreja e do Estado, no final do século XVll, institui a educação como principal garantia da ordem pública. As concepções difundidas sobre a infância eram, até então, de acordo com as pesquisas de Bercherie[7], os escritos pedagógico-cristãos que atribuiam à criança a tendência natural ao mal, antes de qualquer correção educativa. No mote desse projeto, promovia-se a criança ao estatuto de objeto privilegiado da escolarização, recortando-a em uma inédita importância. A família deixa de ser a instituição de direito privado para transmissão de bens e de nome, para assumir função moral e espiritual, formadora de corpos e almas. O hiato entre a geração física e a instituição jurídica foi, assim, preenchido pela educação, e o cuidado dispensado às crianças inspirou nova afetividade. Em torno da criança, organizou-se o sentimento moderno de família e o rigor disciplinar dos aparelhos de educação.

Constituiu-se, portanto, a partir do século XVlll, a invasão das sensibilidades pela infância e a vida privada na família. Os dispositivos jurídicos, educativos e médicos fizeram-se operadores da garantia de civilidade, legislando regras para a vida pública: *"No contexto do séc. XVIII, a civilização toma o sentido de um ideal, que justifica o domínio dos conhecimentos e o controle das paixões. A infância passa a representar em cada homem a natureza original: promessa criadora e espontaneidade perigosa, que sustenta até hoje um desejo contraditório dirigido às crianças: desejo de seu desabrochamento e desejo de seu domínio"[8]*. É o que Bercherie[9] denomina *resgate da hipoteca*, operado naquele século através do assinalamento da natureza bondosa e aperfeiçoável da humanidade, onde a visibilidade da infância calcava-se na concepção que limitava a criança à tendência ao estado adulto. Duas posições adultomórficas se diferenciaram: a *empirista/progressista*, que confiava no conhecimento, para transmitir à criança a cultura que faria dela um cidadão cada vez melhor; e a *apriorista/inatista*, onde a confrontação da criança com as experiências da vida permitia o desenvolvimento natural que o educador conduzia. Nos dois casos, a educação engendrava em ato a potência adulta que a criança encarnava.

---

[7] Paul Bercherie, *Genesis de los Conceptos Freudianos*, Buenos Aires, Paidos, 1988, pp. 226-227. Tradução minha. As traduções contidas nesse livro são de minha autoria.

[8] Dominique Weil, "Enfant", em: *Grand Dictionnaire de la psychologie*, Paris, Larousse, 1994, p. 268.

[9] *Genesis de los conceptos freudianos*, op. cit., p. 226.

DA CONDIÇÃO DE CRIANÇA

As atitudes coletivas, desenvolvidas no século XIX, junto às crianças, so-freriam a incidência da complexa temática trazida no século XVIII por Rousseau e pelos Enciclopedistas: *"encontra-se aí, de um lado, a apologia da criança como ser profundamente original em relação ao adulto e que, para desenvolver suas potenciali-dades, exige ser reconhecida tal como ela é e ser respeitada em sua dignidade; de outro lado, a educabilidade e o aperfeiçoamento como qualidades fundamentais da infância, assim como a sensibilidade das crianças à influência e aos modelos dos adultos que cuidam delas. O interesse pela observação empírica das crianças apóia-se na idéia de que a ordem da natureza se desenvolveria nas suas condutas espontâneas e guiaria, com razão, a ação educativa"[10]*. A criança é investida como centro da família, tornando-se "ser social", antes de distinguir-se como "ser individual". Enquanto herdeiro, *"o filho é o futuro da família, sua imagem sonhada e projetada, sua forma de lutar contra o tempo e a morte"[11]*. Mas, para além da família, *"ele é futuro da nação e da raça, produtor, reprodutor, cidadão e soldado de amanhã. Entre ele e a família, princi-palmente quando esta é pobre e tida como incapaz, insinuam-se terceiros: filantropos, médicos, estadistas, que pretendem protegê-lo, educá-lo, discipliná-lo"[12]*.

A orientação rumo ao direito social foi marcada pela criança, que se tor-nou alvo das primeiras leis sociais[13]. As considerações de Donzelot sobre as estratégias sociais relativas ao cuidado com a infância, na França do final do século XIX, apontam que se agregaram num mesmo modo de tratamento, tan-to o que poderia trazer risco à criança como o que poderia torná-la ameaçado-ra. Novas regulações legais trataram da perda do poder sobre a criança, permi-tindo transferir a soberania da família "moralmente insuficiente" para filan-tropos, médicos e magistrados, em todos os casos de delitos cometidos *por* cri-anças ou *contra* elas.

---

[10] "Enfant", op. cit., pp. 268-9.
[11] Michelle Perrot, "Figuras e Papéis", *História da Vida Privada*, vol. IV, São Paulo, Companhia das Letras, 1995, p. 146. Cabe lembrar que essa perspectiva pedagógica procede da concepção iluminista do conhecer, que privilegia a primazia do sujeito cognoscente.
[12] Ibid., p. 147.
[13] Ibid., p. 147. Interessa ressaltar a afirmação do autor de que as primeiras leis sociais regula-vam o tempo de trabalho das crianças nas fábricas. Donzelot lembra que *"desde a década de 1840 até o final do século XIX, as leis que editam normas protetoras da infância se multiplicam: lei sobre o trabalho de menores (1840-41), lei sobre a insalubridade das moradias (1850), lei sobre o contra-to de aprendizagem (1851), sobre a vigilância das nutrizes (1876), sobre a utilização de crianças pelos mercadores e feirantes (1874), sobre a obrigatoriedade escolar (1881) etc."* (Cf. Jacques Donzelot, *A Polícia das Famílias*, Rio de Janeiro, Graal, 1980, pp. 75-6). Cabe ainda lembrar que, no código napoleônico, o estado infantil refere aquele que não trabalha: mesmo que o faça, mantém-se na condição de aprendiz, não pode fazer um contrato social.

A CRIANÇA NA CLÍNICA PSICANALÍTICA

Das tensões que mantinham o suspense entre as demarcações do público e do privado, persistentes nos próprios dispositivos carentes de regras de equivalência, uma zona intersticial se estabeleceu, formatando o que Donzelot[14] denomina *social*, ou seja, um sistema de mecanismos reguladores e corretivos, que substitui, na flutuação das normas, o padrão da lei.

O processo de tutelarização social aliou objetivos sanitários, educativos, morais e econômicos, que as conexões entre assistência pública, justiça de menores, medicina e psiquiatria permitiram: "*Compreende-se, assim, o nascimento da psiquiatria infantil. Inicialmente ela não é ligada à descoberta de um objeto próprio, de uma patologia mental especificamente infantil. Seu aparecimento decorre das novas ambições da psiquiatria geral, da necessidade de encontrar um pedestal, um alvo onde se possam enraizar, sob a forma de uma pré-síntese, todas as anomalias e patologias do adulto, de designar um possível objeto de intervenção para uma prática que não pretende mais limitar-se a gerir os reclusos, mas, sim, presidir à inclusão social.* O lugar da psiquiatria infantil toma forma no vazio produzido pela procura de uma convergência entre os apetites profiláticos dos psiquiatras e as exigências disciplinares dos aparelhos sociais"[15].

As escolhas temáticas e metodológicas das abordagens à criança definiram-se, no final do século XIX, em função das necessidades de um contexto social que deveria suportar as exigências da industrialização e da modernidade científica. Os interesses pelo homem substituem o debate das relações entre sua natureza e a civilização, para reverterem ao "*princípio materialista das funções mentais, sua ancoragem anatomo-fisiológica no organismo, sua finalidade biológica e as leis de seu desenvolvimento*"[16]. As correntes filosóficas adaptam-se a essa nova ideologia, transformando as formulações sobre a infância: "*a infância aparece como tempo da ontogênese das funções mentais, e a observação das condutas espontâneas das crianças deve relacionar sua emergência em relação com os dados do desenvolvimento neurofisiológico; – a infância é vista, cada vez mais, como um estado intermediário entre as espécies animais e o homem adulto*"[17].

Assim, essa nova curiosidade sobre a criança, suscitada no final do século XIX, verificava e validava concepções da gênese das funções mentais, passando a delimitar um campo de investigações sobre a criança, que não existia até o último quarto do século XIX. Segundo Bercherie[18], os interesses particula-

---

[14] *A Polícia das famílias*, op. cit., passim.
[15] Ibid., pp. 120-1.
[16] D. Weil, *Grand Dictionnaire de la psychologie*, op. cit., p. 269.
[17] Ibid., p. 269.
[18] P. Bercherie, *Genesis de los Conceptos Freudianos*, op. cit., 1988, pp. 228-30.

DA CONDIÇÃO DE CRIANÇA

res desses estudos voltaram-se para o confronto entre o inato (nas determinações da hereditariedade, da animalidade e das determinações instintivas) e o adquirido (nos efeitos da cultura e da dimensão social). A grande variabilidade cronológica do desenvolvimento, que impedia a fixação de datas precisas, obrigou a definição de metodologias de estudos empíricos e de medidas estatísticas. A posição evolucionista chegou, desta forma, a isolar uma seqüência de fases de desenvolvimento que recapitulavam, na criança, a evolução histórica da espécie humana: o domínio dos instintos vitais corresponderia à animalidade; à imaginação supersticiosa infantil equivaleriam as culturas primitivas; e o estado de observação reflexiva madura repetiria a racionalidade da civilização[19].

Dois pólos discursivos se distinguiram, a partir daí, atravessados pelo amplo espectro de posições intermediárias, definindo o que Bercherie diferencia, respectivamente, como *reducionismo* e *especificidade* na abordagem da criança. Onde o *adultomorfismo* subsistiu, o interesse voltou-se para a gênese das funções intelectuais, sendo responsável pela concepção em que a simplicidade da estrutura primitiva equivalente ao arco-reflexo se complexificaria por influência do meio, permitindo a certeza da transparência da vida mental da criança[20]. No germe da consideração da condição de *autonomia*, a criança era suposta de difícil deciframento, delimitada pela heterogeneidade em relação ao adulto e cheia de obstáculos à investigação empírica que se submetia a equívocos[21].

A infância tornou-se objeto de disputa de poderes, zona limítrofe de confronto entre o público e o privado, onde o *"esforço conjunto da medicina, da psico-*

---

[19] Cabe apontar, nesta perspectiva, a modalização da criança enquanto especularidade da civilização, correlação de potencialidade vigorosa que poderia permitir desvendar muitos mistérios.

[20] P. Bercherie faz de Baldwin o paradigma desta perspectiva.

[21] Vale retomar a citação de Sully, que teria inaugurado esta vertente, tida por Bercherie como portadora dos germes da nova concepção e da mirada psicanalítica: *"as crianças são muito menos fáceis de decifrar do que se supõe comumente [...] quando o pequeno se mostra perfeitamente cândido e se esforça com suas perguntas e observações, acompanhadas do mais eloqüente dos olhares, para ensinar-nos o que ocorre em seu espírito, encontramo-nos constantemente incapazes de compreendê-lo. O pensamento infantil segue seu próprio sendeiro, ´seu próprio caminho', como disse muito justamente Rudyard Kipling, caminho esquecido por quem deixou a infância atrás de si. Sendo isso assim, parece-nos bastante ousado falar da investigação científica da inteligência infantil. Para dizer a verdade, é preciso reconhecer, apesar dos recentes trabalhos preparatórios notáveis e cheios de promessas sobre a psicologia infantil, que estamos longe de ter documentos verdadeiramente científicos em tal sentido. Nossas chamadas teorias sobre a atividade intelectual das crianças não são, com freqüência, mais que generalizações precipitadas de observações imperfeitas. É provável que as crianças tenham maneiras de pensar e de sentir muito mais variadas do que nossas teorias supõem".* (J. Sully (1896), *Etudes sur l'infance* (tradução francesa de 1898, apud P. Bercherie, op. cit., pp. 229-30).

A CRIANÇA NA CLÍNICA PSICANALÍTICA

logia e do direito" produziu controles e gerou saberes[22]. Assim, o cuidado com as crianças ultrapassou família e escola, sendo abarcado pelo discurso médico-psicológico infantil.

Nos termos de Donzelot[23], na pespectiva de responder a como pré-selecionar e pré-tratar a desadaptação social, a escola tornou-se a instituição-padrão para a observação de tendências anti-sociais e a família, o lugar da doença[24]. Entretanto, as disputas de poder entre magistrados e médicos impediram a efetivação de uma pespectiva preventiva antes do imediato pós-guerra, quando o esmaecimento das categorias psiquiátricas e jurídicas reorientou a direção até então reclusiva e curativa. O desejo educativo dos protagonistas da prevenção encontrou na psicanálise o discurso eficaz, que permitiria diluir as estruturas espaciais de coerção dos corpos por meio do controle das relações. Assim, a psiquiatria infantil e a educação, discriminando o que competia à disciplina ou ao tratamento médico, colocaram-se ao lado da ordem jurídica: prevenção substitui punição, educação substitui repressão.

Sob o efeito da psicanálise, os aparelhos de tutela ultrapassaram a avaliação da moralidade familiar em função da sua dinâmica: *"escutar, incitar as pessoas a falarem, esclarecer a penumbra dos conflitos onde se origina o mal-estar que repercute sobre a criança"*[25]. A explicação familiar reinterpreta as aparências dos resultados dos testes e dos exames médicos, deslocando sua importância no campo da investigação médico-psicológica: *"A questão da desadaptação escolar foi a alavanca da introdução da psicanálise no campo social. [...] Ela trará para esse campo o princípio de* um *afrouxamento das nosografias psiquiátricas, através de uma flexibilização das estruturas das relações, de uma* abertura do quadro familiar. *Jogando com a estratégia*

---

[22] Vale apontar a questão de Nina Leite, em comunicação pessoal, de que o estatuto enigmático da criança tavez tenha permitido o deslocamento de fronteiras, o atravessamento de limites e a distinção público/privado, onde a delimitação discursiva do privado implica fazê-lo público.

[23] *A polícia das famílias*, op. cit., p. 121.

[24] J. Donzelot refere-se ao livro oficialmente fundador da psiquiatria infantil na França, publicado em 1914: *Enfants anormaux et délinquants juvéniles*, de G. Heuyer, que não introduz novas concepções, já que, basicamente, retoma as observações esparsas do campo psiquiátrico trinta anos antes de seu aparecimento, reunindo-as pela primeira vez num enfoque tático originário da expansão ulterior da psiquiatria infantil. Estudando o conteúdo das fichas de observação e das questões propostas, Donzelot conclui que o comportamento escolar seria o denominador comum entre crianças anormais, delinqüentes e rebeldes à autoridade paterna. A escola seria, para Heuyer, *"um laboratório de observação de tendências anti-sociais"*. Entretanto, a origem dos distúrbios era atribuída à família, já que as carências das crianças se relacionavam a dois tipos de carências familiares: insuficiência educativa e existência de anomalias degenerativas. Para Donzelot, *"A família, mais do que o doente, mais do que a criança-problema, torna-se, portanto, o verdadeiro lugar da doença, e o médico psiquiatra é o único a poder discriminar, nesta patologia, o que compete à disciplina ou ao tratamento orgânico"*, op. cit., p. 122.

[25] Ibid., p. 135.

DA CONDIÇÃO DE CRIANÇA

educacional da família, a psicanálise nela introduz um cuidado com a observância das normas sociais sem feri-las frontalmente, mas, apoiando-se – é o caso de dizer – em seu desejo. Ela a tornará permeável às exigências sociais e boa condutora das normas de relações"[26]. Concepções psicanalíticas são, portanto, assimiladas aos dispositivos asseguradores do social, permitindo inserir uma nova perspectiva, que reverte a determinação orgânica da degeneração e a suposição da recuperação do que fora antes tomado como já degradado. Servem assim de apoio ao discurso preventivista[27].

Entrelaçadas ao adultomorfismo redutor e à consideração da especificidade da criança, as distintas redes de atenção psiquiátrico-psicológica constituíram-se, inscrevendo, na relação da criança ao campo social, a garantia do mandato que as fundara como mecanismo regulador e corretivo, responsável pela interface entre o público e o privado. Essas disciplinas puderam manter a projeção de sociedade ideal, localizada no futuro, incorporando o cientificismo que vestiu, de transparência e domínio, a individualidade da criança. Onde tais elementos faltaram, permitiu-se uma cientificidade relativizada, introduzida como justificativa para as obscuridades insistentes (prometendo, ao futuro, o saber do *ainda desconhecido*), ou negociando essa margem por meio de um polimorfismo de sentidos.

O esquadrinhamento do campo social e a sustentação da ordem pública exigiram regulamentações e classificações que implicaram dar à condição de criança uma avaliação precisa, que permitisse as distinções necessárias entre os dispositivos jurídicos, médicos e pedagógicos, a definição de responsabilidades civis e a determinação de leis específicas. Tendo como referente o vir-a-ser da criança, ou seja, a normalidade do indivíduo adulto, as manifestações da criança foram ordenadas na cronologia e assim classificadas para se tornarem partilháveis, especialmente através de uma relação direta entre individualidade vital e tempo. Encontrou-se, na função proporcional, uma medida

---

[26] Ibid., pp. 187-8.

[27] Como lembra Maud Mannoni, *"os pediatras acham-se, desde 1909, muito presos à noção de profilaxia, e a um diagnóstico precoce dos distúrbios: por outro lado, atribuem grande importância às possibilidades educativas ou reeducativas: a análise, em sua aplicação às crianças, conserva, por isso mesmo, uma conotação corretiva. Os analistas vão, a princípio, fundar instituições para bebês abandonados (Bernfeld) ou para delinquentes (Aichhorn); algumas* Child Guidance Clinics *são fundadas em Chicago (1909, Bronner) e laboratórios de crianças surgem na Europa dez anos mais tarde (Vera Schmidt, Moscou, 1926). É como parte desse mesmo movimento que se abrem, alguns anos depois, em Londres, a* Hampstead Child Therapy Clinic e o Tavistock Child Department for Children and Parents *(Anna Freud): sessões analíticas são aí realizadas, cinco vezes por semana, e dispensa-se um ensinamento aos analistas em formação"*. Em: *A Teoria como Ficção*, Rio de Janeiro, Campus, 1986, pp. 66-7.

quantificada, suposta capaz de acompanhar a normalidade e o progresso da criança. Assim, sua inteligência foi escalonada[28], sua psicopatologia foi classificada, definindo uma nosografia que associava psicogênese e organogênese[29] e desenvolveram-se várias terapêuticas preventivas, abonadoras do futuro ideal da criança[30]. Numa perspectiva orientada pela ciência ideal, a condição de criança implicava medida exata, quantificação numérica. O encontro de uma unidade de medida dessa condição possibilitou a viabilização da urgência classificatória. Tal unidade de medida foi encontrada na métrica cronológica, ou seja, na relação entre a criança e a linearidade do tempo. O acúmulo somatório dos meses e anos contados em idade, a partir do nascimento, metrificou a condição da criança de modo que o curso do tempo, ou seja, a sua dimensão espacializada, tornou-se não só a medida definidora da criança, mas, ainda, o prévio estabelecimento do que ela deve atingir, a cada faixa etária. A linha da cronologia foi aplicada diretamente à criança, a partir da média estatística da idade de aquisição de habilidades. Os segmentos privilegiados dessa linha comemoram aquisições que se acumulam até a estabilidade adulta, que representa uma espécie de somatório final de aquisições. A unidade cronológica localiza a criança como coincidente à idade do organismo. Assim, normalidade e patologia são detectadas e distinguidas pelas escalas de medida: trata-se da equivalência ou da discrepância de sua performance, em provas de conhecimentos e habilidades em relação à média estatística.

Noutra direção, mas reclamando o mesmo ideal, a psicologia genética tratou a medida exata enquanto níveis de qualidade que determinam distânci-

---

[28] Cabe lembrar que A. Binet, na França (precedido pelos trabalhos F. Galton, na Inglaterra), inventou, em 1905, a primeira escala de medida da inteligência, visando a orientar, do modo mais objetivo e precoce possível, as crianças que apresentavam dificuldades de adaptação ao sistema escolar. As provas tratavam de conhecimentos escolares e vida cotidiana, tendo os resultados individuais comparados com a média da faixa etária. Terman adaptou o teste de Binet para os EUA. A ele seguiram-se os testes de Wechsler, que incluíam também medidas de inteligência para bebês e adultos. Esta perspectiva inatista encontra dificuldades para explicar os motivos de os testes com bebês não serem capazes de predizer o coeficiente de inteligência posterior e o fato de o coeficiente intelectual médio subir de uma geração a outra. O declínio da perspectiva psicométrica ocorre hoje pela preferência dada à análise do processo de aquisição, desencadeado pelas perspectivas desenvolvimentistas de Wallon, Piaget e pós-piagetianos. Cf. R. Lécuyer, "Psychologie de l'enfant", em: *Grand Dictionnaire de la Psychologie*, Paris, Larousse, 1994, p. 270.

[29] Cuja dimensão pluridimensional J. de Ajuriaguerra sistematizou no seu famoso *Manuel de Psychiatrie de L'enfant*, em 1970.

[30] Como veremos, a seguir, esta perspectiva apresenta sua vigência nas primeiras direções da psicanálise de crianças, atestadas por Anna Freud, ao sustentar a necessária relação entre psicanálise e educação, e por Melanie Klein, ao propor o esclarecimento psicanalítico parental como método profilático.

as e diferenças e que não implicavam, portanto, a medida numérica. É o que permite a segmentação dos tempos de criança, estabelecida pela medida de estágios de desenvolvimento. A consideração da construção estrutural tomou o desenvolvimento da criança como ordem de sucessão fixa, distinguida por etapas sucessivas e não por uma data cronológica constante. A hierarquia de estágios estruturais se constrói, portanto, numa ordem de integração, em equilibração progressiva[31]. Criança e tempo relacionam-se numa progressão fixa de etapas necessárias à maturidade adulta. A segmentação temporal que uma nova etapa configura é superação do que lhe antecede, é avanço progressivo irrevogável onde a simplicidade da ação inicial atinge, por sobrepujamento contínuo, a complexidade que o pensamento abstrato exige. Na mesma direção hierárquica, também alguns textos freudianos permitiram leituras que supunham um escalonamento de estágios do desenvolvimento sexual a partir de fases progressivas de maturação instintual (diferenciadas em oral, anal, fálica e de latência, que culminam com a chamada maturidade genital)[32].

Enfim, na modernidade, a tomada da criança pelo discurso introduziu sua importância, até conferir-lhe posição de extremo privilégio – lugar próprio para a aposta no futuro da civilização. Conhecê-la sob todos os ângulos, cuidá-la para que se previnam todos os riscos, superar os efeitos danosos do meio familiar ao seu florecimento eficaz, otimizar suas potencialidades são imperativos asseguradores do controle das incertezas do futuro da civilização e esperança de garantia da estabilidade da ordem social. É o que faz da criança uma

---

[31] No que a epistemologia genética de Jean Piaget é referência dominante. Nesta perspectiva, *"para que um instrumento lógico se construa, é preciso sempre instrumentos lógicos preliminares; quer dizer que a construção de uma nova noção suporá sempre substratos, subestruturas anteriores e isto por regressões indefinidas, como veremos dentro em breve. Isso nos conduz à teoria de estágios de desenvolvimento. O desenvolvimento se faz por graduações sucessivas, por estágios e por etapas, e distinguiremos quatro grandes etapas nesse desenvolvimento, que descreverei brevemente. Primeiramente, uma etapa que precede a linguagem e que chamaremos etapa da inteligência sensório-motora, antes dos 18 meses mais ou menos. Em segundo lugar, uma etapa que começa com a linguagem e vai até os 7 ou 8 anos, que chamaremos período da representação, mas pré-operatória, no sentido que definirei mais adiante. Depois, entre 7 e 12 anos, mais ou menos, distinguiremos um terceiro período que chamaremos das operações concretas, e, finalmente, depois dos 12 anos, as operações proporcionais ou formais. Dintinguiremos, pois, etapas sucessivas. Observaremos que, nestas etapas, esses estágios são caracterizados por sua ordem de sucessão fixa. Não são etapas às quais possamos determinar uma data cronológica constante. Pelo contrário, as idades podem variar de uma sociedade à outra, como veremos no fim desta exposição. Mas a ordem de sucessão é constante. Ela é sempre a mesma, e isso por razões que acabamos de entrever; quer dizer que, para atingir um certo estágio, é necessário ter passado por* demarches *preliminares. É necessário ter construído as pré-estruturas, as subestruturas preliminares que permitem progredirmos mais. Atingimos pois uma hierarquia de estruturas que se constroem numa certa ordem de integração...".* "Problemas de psicologia genética", *Piaget*, São Paulo, Abril Cultural, 1983, p. 215.

[32] De que a perspectiva de K. Abraham é exemplar.

A CRIANÇA NA CLÍNICA PSICANALÍTICA

valência futura – representação que resgata o que não foi possível realizar no passado, projetada para o futuro do adulto ideal que, no narcisismo dos pais, encontra sua singularização. Como atestou Freud: *"A criança deve ter melhor sorte que seus pais, não deve estar submetida a essas necessidades objetivas cujo império na vida tiveram de reconhecer. Enfermidade, morte, renúncia ao gozo, restrição da vontade própria não haverão de ter vigência para a criança: as leis da natureza e da sociedade haverão de cessar diante dela, e realmente deve ser de novo o centro e o núcleo da criação.* His Majesty the Baby, *como uma vez acreditamo-nos. Deve cumprir os sonhos, os desejos irrealizados de seus pais; o varão será um grande homem e um herói no lugar do pai, e a menina se casará com um príncipe, como recompensa tardia para a mãe"*[33].

Nesta representação da criança, a determinação da implicação de futuro assume pregnância recobridora de sua atualidade, que tem vigência enquanto mediação eficaz a que deverá conformar-se. A importância do que *a criança é* define-se pelos signos que permitem supor o que *a criança será*. A atualidade da criança sustenta-se numa evanescência que a mantém exposta a uma desmedida operação de aderência imaginária aos ideais daqueles observadores de suas manifestações, sob efeito da potencialidade que sua insuficiência subjetiva permite.

2.3. A criança observável

Considerando, com Canguilhen[34], que a ciência implica, para além da definição de seu objeto, o modo como ela o constrói e dele se apropria, buscaremos, nos métodos psicológico-psiquiátricos de conhecimento da criança, a visada que permite seu exercício, na tentativa de perseguir o projeto específico que o constitui. A atenção psicológico-psiquiátrica encontrou, no recurso ao *diagnóstico,* o meio privilegiado para definir a condição de criança que, a despeito de uma condição orgânica suficiente, denunciava um mal-estar. Esse procedimento tornou-se apelo sistemático de médicos, educadores e familiares, sempre que esse mal-estar relativo à infância é sintomatizado, ou seja, quando se localiza, na criança, um risco ao ideal social que ela encarna. Essas discipli-

---

[33] Sigmund Freud (1914), *Introducción del narcisismo,* O. C., vol. XIV, Buenos Aires, Amorrortu, p. 88.

[34] Georges Canguilhem (1956), "Qu'est-ce que la psychologie?", conferência pronunciada no Collège philosofique e transcrita em *Les Cahiers pour l'analyse 1,* 2, Paris, Societé du grafe, 1966, pp. 76-91. Vale notar que o autor se refere a sua impressão de que *"estas práticas misturam uma filosofia sem rigor, uma ética sem exigência e uma medicina sem controle".*

DA CONDIÇÃO DE CRIANÇA

nas sustentam a promessa de responder ao incômodo que a infância constitui, quando ela implica a questão: *quem é esse ser que deveria permitir reconhecer a possibilidade de realizar nosso ideal?*

O discurso social, através de seus agentes e de seus aparelhos, propõe a segurança de métodos rigorosamente científicos, para detectar o entrave que a criança pode representar ao projeto social, quando se manifestam indícios de morbidade em seu funcionamento social. De um modo geral, são indícios relativos ao não-falar ou mal-falar, inibições pedagógicas ou do brincar, descoordenação motora, temores ou agitação intensos, dificuldades nas aquisições de hábitos cotidianos, além dos efeitos psíquicos imputáveis a uma fragilidade neurológica de difícil objetivação[35]. Assim, ao mal estar provocado pela criança, que não pode ser reconhecida pelo saber pediátrico, pedagógico ou parental, a clínica psiquiátrica-psicológica diagnostica: *"O termo diagnóstico tem origem grega e significa reconhecimento. Em medicina, diagnosticar é reconhecer uma patologia em um indivíduo enfermo, com um propósito clínico (a terapêutica) de comunicação, de investigação (o diagnóstico anatomopatológico ou epidemiológico) ou outro (como perícia laboral ou forense) (Miranda-Sá, 1992). Em Psiquiatria Infantil, ele é extremamente complexo, considerando-se que corresponde à incidência de diversas patologias em um organismo em pleno crescimento e evolução"*[36]. A persistência de um grande volume de diagnósticos inconclusivos (que pode ser considerada a metade dos casos atendidos, mesmo com o recurso aos exames objetivos de ponta: laboratoriais, eletrofisiológicos e por imagem) obriga a definições diagnósticas efetuadas a partir de critérios basicamente clínicos[37]. É o conjunto de sinais e sintomas apresentados pela criança e detectados pelo clínico que responde, em grande medida[38], pela definição da psicopatologia e da terapêutica.

---

[35] Foi o que os anos 60-80 testemunharam exemplarmente com a concepção de DCM (Disfunção Cerebral Mínima), até ser substituída pela síndrome de déficit de atenção e hiperatividade.

[36] Francisco Assumpção Júnior, "Diagnóstico diferencial", em: *Autismo Infantil*, J. S. Scwartzman, F. B. Assunpção Júnior e cols., São Paulo, Memnon, 1995, p. 125.

[37] Como lembra Raymond Rosemberg, a respeito do autismo: *"Quando se avalia uma pessoa com um quadro de Distúrbio Invasivo do Desenvolvimento (CID-10, F-84.0), é exclusivamente em bases de observação clínica que tal diagnóstico é feito. Observando o comportamento social, o uso de objetos e a comunicação, primordialmente, consegue-se classificar a gravidade, mensurar progressos ou retrocessos e programar intervenções e validá-las. Para tal fim, foram elaborados diversos instrumentos de mensuração. Os instrumentos de mensuração utilizados fazem parte da Psicometria – técnica de documentação e quantificação dos fenômenos psíquicos, através do uso de instrumentos padronizados. Essa técnica é composta pelos testes mentais, escalas de avaliação e pelas listas de critérios diagnósticos de uso mais recente."* ("Escalas de diagnóstico", *Autismo Infantil*, op. cit., p. 111).

[38] A relação entre o resultado de exames e a possibilidade de certeza na resposta diagnóstica (geralmente inconclusiva) nem sempre justifica as grandes dificuldades de sua realização (pois que muitos exigem sedação, alto custo e envio de material para pesquisas em centros específicos).

A CRIANÇA NA CLÍNICA PSICANALÍTICA

Afinal, surpreendendo neurologistas ou pediatras; mantendo hiatos e sobras redutíveis aos quadros classificatórios de patologias orgânicas; destituindo pedagogos, fonoaudiólogos ou fisioterapeutas, por não responder com a aquisição esperada; ferindo o narcisismo dos pais, por não aderir ao filho suposto, a criança provoca mal-estar aos dispositivos sociais, que não podem nomeá-la[39] em consonância aos parâmetros validados na ciência[40].

Nesta lacuna, o diagnóstico psiquiátrico-psicológico assume função de instrumento esclarecedor de processos patológicos invulneráveis à classificação etiológica e nosográfica, que sustentam o conhecimento médico sobre o funcionamento orgânico, ou ainda de manifestações que atestam resistência, seja ao padrão de adaptação escolar, seja à aprendizagem previstos pela pedagogia. Em última instância, o diagnóstico psiquiátrico-psicológico propõe *descrever e compreender* a realização insistente do que é, na criança, irreconhecível pelo ideal parental e, mais ainda, *indicar terapêuticas* que, reconduzindo-a à normalidade ou adaptando-a, possam aliviar o mal-estar que a infância produz para o projeto social e, assim, sustentá-lo. Na polimetria que o seu narcisismo singulariza, enquanto portadores dos ideais sociais, incide o domínio da previsibilidade, como garantia de potencialidade, em suas versões dadas pela medicina e pela pedagogia: a promoção da saúde e da inteligência é sinonímia de realização plena, ou seja, fazem-se fiadores da sustentação do ideal do qual um filho é a promessa.

---

[39] Sobre este ponto, o artigo *Sobreonome*, inédito, de Cecília Pontes Santana é esclarecedor. A nomeação diagnóstica adquire tamanha pregnância que chega a destituir o nome-próprio da criança, que é substituído pela identidade social conferida pelo nome da síndrome em que a ciência médica localiza, define e torna transparente a estranheza causada por ela. Estabelece-se, assim, sua nova filiação, já que a paternidade, dada pelo nome-da-síndrome, baliza, referencia e justifica os atos, falas e condutas da criança, deslocando-a da possibilidade de situar-se a partir de sua ordem própria de filiação. Tomar uma criança como *"aquela Rett"*, *"ele é pc"*, *"meu filho é Asperger"*, etc, é estabelecer e determinar constrangimentos a sua subjetivação. Nesta perspectiva, a conclusão por uma ausência do diagnóstico, que pode ser, em muitos casos, a condição de resgate da possibilidade de sustentar-se na sua própria linhagem, é geralmente produtora de um vácuo ainda maior, posto que configura a não pertinência da identificação parental e a retira de qualquer localização simbólica.

[40] Exemplo disso pode ser depreendido da seguinte afirmação de José Salomão Schwartzman e de Francisco B. Assumpção Júnior, no que diz respeito ao autismo: *"apesar do grande número de pessoas, projetos e pesquisas já realizadas e em andamento, vários aspectos da síndrome do Autismo Infantil permanecem obscuros. Sabemos, já, e sem sombras de dúvidas, que fatores emocionais, dinâmicos, não podem ser responsabilizados, de forma isolada, pelo quadro do Autismo infantil. Sabemos também, cada vez de forma mais clara, que fatores biológicos estão presentes na grande maioria, senão em todos os casos de Autismo Infantil, muito embora não tenhamos conseguido identificar um marcador biológico específico e que esteja presente em todos os casos de Autismo Infantil. Dúvidas podem ainda ser levantadas, até mesmo com relação aos critérios a serem utilizados para a identificação clínica destes pacientes, ainda que vários esquemas, questionários e tabelas tenham sido propostos"* (*Autismo Infantil*, op. cit., p. 1).

O diagnóstico, ou seja, o reconhecimento da patologia da criança em estado mórbido inespecífico, é, portanto, construído a partir da observação. Observar a criança é explicá-la, é determinar o que nela resiste ao ideal de saúde psíquica. Afinal, o procedimento diagnóstico propõe responder ao que causa a discrepância da criança em relação ao ideal que nela se encarna.

Longe de o procedimento de observação ser homogêneo na clínica, este *meio – a observação –* é operado em modalizações que distinguem métodos diagnósticos psiquiátrico-psicológicos de estabelecimento do conhecimento sobre a criança. Nesses campos, a observação promove especialmente dois modos ideais de produção de conhecimento sobre a criança, que se distinguem menos pelas disciplinas que os põem em marcha do que pelo caráter de ideal metodológico que visam atingir. Por um lado, a legitimidade dada pela aplicação extensa da ciência, através do método da *observação*, levou à sustentação do ideal da *descrição classificatória*, que pretende garantir transparência entre a manifestação da criança e um quadro psicopatológico correspondente. Por outro lado, a consideração dos equívocos dessa transparência e o ideal da produção de novos sentidos levaram à tomada da observação como função de uma possibilidade de *tradução compreensiva*. Nos dois casos, estabeleceram-se técnicas, ou seja, modos ideais de classificar e compreender a condição mórbida da criança.

2.3.1. A transcrição descritiva como ideal da observação

A constituição da atividade diagnóstica psicopatológica não prescindiu da adesão ao modelo cientificista característico da medicina, que o articulou e o incrementou em novos procedimentos. O diagnóstico médico, lembra Dor[41], tem objetivos de observação (que determina a natureza de uma afecção, a partir de uma semiologia) e de classificação (que localiza um estado patológico no quadro nosográfico). O sistema de investigação consiste na correlação entre a anamnese, que recolhe os sintomas, e o exame direto do doente, com seus diversos mediadores. A perspectiva etiológica e diferencial permite o estabelecimento do prognóstico e a escolha da terapêutica. *"Se o dispositivo causalista mostra-se, todavia, eficaz, é porque o corpo responde a um processo de funcionamento também regulado segundo idêntico princípio. Existe um certo tipo de determinismo orgânico"*[42]. O encontro objetivo de tal determinismo orgânico se faz às expensas

---

[41] Joël Dor, *Estrutura e Perversões*, Porto Alegre, Artes Médicas, 1991, p. 18.
[42] Joël Dor, *Estruturas e Clínica Psicanalítica*, Rio de Janeiro, Taurus-Timbre, 1991, p. 17.

da exclusão de bordas subjetivas, exclusão necessária ao diagnóstico, como aponta Clavreul: *"O médico não fala e não intervém, senão enquanto é o representante, o funcionário do discurso médico. Seu personagem deve se apagar diante da objetividade científica da qual é o garante"*[43].

No caso das escolas psiquiátricas organicistas e de algumas vertentes da psicologia (experimental e cognitiva), é possível situar a perspectiva que assume a observação, a partir do ideal dessas disciplinas: sustentar a garantia de objetividade cientificista. A investigação clínica propõe resolver os impasses do diagnóstico através da observação transcritiva[44]. A intervenção clínica, tida como não-interventiva, operaria o registro da manifestação física da produção sonora e do movimento da criança, objetivando descrevê-la. Assim, as manifestações até então sem reconhecimento, ou seja, exteriores ao já nomeado, tornam-se alvo de uma descrição, regulando o objeto produzido pela mesma. Efetuada a descrição, a manifestação é abandonada, é prescindível. A descrição é transformação da manifestação num objeto produzido e determinado por um código. Nessa operação, obtura-se o obstáculo da manifestação, pela descrição que a codifica. Interessa notar que atribuir à correlação entre manifestação observada e codificação o título de transcrição comporta um exagero. Esta correlação é apenas um arremedo caricatural de uma transcrição, que mereceria, portanto, uma adjetivação: transcrição simplificada. Se inicialmente o projeto clínico da psiquiatria recenseou, por meio da observação transcritiva, os diversos quadros psicopatológicos e sua decomposição, esta clínica, como lembra Bercherie, desapareceu, devido aos impasses da clínica (ligados à natureza e à evolutividade do distúrbio) e das perspectivas do pragmatismo terapêutico: *"Já faz algumas décadas que a psiquiatria começou a se envergonhar da clínica pura, da simples observação, do olhar; [...] a psiquiatria passou da descrição riquíssima de uma síndrome para sua instituição como entidade clínica, como 'forma natural'"*[45].

A impossibilidade de acesso ao obstáculo que a manifestação impõe é, portanto, superada pelo código: a manifestação é substituída por uma linguagem. É o que afirma exemplarmente Rosemberg, ao distinguir os instrumentos da observação clínica diagnóstica: *"Os Testes Mentais são instrumentos construídos com a finalidade de mensurar as diferentes dimensões do indivíduo, com o objetivo de*

---

[43] James Clavreul, *A ordem médica*, São Paulo, Brasiliense, 1983, p. 224.

[44] Sirvo-me aqui da concepção que Jean Allouch nos oferece acerca da transcrição (em: *Letra a letra*, Rio de Janeiro, Companhia de Freud, 1995, p. 15), que me parece extremamente fértil para pensar a questão da descrição classificatória, operada neste modelo de diagnóstico de crianças.

[45] P. Bercherie, *Os fundamentos da clínica*, Rio de Janeiro, Jorge Zahar, 1989, pp. 317-8.

DA CONDIÇÃO DE CRIANÇA

especificar e quantificar os aspectos semiológicos da patologia para uma padronização das provas. São constituídos pelo material – rigorosamente padronizado pelo conteúdo, condições de administração e anotação – que é apresentado ao sujeito de estudo. Essas respostas são registradas sob a forma de variáveis quantitativas, tratadas estatisticamente e comparadas a resultados obtidos em indivíduos comparáveis (população padrão) para permitir uma avaliação. As Escalas de Avaliação (EA) são amplamente divulgadas nos países de língua inglesa, e os países de línguas neolatinas têm considerado tais escalas como uma 'abordagem redutora do encontro com a criança e a família' (*Dugas, 1994*), *com o defeito de não levar em conta a dimensão relacional do intercâmbio com o sujeito. Essa crítica não considerou o objetivo principal da elaboração das EA, qual seja, o de poder comparar as medidas de um sujeito para o outro, afastando, o quanto mais puder, a variável 'entrevistador' e, com isto, tornar a observação mensurada a mais objetiva possível. As EA são úteis como guias de entrevista, pois tendem a ser bem detalhadas e auxiliam como roteiro. Para fins de comunicação entre pesquisadores ou clínicos, a transmissão de um número ou de um gráfico, com a respectiva EA, torna a informação mais refinada. Para a avaliação do curso de evolução do Distúrbio de Desenvolvimento ou de uma determinada intervenção (social, comportamental, ambiental, farmacológica, etc), a EA fornece, seja um dado numérico, seja um gráfico a partir do qual se pode inferir a utilidade da abordagem.* [...] As Listas de Critérios Diagnósticos *foram elaboradas a partir da adoção do DSM-III (APA 1980) e têm sido usadas como critério de validação diagnóstica da maioria dos estudos e das publicações feitas a respeito do autismo. São constituídas dos itens definidos como essenciais para classificação dos Distúrbios de Desenvolvimento"*[46]. Assim, esse modelo diagnóstico é regulado por essa espécie de transcrição da manifestação da criança. A inscrição desse dispositivo num sistema classificatório permite simplificar e reduzir a transcrição, elegendo sinais da manifestação como seus representantes, localizáveis, portanto, num quadro de equivalências. Tal transcrição codifica a manifestação num referencial que permite comparar uma criança com todas as outras já classificadas. O clínico mantém a eficácia do discurso classificatório médico, fazendo-o funcionar, o que implica que ele reencontre a identidade patológica entre a criança observada e outras já classificadas anteriormente. Trata-se de reencontrar a lista de sinais e sintomas possíveis, no quadro observado, para estabelecer a correspondência com o quadro previsto numa classificação já dada. Pode ainda operar uma descrição mais eficiente, que acrescente novos signos a determinada tipologia, ou mesmo encontrar um novo grupo de sinais e sintomas sem correspondência ao já classi-

---

[46] R. Rosemberg, "Escalas de diagnóstico", *Autismo Infantil*, op. cit., pp. 111-2.

A CRIANÇA NA CLÍNICA PSICANALÍTICA

ficado, estabelecendo, assim, o nome de uma nova síndrome para seu achado. Assim, quando não encontra equivalência, acrescenta um sinal a um nome ou um nome à lista, conduzindo a uma futura reclassificação de quadros patológicos. Mas, desde que a estatística sustente a correspondência suficiente do número e dos tipos de sinais/sintomas encontrados num paciente e os previstos numa certa patologia, pode-se afirmar a presença dessa patologia nesse paciente[47]. Entre os pacientes que, com seus sinais e sintomas, respondem a um certo quadro patológico, persiste apagado o resto que singulariza cada um, inacessível à observação codificada que procura a identidade desse paciente aos quadros já descritos e classificados. A observação transcritiva é o que sustenta o mote do clínico especializado em reencontrá-la.

2.3.2. A tradução como ideal da observação

O procedimento acima relatado, que confere condição de legitimidade cientificista à clínica psiquiátrico-psicológica, tornou-se, para outras vertentes, insuficiência, sem que fosse, entretanto, rejeitado ou abandonado. Constituiu-se um ângulo paralelo de visibilidade, especialmente a partir de algumas práticas diagnósticas da psicologia e da psiquiatria fenomenológicas, sob o efeito do campo interpretativo anunciado pela psicanálise e da constatação de falência da aplicação de métodos científicos a objetos humanos.

Foi o que conduziu, na pluralidade que a partir daí se inscreveu, uma outra perspectiva de avaliação da criança, sustentada pelo ideal da tradução compreensiva. A prevalência da intuição do clínico, diante da observação direta da imagem da criança, tornou-se sua garantia. A legitimidade social da prática mostra como a série observar-compreender implica a prática de tradução[48], onde o sentido da manifestação da criança regula-se pelo sentido dado pelo clínico, é o sentido do sentido, que desconhece a própria dimensão imaginária que constitui. Ao ter como objeto o sentido, referencia a fuga de sentido insistente na manifestação observada da criança, pelo acréscimo de sentido que a compreensão oferece, obturando a resistência da literalidade da manifestação.

---

[47] A efetivação desse procedimento encontra-se em vigência plena, no cada vez mais aperfeiçoado (já o foi por quatro vezes) *Diagnostic and Statistical Manual of Mental Disorders – DSM*, da *American Psychiatric Association*.

[48] Sirvo-me das pontuações feitas por Jean Allouch (em: *Letra a letra*, op. cit., p. 16) acerca da definição de tradução, que demonstra grande pertinência em relação à clínica compreensiva.

DA CONDIÇÃO DE CRIANÇA

O privilégio conferido às sombras subjetivas que se projetavam nos procedimentos psicométricos elevou a intuição do clínico ao estatuto de instrumento ideal, sob o efeito do que a aplicação dos conceitos psicanalíticos de transferência e contratransferência podiam permitir, apartados da rede conceitual da psicanálise. Assim, da diversidade dos modelos desse tipo de psicodiagnóstico infantil pode-se considerar que, a despeito de suas nuances particularizadas pelo estilo, formação e experiência do clínico, adaptam-se a um modelo que mantém características formais do diagnóstico médico, mas que ultrapassam, pela intuição do clínico, a importância da medida de dados empiricamente observados[49].

A totalidade compreensiva parece visar[50], desde então, articular o limite da herança médica classificatório-diferencial, que apontava o fracasso dos mediadores psicométricos, com a possibilidade assegurada pela incrível harmonização de concepções psicanalíticas a outras *matrizes do pensamento psicológico*[51] que, na clínica, tornam-se preceitos, recursos unidos sem estranhamento, em decorrência da concepção de aplicativo técnico que presi-

---

[49] Sistematizado na década de 70, o modelo proposto encontra-se em uso:"*É uma situação bi-pessoal (psicólogo-paciente, psicólogo-grupo familiar), de duração limitada, cujo objetivo é conseguir uma descrição e compreensão, o mais profunda e completa possível, da personalidade total do paciente ou do grupo familiar. Enfatiza também a investigação de algum aspecto em particular, segundo a sintomatologia e as características da indicação (se houver). Abrange os aspectos pretéritos, presentes (diagnóstico) e futuros (prognóstico) desta personalidade, utilizando, para alcançar tais objetivos, certas técnicas (entrevista semidirigida, técnicas projetivas, entrevista de devolução). [...] Além disso, é mister explicar a dinâmica do caso tal como aparece no material recolhido, integrando-o num quadro global. Uma vez obtido um panorama preciso e completo do caso, incluindo os aspectos patológicos e os adaptativos, trataremos de formular recomendações terapêuticas adequadas (terapia breve e prolongada, individual, de casal, de grupo familiar ou grupal; com qual freqüência, se é recomendável um terapeuta homem ou mulher, se a terapia pode ser analítica ou de orientação analítica ou então outro tipo de terapia; se é necessário um tratamento medicamentoso paralelo, etc). [...] reconhecemos, no processo psicodiagnóstico os seguintes passos: 1º) Primeiro contato e entrevista inicial com o paciente. 2º) Aplicação de testes e técnicas projetivas. 3º) Encerramento do processo: devolução oral ao paciente (e/ou a seus pais). 4º) Informe escrito para o remetente*". Em: M. L. Ocampo,; M. E. Garcia Arzeno, et al., *O processo diagnóstico e as técnicas projetivas*, São Paulo, Martins Fontes, 1981, pp. 17-8).

[50] Angela Vorcaro, "Compreender ou estranhar: incidências no psicodiagnóstico", *Psicodiagnóstico, Processo de Invervenção*, org. M. Ancona-Lopez, São Paulo, Cortêz, 1995, pp. 51-64.

[51] Termo cunhado por Luís Cláudio Figueiredo para apresentar a diversidade de posturas em irredutível oposição que caracterizam a crise permanente que a psicologia vive desde seu nascimento como ciência independente, tentando constituir-se *"obrigada a, simultaneamente reconhecer e desconhecer seu objeto. Se não o reconhece, não se legitima, podendo ser anexada à medicina, à pedagogia e à administração, ou seja, às técnicas ou às suas bases teóricas, como a biologia e a micro-sociologia. Se não o desconhece, não se legitima como ciência, já que não se submete aos requisitos da metodologia científica nem resulta na formulação de leis gerais com caráter preditivo. Abre-se então um campo de divergências que não tem nada de acidental [...] As divergências parecem, antes, refletir as contradições do próprio projeto que, por sua vez, enraízam-se na ambigüidade da posição do sujeito e do indivíduo na cultura ocidental contemporânea."* (*Matrizes do Pensamento Psicológico*, Petrópolis, Vozes, 1991, p. 22).

de seus usos. Com o rompimento do ideal de neutralidade presente no modelo anteriormente abordado, o comparecimento da subjetividade do clínico no psicodiagnóstico foi o que se tornou ideal legítimo e necessário: *"Neste processo, a atuação do psicólogo é mais importante do que o tipo de técnica utilizada. Cabe ao psicólogo conceituar as questões a serem respondidas, decidir sobre os procedimentos a serem utilizados para cada caso e integrar os diferentes dados obtidos num todo coerente, que permita a compreensão da natureza e causas do problema em estudo"*[52]. Esta posição marca o abandono da adesão ao cientificismo verificável. A observação perdeu o caráter experimental para poder ganhar as colorações dadas pelo ponto de vista do clínico, que desmistificou o poder de verdade implicado no psicodiagnóstico. É o que já foi explicitado nos seguintes termos: *"A reavaliação do papel do psicólogo levou-me a uma mudança de postura. Não sou mais o técnico, o detentor do saber que oferece respostas às perguntas trazidas pelos pais. Enquanto psicóloga, também sou uma pessoa [...] Meus conhecimentos teóricos, técnicos e os provenientes de minha experiência pessoal representam, apenas, um outro ponto de vista. A situação de psicodiagnóstico torna-se, então, uma situação de cooperação em que a capacidade, de ambas as partes, de observarem, apreenderem compreenderem constitui a base indispensável para o trabalho"*[53].

O instrumental psicométrico não foi abandonado, mas relativizado, substituído pela qualidade de compreensão que o clínico tem do instrumental que toma de empréstimo e do que faz com ele em desdobramentos de sentido. Esta competência da autonomia pessoal é a garantia tomada como suficiente para produzir sentido articulador do mosaico de fragmentos de referências teóricas e metodológicas. Assim, o psicodiagnóstico, ao destituir a técnica experimental, não abandonou seu meio: a observação direta. Mas instituiu, nela, a primazia da subjetividade do psicólogo, conferindo-lhe estatuto de intérprete do material fenomenal que vê, situando aí a garantia de sua legitimidade: *"O psicodiagnóstico, prática do domínio legítimo da psicologia, problematiza o comportamento humano e pesquisa possibilidades de dotá-lo de sentido, transformando as representações que originam sua busca"*[54]. Destituiu-se, assim, a regulação teórica, em função do modo singular de catalisar conceitos e observações numa construção de sentidos. Afinal,

---

[52] Rosa Macedo e outros, Diagnóstico Psicológico, São Paulo, 1980, mimeo. (Parecer emitido pelo grupo de trabalho nomeado pelo Conselho Federal de Psicologia para estudo das atividades privativas do psicólogo, para regulamentação do exercício da profissão).

[53] Gohara Yehia, "Reformulação do papel do psicólogo no psicodiagnóstico fenomenológico-existencial e sua repercussão sobre os pais", *Psicodiagnóstico: processo de intervenção*. op. cit, pp. 119-20.

[54] Marília Ancona-Lopez, "Introduzindo o psicodiagnóstico grupal interventivo: uma história de negociações", *Psicodiagnóstico: processo de intervenção*, op. cit., p. 113.

DA CONDIÇÃO DE CRIANÇA

espera-se superar os limites de qualquer teoria, diante dos impasses da clínica, pelo estabelecimento de um sentido autônomo. Neste contexto, a observação perdeu o caráter de meio de acesso à verdade científica para sustentar-se como mote do intérprete especializado em criar novos sentidos. Tal funcionamento, entretanto, condena a psicologia ao silêncio, quanto ao enunciado que a fundamenta e ao desconhecimento dos laços que faz[55].

A observação compreensiva rege as práticas psicodiagnósticas como fontes de produção de sentidos. O esforço do clínico é aí constituir as manifestações da criança como um quadro a ser compreendido. Em seu caráter figurativo, articula-se o que, neste quadro, está latente, por dedução do conteúdo dado a ver. Assim, qualquer manifestação da criança, seja ela um jogo, um desenho, uma narrativa a partir de imagens ou respostas a testes, adquire o mesmo estatuto: evoca sentidos. Os dados recolhidos, sejam eles obtidos por avaliações conduzidas ou produzidos espontaneamente, a observação os toma em seu efeito de sentido atestado pelo clínico. Esses dados são suportes do sentido a serem abandonados desde que sua tradução se faça mais propícia à compreensão dos pais, do médico, da escola ou do solicitante. O mosaico destas figurações ganha uma *gestalt* compreensiva no elemento que as catalisa: *"Para se atingir a conclusão diagnóstica, é absolutamente necessária a introdução de um elemento catalisador, que dê sentido aos 'dados' e que produza um movimento de metabolização no conjunto dos resultados parciais obtidos. Este elemento transforma a informação parcial em algo vivo e totalizador. É um elemento existente na personalidade do psicólogo, e é originado de suas qualidades de pensar e sentir [...] O psicólogo é a figura central. É o polo norteador, o continente, o catalisador de todo o processo e aquele que metaboliza os dados"*[56]. Neste acordo do sentido, traduzido pelo sentido, as colorações do imaginário do clínico autorizam o *dado observado*, dando ao psicodiagnóstico um estatuto exemplar do que Dor denomina *"espaço de inter-ações puramente empáticas, campo de influências e de estratégias sugestivas"*[57].

Portanto, a função social dos especialistas na atenção à criança é função estratégica de prevenção, onde a manutenção da garantia de realização do ide-

---

[55] Retomo aqui a posição de Jean-Claude Milner na introdução que faz ao texto de G. Canguilhen: "Qu'est-ce que la psychologie?", op. cit., traduzida em: *Estruturalismo*, org. E. P. Coelho, Santos, Martins Fontes, p. 227, onde recebeu o título do artigo de G. Canguilhen.

[56] Ana Maria Trinca e Elisabeth Beker, "O pensamento clínico e a integração dos dados no diagnóstico psicológico," em: W. Trinca e cols., *Diagnóstico Psicológico*, São Paulo, EPU, 1984, pp. 92-3.

[57] J. Dor, *Estrutura e Perversões*, op. cit., p. 18.

A CRIANÇA NA CLÍNICA PSICANALÍTICA

al parental e social implica julgar aquelas crianças capazes de responder à expectativa social, as que podem ser recuperadas terapeuticamente para essa função e as que só poderão ser adaptadas. Atestar a situação psicopatológica da criança garante os ideais. Essa posição de ancoragem, sustentadora do ideal em que a criança situa-se na modernidade, faz da criança a sinonímia da esperança de solução das mazelas da civilização e projeto de realização do que seus ancestrais não fizeram. Tal posição narcísica, conferida à criança, foi apontada por Freud (1914): *"O ponto mais espinhoso do sistema narcisista, esta imortalidade do ego que a força da realidade assedia duramente, ganhou seu asseguramento refugiando-se na criança. O comovedor amor parental, tão infantil no fundo, não é outra coisa senão o narcisismo revivido dos pais, que, em sua trasmutação ao amor de objeto, revela inequívoca sua primitiva natureza"*[58].

Nesta perspectiva, duas orientações de clínica, instituintes do conhecimento sobre a criança, podem ser discernidas a partir da posição ideal em que os agentes clínicos se colocam: lacuna do sujeito que opera o código e preenchimento do sujeito produtor de sentidos. A primeira, buscando equivalência no código, contém aquilo que a manifestação anuncia de singular à subjetividade da criança; a segunda dissipa a manifestação da criança no sentido que constrói. É o que nos conduz à hipótese de que, a despeito da eficácia que esses métodos de observação implicam, a especificidade da criança resta, por tais meios, não formulada. A legitimidade das práticas supõe sucesso no acordo de compatibilidade que tais dispositivos sociais provocaram, conseguindo garantir a manutenção da promessa do ideal da criança. Tal lastro social, entretanto, sobrepuja a ponderação da singularidade da criança e atesta que a clínica psiquiátrico-psicológica da psicopatologia infantil é aplicativa, desvencilha-se da especificidade de qualquer teorização que restringiria um funcionamento alienante, por conduzir a contrução/reconstrução a partir das diferenças que as crianças manifestam. Numa de suas vertentes, a singularidade a interrogar se perde na imediaticidade que a relação biunívoca permite. Na outra vertente, a captação do sentido pela atribuição de sentido não permite contê-lo. Os correlatos compreensivos ou descritivos da observação julgam prescindir da problematização do que os põe em marcha, para responder, com o nome ou com o sentido, à lacuna em que a criança resiste ao ideal. Nas duas vertentes, a clínica espelha o que se pode observar, ao ler, no texto das manifestações da criança, o reencontro do já sabido ou a deriva de sentido. Supera-se a morbidade

---

[58] S. Freud (1914), *Introducción del narcisismo*, O. C., vol. XIV, Buenos Aires, Amorrortu, p. 88.

inespecífica da criança pela transparência refletida pelo código ou pelo sentido, que não é senão a sutura da diferença que a unicidade da criança impõe como o que falta para aderir ao ideal disciplinar. Nos dois casos, dissipa-se o que provocou estranhamento, pela solução diagnóstica que a observação permite, sem que seja imposta a urgência do construto teórico.

Essa constatação é problemática. Ela implica, no mínimo, levantar a hipótese de que, na materialidade da criança, algo permita essa deriva.

É constatável a dominância de incidências desse tipo como modos resolutivos do diagnóstico psicanalítico de crianças, a despeito de esses procedimentos serem contundentes, haja vista a singularidade da clínica psicanalítica. O tempo de *tratamento por ensaio* tem implicações diagnósticas evidenciadas por Freud (1912), devido ao caráter de determinação que esse tempo preliminar da clínica assume, para o analista, enquanto lugar de decisão sobre a possibilidade de aí haver clínica psicanalítica. Para Freud, esse *ensaio prévio* tem estatuto analítico, pois obedece às regras fundamentais do método, evita erros diagnósticos, gastos inúteis e descrédito, permitindo decidir a indicação precisa de análise. Afinal, é nessa análise prévia que se dá o advento da transferência: *"tudo que se enoda à situação presente corresponde a uma transferência sobre o médico, a que prova ser apta para uma resistência [...] Assim como a primeira resistência, também os primeiros sintomas ou ações casuais do paciente merecem um interesse particular e podem denunciar um complexo que governe sua neurose"*[59].

Enfim, o diagnóstico psicanalítico implica toda a especificidade do método analítico, onde o analista oferece-se à transferência, para que possa situar o lugar em que o sujeito se posiciona no enunciado que ele lhe endereça. No entanto, naquilo que tange à clínica de crianças, esse deslocamento radical do analista dos limites do ângulo da observação de uma sintomatologia, deslocamento necessariamente implicado na psicanálise, nem sempre se verifica. Não só o diagnóstico, mas toda a clínica psicanalítica de crianças assumiu, desde as primeiras práticas, nuances das prevalências descritivas e compreensivas, e mais, ainda, inscreveram-se na função social do ideal de prevenção, a despeito do fato de tais ideais não constituírem o mote da psicanálise. Se a teoria psicanalítica pode reconhecer lugar privilegiado aos ideais, considerando-os ficção necessária à possibilidade mesma da civilização, e se alguns fragmentos conceituais foram postos a serviço da disciplinarização enquanto preceitos, ela

---

[59] S. Freud (1912), *Consejos al médico sobre el tratamiento psicoanalítico*, O. C., vol. XII, Buenos Aires, Amorrortu, p. 139.

A CRIANÇA NA CLÍNICA PSICANALÍTICA

não lhes faz aderência: "... *se me vem o ânimo de apresentar-me aos meus próximos como um profeta, submeto-me à reprovação de que não sei trazer-lhes nenhum consolo – pois isto é o que no fundo pedem todos, o revolucionário mais rude com não menor paixão que o mais completo beato –*"[60].

Engajar-se na promessa de realização dos ideais é escapar à especificidade da clínica em psicanálise, é reduzir o inconsciente a um de seus efeitos, caracterizando um movimento que só se atinge por anulação da ética psicanalítica de sustentação da unicidade do desejo, substituindo-a pela moralização ancorada no ideal da normalidade. Entretanto, as dificuldades da clínica, que atestam o constrangimento ético da psicanálise diante da criança, sugerem interrogar a possibilidade de amputar o imaginário do psicanalista do ato analítico que se quer estruturante, na medida em que a criança imajada no ideal do outro é causa estrutural da constituição de um ser em sujeito.

2.4. A manifestação da criança na psicanálise

A clínica psicanalítica de crianças constituiu-se tardiamente, mesmo que seja possível supor que o pensamento freudiano tenha sido virulentamente atravessado pelas incógnitas manifestações da criança. Tais manifestações pontuaram importantes incidentes para a teoria psicanalítica e possibilitaram elaborações conceituais não negligenciáveis. Toda a constituição do infantil em psicanálise, construído teoricamente a partir da análise de adultos, responde pela impossibilidade de capturar, pelas vias exclusivas da transcrição ou da tradução, as manifestações da criança. Só o tecido tramado pela construção do adulto, do que teria sido sua infância, permite a Freud ordenar o que a observação direta das manifestações da criança não lhe permitiu.

Desde as primeiras considerações sobre as manifestações visíveis da criança, Freud ultrapassa a observação enquanto limitada à transcrição ou à tradução. Além da transcrição e da tradução, as esparsas manifestações da criança, recolhidas por Freud em seus textos, inseriram-se como pontuações vigorosas que apoiaram e articularam importantes veios teóricos, na rede daquilo que ele já chamara[61] de *decantação teórica de inumeráveis experiências*.

---

[60] S. Freud (1930), *El malestar en la cultura*, O. C., vol. XXI, Buenos Aires, Amorrortu, p. 140.
[61] Na "Conferência XXXII", *Nuevas conferencias de introducción al psicoanálisis*, O. C., vol. XXII, Buenos Aires, Amorrortu, p. 92, referindo-se a outro tema.

DA CONDIÇÃO DE CRIANÇA

A criança que grita permite a Freud (1895) situar a resposta de um agente como ação específica, incidente no estabelecimento do laço social: *"Esta via de descarga exige assim a função secundária, extremamente importante, do entendimento* [Verständigung *ou comunicação] e a desvalia inicial é a fonte de todos os motivos morais"*[62]. Posteriormente, Freud (1914) situará a ação específica na elaboração teórica sobre a origem do narcisismo: *"É um suposto necessário que não esteja presente, desde o início, uma unidade comparada ao eu; o eu tem de ser desenvolvido. Bem, as pulsões auto-eróticas são iniciais, primordiais; portanto, algo tem que agregar-se ao auto-erotismo, uma nova ação psíquica, para que o narcisismo se desenvolva"*[63].

A criança que sonha é interpretada por Freud (1900), possibilitando afirmar que os sonhos de criança (os de seus próprios filhos) são de inestimável importância por provarem que representam realizações de desejos[64], *mesmo quando o conteúdo é complicado e sutil*, e referem-se a experiências acompanhadas de intensa tonalidade de sentimento: *"O inessencial ou indiferente ou o que à criança tende a parecer-lhe como tal não acha acolhida nenhuma no conteúdo do sonho"*[65].

A criança que trata as palavras como coisas aponta, para Freud (1905), a lógica do pensamento inconsciente, calcada na economia psíquica da busca de prazer, que ele articula à motivação do chiste[66]. Ao jogar com as palavras, a criança estaria buscando os mesmos sentidos na similaridade fônica. Seu equívoco provocador do riso atesta que um bom chiste ocorre quando a semelhança das palavras indica na realidade, ao mesmo tempo, outra semelhança essencial ao sentido, ou seja, quando se comprova a expectativa infantil. Na mesma via da experiência infantil de jogo com as palavras, o efeito de prazer do ritmo ou da rima, que não se atém à condição de sentido, permite a Freud a hipótese sobre o prazer do *non-sense*, rarefeito no adulto às custas da repressão.

A criança que brinca comporta-se, para Freud (1907), como um escritor criativo e como um adulto que fantasia: *"Não deveríamos buscar já na criança as primeiras voltas do fazer poético? A ocupação preferida e mais intensa da criança é o jogo. Teríamos talvez o direito de dizer: toda criança que joga se comporta como um poeta, pois cria para si um mundo próprio, ou, melhor dito, insere as coisas de seu*

---

[62] S. Freud (1895), *Proyecto de psicología*, O. C., vol. I, Buenos Aires, Amorrortu, p. 363.

[63] S. Freud (1914), *Introducción del narcisismo*, O. C., vol. XIV, Buenos Aires, Amorrortu, p. 75.

[64] S. Freud (1900), *La interpretación de los sueños*, O. C., vol. IV, Buenos Aires, Amorrortu, p. 147.

[65] S. Freud (1901), *Sobre el sueño*, O. C., vol. V, Buenos Aires, Amorrortu, p. 629.

[66] S. Freud (1905), *El chiste y su relación con lo inconsciente*, O. C., vol. VIII, Buenos Aires, Amorrortu, pp. 115-20.

mundo em uma nova ordem que lhe agrada. Além disso, seria injusto supor que não leva a sério esse mundo; ao contrário, leva muito a sério seu jogo, emprega nele grandes montantes de afeto. O oposto ao jogo não é a seriedade, mas... a realidade efetiva. A criança diferencia muito bem da realidade seu mundo do jogo, apesar de todo seu investimento afetivo; e tende a apoiar seus objetos e situações imaginados em coisas palpáveis e visíveis do mundo real. Só este apoio diferencia ainda seu 'jogar' do 'fantasiar'. [...] O adulto deixa, pois, de jogar. Aparentemente renuncia ao ganho de prazer que extraía do jogo. Porém quem conheça a vida anímica do homem sabe que não há coisa mais difícil para ele que a renúncia a um prazer que conheceu. Na verdade, não podemos renunciar a nada; só permutamos uma coisa por outra; o que parece ser uma renúncia é na verdade uma formação substituta ou subrogada. Assim, o adulto, quando pára de jogar, só se resigna ao apontamento de objetos reais, em vez de jogar, agora fantasia. [...] A criança joga só ou forma com outras crianças um sistema psíquico fechado para os fins do jogo, porém, assim como não joga para os adultos como se fossem seu público, tampouco oculta deles seu jogar. [...] O brincar da criança estava dirigido por desejos, na verdade por um só desejo que ajuda sua educação; ei-lo aqui: ser grande e adulto. Brinca sempre de 'ser grande', imita no jogo o que se tornou familiar da vida dos maiores. Não há razão alguma para esconder esse jogo. [...] Uma fantasia oscila, de certo modo, entre três tempos, três momentos temporais do nosso representar. [...] Vale dizer, passado, presente e futuro são como as contas de um colar enlaçadas pelo desejo. [...] Tampouco nossos sonhos noturnos são outras coisas que tais fantasias, [...] a insistência, talvez surpreendente, sobre a recordação infantil na vida do poeta deriva, em última instância, da suposição segundo a qual a criação poética, como o sonho diurno, é continuação e substituto dos antigos jogos de criança"[67]. Nesta perspectiva, a criança constitui no jogo sua realidade psíquica, é dirigida por desejos e se organiza na mesma série permutativa: jogo—devaneio—sonho—poesia. Nessas pontuações a respeito dos jogos de criança, Freud os toma como ciframentos de um texto, tal como a poesia, ao articular palavras, ou o sonho, ao produzir os rébus. A colocação de coisas de seu mundo numa nova ordem diferencia-se da fala, porque os significantes usados não são vocais, mas estão no campo da linguagem.

A *criança que investiga e teoriza* sua origem e sua sexualidade incita Freud (1908) a desconsiderar a hipótese inatista da capacidade de pensar para inseri-la nas malhas do primeiro conflito psíquico da criança, constrangida pela ameaça de perda do amor, pelo efeito da presença do semelhante e pela constatação da diferença sexual, constituintes originários do complexo nuclear da neurose:

---

[67] S. Freud (1907), *El creador literario y el fantaseo*, O. C., vol. IX, Buenos Aires, Amorrortu, pp. 125-135.

DA CONDIÇÃO DE CRIANÇA

"*O esforço de saber das crianças de modo algum desperta aqui de uma maneira espontânea, por exemplo, como conseqüência de uma necessidade inata de averiguar as causas, mas sob o aguilhão das pulsões egoístas que as governam [...]. A retirada da assistência pelos pais, experimentada ou temida com razão, o vislumbre de que estará obrigado a compartilhar para sempre todo bem com o recém-chegado tem por efeito despertar a vida de sentimentos da criança e aguçar sua capacidade de pensar. [...] a criança passa a ocupar-se do primeiro grandioso problema da vida e se pergunta: 'de onde vêm os filhos?' [...] Pode-se perceber o eco deste primeiro interrogante em muitíssimos enigmas do mito e da saga. A pergunta mesma, como todo investigar, é um produto da exigência vital, como se, ao pensar, se lhe colocasse a tarefa de impedir a recorrência de um evento tão temido. [...] Essas falsas teorias sexuais [...] possuem, todas, um curiosíssimo caráter [...], cada uma delas contém um fragmento da verdade e são análogas, neste aspecto, às soluções tidas como 'geniais' que os adultos ensaiam para os problemas do universo e cuja dificuldade supera o intelecto humano. O que há nessas teorias de correto e acertado se explica por sua proveniência da pulsão sexual, já em movimento dentro do organismo infantil. Com efeito, tais supostos não têm nascido do arbítrio psíquico, nem de impressões casuais, mas das objetivas necessidades da constituição psicossexual; por isso podemos falar de teorias sexuais típicas nas crianças, e por isso achamos as mesmas posições errôneas em todas as crianças cuja vida sexual nos é acessível*"[68]. A interrogação da criança e a construção de teorias procedem da mesma fonte, as pulsões sexuais, e respondem a necessidades objetivas. Fazem eco ao mito e à saga, são análogas à atividade científica. Permitem, portanto, serem supostas como uma outra série permutativa: teorias sexuais infantis—mito—saga—ciência.

A *criança que se angustia* apresenta a Freud (1910) "*a figuração do sexual por objetos e relações não sexuais, chegando até estes primeiros anos em que récem começa a dominar a linguagem*", e a capacidade precoce de uma "escolha de objeto, *acompanhada de fortes afetos*". Essas referências justificam a afirmação de que a análise de uma criança "*nos ensinou muitas coisas novas para as quais a psicanálise não nos havia preparado*"[69]. Freud constata assim que, a despeito da precariedade do domínio que a criança tem da língua, ela está inscrita na linguagem e ultrapassa o que pode ser suposto dela. A criança serve-se de objetos e de relações para figurar o sexual, ou seja, toma um termo por outro, opera substituições, pratica

---

[68] S. Freud (1908), *Sobre las teorías sexuales infantiles*, O. C., vol. IX, Buenos Aires, Amorrortu, pp. 189-92.
[69] Todas as citações deste parágrafo referem-se à Nota 34, acrescentada por Freud em 1910 aos *Tres ensayos de teoría sexual* (1905), (vol. VII, Buenos Aires, Amorrortu, p. 176).

figuras de linguagem (metaforiza), antes de dominar a fala. Nesse trabalho de transposição de registros e de reordenamento, centrado na lógica de suas urgências, a criança trata *as coisas* como *palavras*, fazendo texto com as coisas, e trata *as palavras* como *coisas, fazendo jogos com as palavras: "Também na criança, habituada a tratar as palavras como coisas, advertimos a inclinação a buscar um mesmo sentido sob unidades fonéticas iguais ou semelhantes"*[70].

A criança que se identifica e teme um animal conduz Freud (1913) a analisar o deslocamento, aí operado, de sentimentos da criança relativos ao pai para o animal, tomando tal deslocamento como referencial para explicar o totemismo e sua conseqüência teórica: a construção do mito do assassinato do pai primevo: *"Se o animal totêmico é o pai, os dois principais mandamentos do totemismo, os dois preceitos-tabu que constituem seu núcleo, o de não matar o totem e não usar sexualmente nenhuma mulher que pertença a ele, coincidem por seu conteúdo com os dois crimes de Édipo, que matou seu pai e tomou como mulher a sua mãe, e com os dois desejos primordiais da criança, cuja repressão insuficiente ou cujo novo despertar constitui talvez o núcleo de todas as psiconeuroses. Se esta equação for algo mais que o mero jogo desconcertante do acaso, teria que nos permitir lançar luz sobre a gênese do totemismo em tempos imemoriais. Em outras palavras, conseguiria tornar-nos verossímil que o sistema totemista resultou das condições do complexo de Édipo, o mesmo que a zoofobia do pequeno Hans e a perversão de galinheiro do pequeno Arpád"[71]*. Ao relacionar fobia e perversão infantis com o mito do Édipo e com o totemismo, Freud destaca a estrutura de um sistema simbólico, na criança, em que os objetos (animais) são dispostos, como significantes de uma outra coisa, numa rede.

A criança que repete experiências desagradáveis apresenta a Freud (1920) o estatuto do jogo enquanto modalização do desejo[72] e insere-se no processo de elaboração teórica da compulsão à repetição, onde o laço entre gozo e sofrimento orienta o ultrapassamento teórico da regência do princípio do prazer no psiquismo. Na genialidade em que Freud (1920) apresenta o jogo do *fort!-da!*, ele não se limita a registrar o funcionamento simbólico que permite à criança operar a alternância diferencial que sutura a falta da plenitude do gozo: *[...] No início, era passivo, era afetado por ela; agora se punha num papel ativo repetindo-a como jogo, apesar de ser desprazerosa. Poder-se-ia atribuir esse afã a uma pulsão de apoderamento atuante, independentemente de a recordação ser prazerosa ou não. Porém cabe também ensaiar outra interpretação. O ato de lançar o objeto para que 'se vá'*

---

[70] S. Freud (1905), *El chiste y su relación con lo inconciente*, O. C., op. cit. , p. 115.

[71] S. Freud (1913), *Tótem y tabú*, vol. XIII, Buenos Aires, Amorrortu, p. 134.

[72] S. Freud (1920), *Más allá del principio de placer*, O. C., vol. XVIII, Buenos Aires, Amorrortu, p. 16.

seria a satisfação de um impulso, sufocado pela criança em sua conduta, a vingar-se da mãe por sua partida. Assim, viria a ter esse significado desafiador: 'vai, não necessito de ti, eu mesma te mando embora'. [...] O estudo do jogo infantil, por mais que o aprofundemos, não remediará nossa flutuação entre duas concepções. Adverte-se que as crianças repetem no jogo tudo quanto lhes fez grande impressão na vida; desse modo, ab-reagem à intensidade da impressão e se assenhoram da situação. Porém é bastante claro que todos os seus jogos estão presididos pelo desejo dominante na etapa em que eles se encontram: o de ser grandes e poder fazer como os maiores. Também se observa que o caráter desprazeroso da vivência nem sempre a faz inutilizável para o jogo. [...] existem suficientes meios e vias para converter em objeto da recordação e elaboração anímica o que em si mesmo é desprazeroso"[73]. É possível, ainda, destacar a estrutura de texto ci-frado disso que Freud (1920) define como a *"grande realização cultural da criança".* Limitando-se a transcrever e traduzir, ele nos permite, entretanto, tomar a *"atividade enigmática"* da criança em que se opera *"a conversão da vivência em jogo"* como ciframento do traço impresso na experiência pela atividade do jogo, em que a criança o lê. A criança repete, num outro registro, a experiência. Nesse ato, estrutura o texto em que se desloca, constituindo *"desaparecimento e retorno"* de outro lugar, numa outra linguagem.

A *criança lactente que recua* frente ao rosto estranho, abrigando-se aos prantos nos braços de sua babá, é localizada por Freud (1924) na mesma posição do homem que encontra na prece o artifício para enfrentar o desconhecido, do camponês incapaz de comprar o que não reconhece como familiar, ou do cientista que reluta frente às novas descobertas antes de examiná-las: *"Em todas se trata do mesmo desprazer [...] a fonte desse desprazer é o apelo que o novo dirige à vida anímica; o gasto psíquico que exige, a insegurança que atinge e se intensifica até a expectativa angustiada"*[74]. Uma quase singela referência é capaz de mostrar como o percurso cronológico do desenvolvimento humano pode manter atual e insuperável a insistência de uma mesma urgência psíquica. Freud aponta que, a despeito da diferença dada pelo seu modo de expressão, o recuo da criança, a prece, a impossibilidade de adquirir ou a relutância ao conhecimento têm uma mesma estrutura, que situa seus sujeitos numa mesma posição.

Enfim, nessas considerações de Freud a respeito das manifestações da criança concreta, pode-se constatar algo além de um mote para a abordagem

---

[73] Ibid., pp. 12-7.
[74] S. Freud (1925 [1924]), *Las resistencias contra el psicoanálisis*, O. C., vol. XIX, Buenos Aires, Amorrortu, p. 227.

A CRIANÇA NA CLÍNICA PSICANALÍTICA

de construções na teoria psicanalítica ou de confirmações da mesma. A criança foi objeto de interrogações, permitiu articulações e, cabe ressaltar, Freud a considera enquanto um funcionamento estruturado que, apesar de diferir na expressão fonatória, produz um texto, usa significantes, cifra suas urgências, ordena uma série e estabelece uma sintaxe.

Mas no limite estrito da *criança que é observada* Freud situa apenas o caráter de verificabilidade da teoria psicanalítica, definindo a *categoria de prova*, sem fazer da observação da criança uma função privilegiada para suas investigações clínicas. Nos *Três ensaios de Teoria Sexual*, encontram-se elementos que permitem distinguir a posição secundária da observação da criança em relação às investigações sobre o infantil em psicanálise. Se, neste texto, ele lamenta que os autores que se ocupam de explicar o indivíduo adulto não possam reconhecer o caráter de lei que tem a sexualidade na infância, dando atenção muito maior à pré-história dos antepassados e à hereditariedade do que àquela que se apresenta na experiência individual da infância[75], Freud não situa a observação da criança como capaz de responder sobre o infantil[76]. Afinal, é o que ele testemunha no prefácio à quarta edição dos Três Ensaios, em 1920, quando aponta uma das dificuldades inerentes à observação de crianças: *"Se os homens soubessem aprender com a observação direta de crianças, estes três ensaios poderiam não ter sido escritos"*[77]. A observação direta da criança oferece ao próprio Freud mais o lugar de *"certificação das inferências"* e de *"testemunho da confiabilidade do método psicanalítico"*[78], do que o campo propício à investigação e teorização. Enquanto método, a observação direta é descartada, é fonte de equívocos. Para Freud, é necessário concomitância entre a *investigação psicanalítica*, que remonta até a in-

---

[75] S. Freud (1905), *Tres ensayos de teoría sexual*, op. cit., p. 157.

[76] Cabe lembrar que Freud trabalhou como Chefe do setor de doenças nervosas durante dez anos (1886-96), consultando crianças no Instituto Público de Crianças doentes de Viena. Foi o que lhe permitiu publicar um relevante trabalho sobre suas observações relativas à paralisia cerebral Infantil. A despeito das inúmeras vezes em que se queixou a Fliess de que as parilisias cerebrais não lhe interessavam (20/11/95), que tinha que colar e remendar as paralisias infantis (29/11/95), que não conseguia obrigar-se a fazer o trabalho sobre as paralisias (16/04/1896), a monografia de Freud sobre o tema foi considerada (segundo E. Jones) pelo neurologista suiço R. Brun, em 1936, *"a exposição mais cabal e completa que jamais foi escrita sobre as paralisias cerebrais infantis,... Tem-se uma idéia do magnífico domínio sobre o enorme material clínico aqui reunido e criticamente manipulado com o fato de que apenas a bibliografia ocupa quatorze páginas e meia. Foi uma realização magnífica e sozinha, bastaria para garantir ao nome de Freud um lugar permanente na neurologia clínica"*. Peter Gay, *Freud, uma vida para nosso tempo*, São Paulo, Cia das Letras, 1989, p. 95.

[77] S. Freud (1905), *Tres ensayos de teoría sexual*, op. cit., p. 120.

[78] Ibid., p. 176, nota de rodapé.

Da condição de criança

fância, e a *observação contemporânea da própria criança*, enquanto métodos conjugados, devido ao fato de que "*A observação de crianças tem a desvantagem de elaborar objetos que facilmente originam mal-entendidos, e a psicanálise é dificultada pelo fato de que só mediante grandes rodeios pode alcançar seus objetos e suas conclusões*"[79].

Freud mantém o *caráter de irredutibilidade da manifestação da criança* à observação direta, além de apontar os seus equívocos[80] no próprio movimento em que explicita as determinações infantis, seja na primazia que este implica quanto à constituição psíquica, seja quanto aos processos psicopatológicos.

Enquanto abarca o saber do adulto do que teria sido sua infância, a criança é uma *formação imaginária inconsciente* do analisante adulto, que lhe permite definir a categoria do *infantil* sem que a materialidade da presença da criança se faça necessária, como demonstra a teorização freudiana sobre a sexualidade infantil, elaborada por meio da análise das histéricas: "*Se os histéricos reconduzem seus sintomas a traumas inventados, eis aí precisamente o fato novo, a saber, que eles fantasiam essas cenas, e a realidade psíquica pede para ser apreciada junto à realidade prática. Logo seguiu a intelecção de que essas fantasias estavam destinadas a encobrir, a embelezar e a promover a uma etapa mais elevada o exercício auto-erótico dos primeiros anos da infância. Assim, atrás dessas fantasias, saiu ao primeiro plano a vida sexual da criança em todo seu alcance*"[81].

Outro estatuto é dado à criança, como já foi aqui apontado, enquanto determinando uma posição, lugar de referência onde se deposita a incidência da *formação imaginária* do ideal parental: "*O narcisismo primário, que supomos na*

---

[79] Ibid., p. 182.

[80] A este respeito, as pontuações de Charles Melman são esclarecedoras: "*O que nos ensina a experiência psicanalítica com relação ao consciente? Podemos dizer que, se a consciência se define pela soma dos conhecimentos dos quais um sujeito faz seu álibi, ou seja, colocando-se como sendo de algum modo aquele que disporia de uma certa soma de saber, e então se aliena enquanto sujeito desses enunciados; a experiência analítica nos ensina que a soma desses conhecimentos é pautada por isso que autoriza o inconsciente. Há representações que são* unverträglich*, incompatíveis. O sujeito não pode aceitá-las e devido a isso essas representações ver-se-ão recalcadas. Portanto, a consciência, enquanto soma de nossos saberes, é mais desconhecimento (para retomar o termo de Lacan) do que conhecimento, se é verdadeiro que, a partir dessa soma de conhecimentos, o eu [moi] assegura sua base, aprecia as percepções. [...] Se considerarmos evidentemente que é o fantasma que organiza para cada um o campo da realidade de seu mundo, vemos efetivamente o caráter muito limitado das percepções que nos são permitidas. [...] quando emerge algo da ordem do real no campo da realidade, o sujeito o integra como pode naquilo que já sabe. Chega-se ao ponto mesmo em que se celebra como grandes sábios aqueles que, por ocasião de uma experiência de laboratório, foram capazes de ver outra coisa o que o que esperavam. Aquele que foi capaz de reconhecer em suas caixinhas manchas de bolor que não deviam estar lá e que, em lugar de jogá-las no lixo, disse a si mesmo:'Isso me interessa' foi considerado de modo muito espontâneo e um pouco ingênuo como alguém que trazia a marca de um gênio"*, Novos estudos sobre o inconsciente, Porto Alegre, Artes Médicas, 1994, pp. 5-6.

[81] S. Freud (1914), *Contribución a la história del movimiento psicoanalítico*, O. C., vol. XIV, Buenos Aires, Amorrortu, p. 17.

A CRIANÇA NA CLÍNICA PSICANALÍTICA

criança e que contém uma das premissas de nossas teorias sobre a libido, é mais difícil de apreender pela observação direta do que de comprovar mediante uma inferência retrospectiva feita de outro ponto. Se prestarmos atenção à atitude de pais ternos para com os filhos, teremos de discerni-la como renascimento e reprodução de seu próprio narcisismo, há muito abandonado. A supervalorização, marca inequívoca que apreciamos como estigma narcisista já no caso da escolha de objeto, governa, como todos sabem, o vínculo afetivo. Assim, prevalece uma compulsão a atribuir à criança toda a classe de perfeições (para a qual um observador desapaixonado não descobriria motivo algum) e de encobrir e esquecer todos os seus defeitos (os quais mantêm estreita relação com a desmentida sexualidade infantil). Além disso, prevalece a inclinação a suspender, em favor da criança, todas essas conquistas culturais cuja aceitação teve que arrancar de seu próprio narcisismo, e renovar, a propósito dela, a exigência de prerrogativas a que se renunciou há muito tempo"[82].

Freud confere *localização simbólica* à criança, ao situá-la numa equação: *"estes elementos amiúde são tratados no inconsciente como se fossem equivalentes entre si e se pudessem substituir sem reparo uns pelos outros"[83]*. Posicionada como falo imaginário, a criança ganha lugar nas produções do inconsciente por se inscrever numa série de termos substituíveis (fezes—dinheiro—presente—filho—pênis). Assim, apontando a revisão teórica da concepção anterior de evolução linear das fases libidinais e afirmando, portanto, que as fases de organização libidinal se conservam junto às configurações posteriores sem se dissiparem ante as que as seguem, Freud (1932) relembra a importância da sincronia que atualiza a equação simbólica: *"Logo nos inteiramos de que com a desvalorização de seu próprio cocô, os excrementos, esse interesse pulsional de fonte anal transfere-se para objetos que se podem dar como presente. E com direito, pois o cocô foi o primeiro presente que o lactente pôde fazer, do que se desprendeu por amor a sua cuidadora. Logo, e de maneira inteiramente análoga à mudança de via do significado no desenvolvimento da linguagem, este antigo interesse pelo cocô se transpõe no apreço pelo ouro* [Gold] *e o dinheiro* [Geld], *porém também faz sua contribuição à investidura afetiva do filho e do pênis. Segundo a convicção de todas as crianças, que por longo tempo se atêm à teoria da cloaca, o filho nasce como um fragmento de cocô do intestino; a defecação é o arquétipo do ato na coluna de fezes que chega e estimula a mucosa do tubo intestinal. Quando a criança, bem a contragosto, tem notícia de que existem seres humanos que não possuem este membro, o pênis lhe aparece como algo separável do corpo e o situa em inequívoca analogia com o excremento, que, sem dúvida, foi o primeiro frag-*

---

[82] *Introducción del narcisismo*, op. cit., pp. 87-8.
[83] S. Freud (1917), *Sobre las trasposiciones de la pulsión, en particular del erotismo anal*, O. C., vol. XVll, Buenos Aires, Amorrortu, p. 118.

mento de corporeidade a que teve de renunciar. Assim, uma grande cota de erotismo anal é transportada à investidura do pênis, porém o interesse por esta parte do corpo tem, além desta raiz de erotismo anal, uma raiz oral todavia mais poderosa, pois, sob a suspensão da amamentação, o pênis herda também algo do mamilo do órgão materno. É impossível orientar-se nas fantasias – as ocorrências influenciadas pelo inconsciente – e na linguagem sintomática do ser humano se não se conhecem estes profundos nexos. Cocô-dinheiro-presente-filho-pênis são tratados aqui como equivalentes e ainda representados mediante símbolos comuns"[84].

Portanto, as manifestações concretas da criança na psicanálise guardam uma riqueza considerável no que incidem e se atravessam em muitas pontuações de Freud. Além da atualidade em que *"os estados primitivos podem ser sempre reestabelecidos"* e considerando ainda a afirmação freudiana de que *"O anímico primitivo é imperecível, no seu sentido mais pleno"*[85], a criança pode ser reconhecida sob dois estatutos: a *criança imaginária*, que Freud localiza difratada tanto no futuro delegado aos filhos, como no passado em que o sujeito se reencontra na fantasia do que teria sido; a *criança simbólica*, que Freud situa como termo substituível numa equação.

2.5. A criança analisável

A criança é reconhecida por Freud demarcada pelo caráter irredutível e surpreendente e pelo interesse teórico capaz de despertar nele, permitindo-lhe sustentar sua anuência quanto à analisabilidade. Entretanto, ele delegou a tarefa de construí-la e absteve-se de maiores comentários aos trabalhos de Klein[86]. Assim, a despeito do limite definido por Freud quanto à observação da criança, ele não desconsiderou sua condição de analisabilidade. Pelo contrário, desde a análise de Hans, Freud apresenta sua interrogação: *"Será por acaso impossível averiguar imediatamente na criança, em toda sua frescura vital, aquelas moções sexuais e formações de desejo que no adulto exumamos, com tanto trabalho, de seus escombros, e acerca dos quais, além do mais, asseveramos que são patrimônio consti-*

---

[84] S. Freud (1933 [1932]), *Nuevas conferencias de introducción al psicoanálisis*, conf. XXXII, O. C., vol. XXII, Buenos Aires, Amorrortu, p. 93.

[85] S. Freud (1915), *De guerra y muerte. Temas de actualidad*, O. C., vol. XIV, Buenos Aires, Amorrortu, p. 287.

[86] Deixando indecidida, nessa abstenção, a questão sobre qual criança estava aí em jogo: sua filha Anna, a análise de sua filha Anna, a teoria psicanalítica envolvida nas querelas políticas representadas por Klein e Anna, ou a criança concreta.

A CRIANÇA NA CLÍNICA PSICANALÍTICA

tucional comum a todos os seres humanos e que no neurótico não fazem senão mostra-rem-se reforçadas ou deformadas?"[87].

Nas pontuações prévias à historia da neurose infantil do homem dos Lobos, a interrogação de Freud reaparece como afirmação inequívoca: *"... é lícito assegurar que as análises de neuroses da infância podem oferecer um interesse teórico particularmente grande. O serviço que prestam à correta compreensão das neuroses dos adultos equivale, mais ou menos, ao que os sonhos de criança brindam a respeito daqueles. E não porque sejam mais transparentes ou mais pobres em elementos, ao contrário, para o médico é tarefa difícil o acesso à vida anímica infantil. O que ocorre é que neles vem à luz, de maneira inequívoca, o essencial da neurose, porque estão ausentes as numerosas estratificações que logo se depositam. É notório que, na atual fase da luta pela psicanálise, a resistência a suas conclusões tem tomado uma nova forma. Antes se contentavam com impugnar a efetiva realidade dos fatos assegurados pela análise, para a qual a melhor técnica parecia ser a de evitar sua comprovação. Cabe pensar que esse procedimento foi se esgotando com o tempo; o caminho que agora seguem é o de admitir os fatos, eliminando, porém, o que deles se deduz, mediante algumas reinterpretações, e assim outra vez se defendem dessas escandalosas novidades. O estudo das neuroses da infância prova a total inaptidão dessas superficiais ou forçadas tentativas de reinterpretação. Demonstra em quão surpreendente medida as forças pulsionais libidinosas, que com tanta gana são desmentidas, participam na conformação da neurose e permitem discernir a ausência de aspirações a remotas metas culturais das quais a criança certamente nada sabe, e que portanto não podem significar nada para ela"*[88]. Em outra ocasião, ao advertir que o trabalho pedagógico não pode ser confundido nem ser substituído pelo influxo analítico, Freud (1925) ressalta a importância da instrução psicanalítica e da análise pessoal para o pedagogo, único meio de enfrentar as obscuridades que a criança apresenta: *"pois, do contrário, o objeto de seu empenho, a criança, continuará sendo, para ele, um enigma inabordável"*[89].

A mesma posição de Freud, em 1918, quanto à análise precoce, ou seja, a surpresa implicada, a importância para a elaboração teórica e seu caráter de comprovação, são referidas posteriormente (1926): *"É apenas crível quão avança-*

---

[87] S. Freud (1909), *Análisis de la fobia de un niño de cinco años*, O. C., vol. X, Buenos Aires, Amorrortu, pp. 7-8.

[88] S. Freud (1918), *De la historia de una neurosis infantil*, O. C., vol. XVII, Buenos Aires, Amorrortu, p. 11.

[89] S. Freud (1925), "Prólogo a August Aichornm Verwahrloste Jugend", O. C., vol. XIX, Buenos Aires, Amorrortu, p. 296.

DA CONDIÇÃO DE CRIANÇA

da está já uma criança de quatro a cinco anos. [...] O interesse que apresentam estas análises de crianças é de diversas classes; é possível que no futuro tomem uma importância maior. O seu valor para a teoria está fora de questão"[90]. Reconhecendo novamente a favorabilidade da criança à análise, os êxitos radicais e duradouros e o caráter de confirmação na criança do que havia sido elucidado pela psicanálise partindo-se de *"documentos históricos"*, Freud reafirma a necessidade de modificação da técnica elaborada para adultos: *"... a criança é um objeto diferente do adulto, não possui todavia um supereu, não tolera muito os métodos de associação livre, e a transferência desempenha outro papel, posto que os progenitores reais mantêm-se presentes. As resistências internas que combatemos no adulto estão substituídas na criança, na maioria das vezes, por dificuldades externas. Quando os pais se erigem em portadores da resistência, amiúde a meta da análise ou ela mesma corre perigo e por isto pode ser necessário unir à análise da criança algum influxo analítico sobre seus progenitores"*[91].

Dos modos de presença da criança em Freud, pode-se extrair o estatuto da criança na psicanálise.

A *criança posição*, substituto substituível de um valor determinado pela economia subjetiva de um outro, estabelece a demarcação de um lugar discernível. Este outro, semelhante dissimétrico, pode, por isso, tornar-se agente da ação específica fundadora da subjetivação. É o que faz a *dimensão simbólica*[92] da criança.

A *criança ideal* é constituída pelo olhar parental, na polimetria narcísica da semelhança/dessemelhança que a singulariza em desdobramentos que lhe atribuem valências. Nessa *dimensão imaginária*, a criança se especulariza referida num ideal de criança – modalização do *infans* que sustenta sua constituição.

A *criança que se manifesta* para Freud sustenta um existente irredutível ao mal-entendido do observado, presença que se exerce suspensa a sua subjetividade inconstituída, mas que insiste no apelo da necessidade, enlaçando o outro e fazendo reincidir o narcisismo daquele. Mais ainda, a despeito de ser tida por Freud como *diferente do adulto*, a ele equivale, por ser modalizadora da repetição e do desejo, no jogo e no sonho: produtora de chiste, no equívoco da confecção de coisas com palavras; intimadora do pensamento e investigadora,

---

[90] S. Freud (1926), *Puedem los legos ejercer el análisis?*, O. C., vol. XX, Buenos Aires, Amorrortu, p. 201.

[91] S. Freud (1933), "Conferencia XXXIV", *Nuevas conferencias de introducción al psicoanálisis*, op. cit., p. 137.

[92] Sobre a relação entre as concepções de Freud e as de Lacan quanto aos registros simbólico e imaginário, Marie-Jean Sauret (*De l'infantile à la structure*, Paris, Presses Universitaires du Mirail, 1992, p. 33 e segs.) nos oferece uma excelente e detalhada abordagem.

diante da urgência psíquica, e figuradora do sexual, na substituição simbólica. Esse existente, de que Freud interroga a possibilidade de averiguação, através de Hans, responde-lhe, surpreendendo-o, *ao ensinar-lhe coisas difíceis de acreditar, para as quais não estava preparado.*

Apesar de tudo isso, a criança que, *sem a psicanálise*, estaria fadada a manter-se *enigma inabordável*, não tornou possível a Freud a construção de um modo de análise que atendesse à especificidade que ele mesmo apontara; função entretanto considerada possível e delegada ao futuro, ágalma de que sua filha foi revestida, aposta de *prova* irrefutável da teoria e *talvez o mais importante de tudo quanto a análise cultivaria.* Freud aponta que o que se observa não é o que se passa, além de delinear a presença de um funcionamento estruturante e passível de deciframento. Mas o caráter de obstáculo irredutível, que o atinge na irrealizada analisabilidade suposta, pode ser demarcado enquanto incidência enigmática da criança, que situa a *dimensão do real*[93] da criança para Freud, não pelo que ele inscreveu dela enquanto simbólico ou imaginário, mas pelo que ele não pôde escrever sobre ela[94]. É o que pode ser depreendido em Freud acerca da distinção entre a fantasia em crianças e o fantasiar retrospectivo: *"Talvez seja lícito supor também que, neste tempo, aos quatro anos de seu nascimento, o paciente era demasiado jovem para desejar já renascer. Sem dúvida, devo retirar este último argumento; minhas próprias observações demonstram que se tem subestimado as crianças e já não se sabe o que é lícito atribuir-lhes"*[95]. Freud mostra a virulência da hesitação em que se encontrava, na nota de rodapé, não apenas apontando ser esse seu problema mais difícil, que o fez abster-se de tornar públicas suas idéias, mas demandando de seu leitor uma anuência quanto a sua posição: *"confesso que este é o problema mais espinhoso de toda a doutrina analítica. Não necessitei das comunicações de Adler ou de Jung para ocupar-me criticamente da possibilidade de que estas vivências infantis esquecidas (e vivenciadas numa inverossímil precocidade), que a análise postula, descansem mais nas fantasias criadas na raiz de*

---

[93] Cabe lembrar que M-J. Sauret (*De l'infantile à la structure*, op. cit., pp. 33-4) diferencia, com toda pertinência, a criança concreta freudiana do registro do real. Como pode ser lido aqui, o que orienta a direção do registro do real não é a criança concreta descrita ou interpretada por Freud, mas aquilo que, na criança, intimou Freud à urgência de produção teórica e obstaculizou o acesso de Freud por via analítica.

[94] Poderíamos supor que o caráter de desinteresse pessoal (que Freud já atribuíra ao seu estudo das paralisias em crianças, como apontamos em nota anterior) seria o mesmo que orientou sua afirmação posterior de que: *"A formação médica não é tão necessária para crianças de tenra idade. Ao concluir sua formação analítica, pode o psicanalista já se encontrar muito idoso para ainda ter paciência com elas"*? Ou seja, seria esse o incômodo de Freud?

[95] *De la historia de una neurosis infantil*, op. cit., p. 94.

DA CONDIÇÃO DE CRIANÇA

ocasiões posteriores, e que deva admitir-se a exteriorização de um fator constitucional ou de uma predisposição conservada por via filogenética toda vez que se crê falar nas análises o eco de uma vivência infantil dessa índole. Ao contrário, nenhuma dúvida me tem reclamado mais, nenhuma outra incerteza me fez abster-me tão decididamente de certas publicações. Tenho sido o primeiro a reconhecer tanto o papel das fantasias, na formação do sintoma, como o 'fantasiar retrospectivo', desde incitações posteriores até a infância, e a sexualização desta última com posterioridade [nachträglich]; *[...] Se, apesar disso, adotei a concepção mais difícil e inverossímil, isso foi com argumentos como os que se impõem ao investigador no caso aqui descrito, ou no de qualquer outra neurose infantil, e que agora volto a apresentar ao leitor para que decida por si mesmo"*[96].

O estatuto da criança enquanto prova sancionadora das teorias freudianas foi confirmado pela filha, que cumpriu o mandato do ideal paterno: *"há um tema que não posso passar ao largo tão facilmente, não porque eu entenda grande coisa dele nem haja contribuído muito. Totalmente ao contrário, se o tratei alguma vez. Porém é importantíssimo, oferece enormes esperanças para o futuro, talvez o mais importante de tudo quanto a análise cultiva. Refiro-me à aplicação da psicanálise à pedagogia, à educação da geração futura. Regozija-me poder dizer que ao menos minha filha Anna Freud se impôs este trabalho como a missão de sua vida, reparando assim meu descuido"*[97]. Assim, Anna Freud estabeleceu a adaptação da técnica partindo da consideração do caráter de especificidade da criança, buscando meios de garantir a analisabilidade daquela a partir da configuração de uma posição de sofrimento, assumido como tal, que orientasse o estabelecimento de uma relação transferencial: *"A 'analisabilidade' da criança surgiu simultaneamente com a compreensão da doença..."*[98]. Só assim, para Anna Freud, o analista poderia ser tomado pela criança como substituto do eu-ideal infantil, condição para que a interpretação analítica tivesse vigência: "o analista deve esforçar-se por se colocar no lugar do Ego-ideal da criança, por toda a duração da análise; *não deve principiar sua tarefa analítica de liberação até que se tenha assegurado de que a criança esteja ávida por seguir o seu comando"*. O analista suscitaria na criança a consciência de sua doença para que tivesse vontade de ser tratada, e assim poderia ensiná-la a conduzir-se na sublimação: *"O analista deve reivindicar a liberdade de*

---

[96] Idem, ibidem.

[97] *Nuevas conferencias de introducción al psicoanálisis*, op. cit., pp. 135-6. Interessa apontar, como refere a nota de rodapé dos editores, que esta não foi a única referência de Freud ao tema e que, além de referências ocasionais, podem ser encontradas em cinco outras situações.

[98] Anna Freud (1926), "Introdução à técnica de análise de crianças", *O tratamento psicanalítico de crianças*, Rio de Janeiro, Imago, 1971, p. 32.

A CRIANÇA NA CLÍNICA PSICANALÍTICA

dirigir a criança neste importante ponto, a fim de poder assegurar, em certa medida, o resultado da análise. Sob a sua influência, a criança deve saber como se conduzir perante a sua vida instintiva e os seus pontos de vista devem, afinal, determinar que parte dos impulsos sexuais infantis precisa ser suprimida ou rejeitada como não-utilizável, no seio do mundo cultural"[99]. Foi nesta direção que a adaptação técnica estabeleceu-se vinculada à educação, associando medidas pedagógicas à análise. Nesta vertente, Anna Freud fez da análise de crianças uma aplicação da psicanálise à criança, mais que uma clínica psicanalítica propriamente dita. Anna Freud considera que o jogo da criança não faz equivalência à considerada impossibilidade infantil de associação livre, posto que a situação transferencial não adquire o estatuto de neurose de transferência. É o que, para Anna Frèud, obriga a uma relação de cooperação com os agentes educativos, considerados fornecedores de material analítico, protótipos concretos da identificação, dispostos a se modificarem e sustentadores da confiabilidade da criança no analista. Esta imaturidade da criança para a associação livre sob transferência e a consideração de que a psicanálise *"como método de tratamento, como análise de crianças, esforça-se por reparar danos causados durante o processo de ensino"*[100] demonstram a concepção pedagógico-preventiva que, entretanto, não retira o que ela chama de vantagens[101] da análise para a criança: modificação do caráter, atenuação da severidade do superego e adaptação do meio às necessidades desta[102].

Partindo do uso potencial da psicanálise enquanto conhecimento aplicado ao exercício adequado da maternidade[103], Melanie Klein desenvolveu outro modo de adaptação da técnica que garantiu, pela consideração da análise a

---

[99] Ibid., p. 75.

[100] A. Freud (1935), *Psicanálise para pedagogos*, Santos, Martins Fontes, 1973, p. 58.

[101] A. Freud (1927), "A teoria da análise infantil", op. cit., pp. 87-99.

[102] Disso se fazem exemplares certas conduções de análises, aquelas em que o analista, capturado pelas manifestações da criança, desliza da posição de elemento da série psíquica do analisando para o campo de realização de injunções concretas na vida daquele, numa intervenção tomada como urgência preventiva. Nesse deslizamento constatam-se as dificuldades da decisão dos limites possíveis do ato analítico com crianças, fazendo entrar em jogo a difusa relação entre ética e moral, ou seja, entre desejo do analista e resistência do analista.

[103] No caso, trata-se dos efeitos da psicanálise sobre ela mesma, na relação com seu filho. Em seus trabalhos de 1919 e 1921, Klein aponta os resultados milagrosos obtidos quando se cria um filho com conceitos psicanalíticos esclarecidos, no que Phyllis Grosskurth (*O mundo e a obra de Melanie Klein*, Rio de Janeiro, Imago, 1992, p. 88) chama de panacéia educacional. Assim, não tendo sido permitido à criança dormir no quarto dos pais, não lhe tendo sido impostas regras excessivamente rígidas, tendo-lhe sido permitido desenvolver-se em seu próprio ritmo, respondidas suas perguntas relacionadas a sexo, a criança tornou-se normal, vencera os sentimentos onipotentes ao lhe ser explicado que não havia deus, nem magia, nem mundo das fadas, o que a capacitou a aceitar a realidade. Essa educação lançaria as bases para o desenvolvimento perfeito, sem inibições.

DA CONDIÇÃO DE CRIANÇA

partir da constatação da potencialidade de representação do simbolismo lúdico, a entrada efetiva da criança no campo da analisabilidade. Ao contrário de Anna Freud, Klein considerava a análise de crianças uma medida profilática para qualquer criança, independentemente de uma posição específica de sofrimento. No viés das discordâncias com Anna Freud, a atividade lúdica infantil foi tomada como associação livre sob transferência. Tal equivalência autorizou-a a sustentar uma conformidade entre analisabilidade da criança e do adulto: *"O caráter primitivo do psiquismo infantil requer uma técnica analítica especialmente adaptada à criança, e vamos encontrá-la na análise lúdica. A diferença, porém, entre os nossos métodos analíticos e a análise de adultos é puramente de técnica e não de princípios. A análise da situação transferencial e das resistências, a remoção das amnésias infantis e dos efeitos da repressão, assim como a revelação da cena primária, fazem parte da análise lúdica. Portanto, ela não somente está em conformidade com as normas do método de psicanálise para adultos, como também leva aos mesmos resultados. A única diferença é que adaptamos o processo ao psiquismo da criança"*[104]. Assim, Klein constituiu uma posição deslocada do campo da influência pedagógica para o de processadora da inominada angústia testemunhada pelos atos lúdicos, por meio da interpretação. Correlacionando os objetos lúdicos concretos (que a incluíam), a incidência da criança sobre eles e as articulações teóricas, numa fala articulada dirigida à criança, Klein deu vigência aos apontamentos freudianos. Leu as marcas dos mais frágeis registros significativos nas transposições feitas pela criança em seus jogos. Mais importante que a articulação desses jogos em sentidos próprios a seu sistema teórico, os atos interpretativos de Klein conferem legitimidade aos investimentos da criança nos objetos, testemunhando o reconhecimento dos atos desta. Além disso, desdobra e confere novos sentidos, assegura e sanciona valores aos objetos lúdicos recortados do campo experiencial, a partir dos quais sustenta a amplitude das equações imaginárias da criança. Para Klein, a interpretação produziria alívio da ansiedade e permitiria a emergência de material adicional no brincar.

Referindo-se à técnica psicanalítica por meio do brincar e a Fritz (seu filho Erich), Klein afirma: *"Meu primeiro paciente foi um menino de cinco anos de idade [...] A princípio pensei que seria suficiente influenciar a atitude da mãe. Sugeri que ela deveria encorajar a criança e discutir livremente com ela as muitas questões não verbalizadas que obviamente estavam no fundo de sua mente e impediam seu desenvolvimento intelectual. Isto teve um bom efeito, mas suas dificuldades neuróticas não*

---

[104] Melanie Klein (1932), *Psicanálise da Criança*, São Paulo, Mestre Jou, 1975, p. 39.

A CRIANÇA NA CLÍNICA PSICANALÍTICA

foram suficientemente aliviadas e logo foi decidido que eu deveria analisá-lo. [...] eu interpretava o que pensava ser mais urgente no material que a criança apresentava para mim. [...] embora eu me sentisse fortalecida na crença de que eu estava trabalhando no caminho certo ao observar o alívio da ansiedade, produzido repetidas vezes por minhas interpretações, eu ficava por vezes perturbada pela intensidade das novas ansiedades que iam sendo trazidas à tona. [...] a ansiedade da criança, que havia chegado a uma situação crítica, diminuiu enormemente, conduzindo a uma melhora adicional. A convicção obtida nesta análise influenciou intensamente o curso do meu trabalho analítico. [...] desde o início, a criança expressou suas fantasias e ansiedades, principalmente através do brincar, e eu interpretava consistentemente seu significado para ela, com o resultado de que o material adicional aparecia em seu brincar. Isto quer dizer que eu já utilizava, em essência, o método de interpretação que se tornou característico de minha técnica. Esta abordagem corresponde a um princípio fundamental da psicanálise – a associação livre. [...] Também orientei-me por dois outros princípios da psicanálise [...]: que a exploração do inconsciente é a principal tarefa do procedimento psicanalítico, e que a análise da transferência é o meio de atingir este objetivo. [...] podemos fundamentalmente ajudar o paciente a levar de volta, por meio de nossas interpretações transferenciais, suas fantasias e ansiedades para o lugar onde elas se originaram, a saber, na infância e na relação com seus primeiros objetos, pois, ao reviver emoções e fantasias arcaicas e compreendê-las em relação a seus objetos primários, ele pôde, por assim dizer, reexaminar essas relações em suas raízes e, desta forma, diminuir efetivamente suas ansiedades"[105].

Essa seria a essência do método de interpretação característico de sua técnica, onde reencontramos o ideal da tradução, tanto no que Klein supõe como conteúdo do jogo que a criança faz, quanto no que ela supõe fazer ao interpretar. Focalizando a interpretação como tradução do sentido oculto pelo sentido manifesto, Klein não considera a incidência do funcionamento simbólico que ela promove, na medida em que ela, por via da fala, desloca, reorienta, reordena a trama simbólica a que a criança se limitava. Dessa maneira, não apenas convoca o trabalho da criança sobre a linguagem como também permite a reconstrução da trama anterior, com as contenções e os desdobramentos em que seu discurso incide no jogo da criança. Não é a injeção de alívio que Klein julga operar pela interpretação que permite a emergência de um material adicional do inconsciente da criança. Esse material adicional advém do funcionamento simbólico que ela convoca na criança. O mesmo caráter tradutivo

---

[105] M. Klein (1955), "A técnica psicanalítica através do brincar: sua história e significado", *Inveja e gratidão e outros trabalhos*, vol. III, O. C., Rio de Janeiro, Imago, 1991, pp. 150-60.

DA CONDIÇÃO DE CRIANÇA

em que Klein se engajava foi mote de Anna Freud, aprisionada à missão científica de verificação e de confirmação das hipóteses freudianas. Como sublinha Lerude-Flechet[106], Anna Freud fez dessa missão a verdade sobre a criança, a se fazer admitir como interpretação pré-existente ao saber da criança.

A concepção que Freud nos oferece de clínica em psicanálise distingue indicações precisas que apontam o fracasso do ideal da tradução para a psicanálise, enquanto modo de operar o transporte imediato das linhas do sentido manifesto pelo paciente, por meio de uma analogia a conceitos ou através do estabelecimento de um sentido captado. É o que Freud dá a ler ao dizer que a técnica: *"... Desautoriza todo recurso auxiliar, ainda que seja o de tomar notas, como logo veremos, e consiste meramente em não querer fixar-se [merken] em nada em particular e em prestar, a tudo quanto se escuta, a mesma 'atenção uniformemente flutuante', como uma vez foi batizada. Desta maneira, livra-se de um esforço de atenção que não poderia ser sustentado dia-a-dia ao longo de muitas horas e evita um perigo que é inseparável de todo fixar-se deliberado. E é este: assim que se concentra propositalmente a atenção até certo nível, começa-se também a escolher entre o material oferecido; fixa [fixieren] um fragmento com particular relevo, elimina em troca outro, e nesta seleção obedece a suas próprias expectativas ou inclinações. Porém isto, justamente, é ilícito; se na seleção segue suas expectativas, corre o risco de não achar nunca mais do que já sabe; e, se entrega-se a suas inclinações, com toda segurança falseará a percepção possível. Não se deve esquecer que, na maioria das vezes, tem-se que escutar coisas cujo significado só posteriormente [nachträglich] discernirá. Como se vê, a regra de fixar-se em tudo por igual é o correspondente necessário do que se exige ao analisado, a saber: que refira tudo que lhe ocorra, sem crítica nem seleção prévias. Se o médico se comporta de outro modo, aniquila, em boa parte, a vantagem que resulta da obediência do paciente a esta 'regra fundamental da psicanálise'"[107]* .

Ao condicionar o discernimento da escuta ao futuro do que ainda virá a ser dito, Freud indica que a articulação da verdade da fala se faz na repetição que é, ao mesmo tempo, alteridade ao já dito e petição única de retorno. Portanto, o que Freud aponta mesmo nestas simples regras fundamentais é que, na psicanálise, o discurso do paciente não se presta à imediaticidade da intuição e que os conceitos fortemente articulados na teoria psicanalítica não lhes estabelecem univocidade. Na rede tecida pelo fio do encadeamento da *associação livre* manifesta pelo paciente, reenlaçada pelo fio da *atenção flutuante* da

---

[106] Citada por Corso, Severino e Pereira, no artigo: "Acerca do texto de Anna Freud", *Boletim da Associação Psicanalítica de Porto Alegre*, nº 7, 1992.

[107] S. Freud (1912), *Consejos al médico sobre el tratamiento psicoanalítico*, O. C., vol. XII, Buenos Aires, Amorrortu, pp. 111-2.

escuta do analista, Freud põe em relevo a malha da experiência analítica, enquanto discurso tecido de um pela escuta de outro. A opacidade do dito torna a escuta psicanalítica antinômica à analogia da transcrição do registro conceitual que permitiria a equivalência dada numa tradutibilidade de sentido[108]. Freud demonstra aí o quanto as práticas que privilegiam a tradução não realizam a função analítica.

---

[108] A respeito deste tema, cf. Jacques Lacan,"Situation de la psychanalyse et formation du psychanaliste en 1956", *Écrits*, Paris, Seuil, 1966, pp. 459-91.

A constituição subjetiva

> *"'Ter' e 'ser' na criança. A criança tende a expressar o vínculo ao objeto mediante identificação: 'eu sou o objeto'. O 'ter' é posterior, volta de contrachoque ao 'ser' sob a perda do objeto"[1].*

A escrita da lógica psicanalítica do processo de estruturação do sujeito insere-se na hipótese de que as manifestações da criança são atos que escrevem o texto que cifra a leitura de sua relação com a alteridade, constituindo sua realidade psíquica. Portanto, seus atos resgatam o equacionamento da determinação da estrutura que a implica numa impossibilidade do acesso à plenitude do gozo e que a intimam imperativamente a desejar sem que nada o assegure. Suas manifestações estruturam-se como uma linguagem que ordena *"esse tão pouco de realidade que é a nossa: essa do fantasma"[2]*, situando-se aquém da imediaticidade de sentido a que se oferece e além do que, desta cifragem, pode ser descrito. Texto, portanto, que, para ser decifrado, ou seja, reescrito em outro registro, exige pontuação: supor a determinação das constrições do ciframento que ele desvela.

Assim, a investigação conceitual, tributária da urgência da clínica, trabalhará aqui na perspectiva de diferenciar as dimensões em que o ser se constitui em sujeito, que restitui a dignidade de enigma às cifras que constituem a criança por seus atos. Nesta perspectiva, o caráter simbólico da teoria se distingue nodulado ao registro imaginário, que apresenta sua consistência, e à materialidade real que o causa. Não se trata, portanto, de privilegiar o simbóli-

---

[1] S. Freud (1938), *Conclusiones, ideas, problemas*, O. C., vol. XXIII, Buenos Aires, Amorrortu, p. 301.
[2] J. Lacan (1973-4*), Seminário XXI, Les nons dupes errent*, lição de 11/06/74, inédito.

co como um modelo teórico a ser aplicado na prática analítica, mas de sustentar os traços do impossível de dizer em que ele se efetua em sentido. A distinção dessas três dimensões não as hierarquiza, apenas permite demonstrar que elas só têm vigência enlaçadas. Trata-se da redução da abusividade imaginária que recobre as frestas com o sentido, e da redução do real à sua insistência que faz tropeço, descontinuidade ao sentido, na unicidade diferencial da criança que aí comparece. Situar a constituição do sujeito, a partir do estatuto simbólico da teoria, é considerar lacunas que rasgam a ficção de domínio do sentido, diferenciando as dimensões do imaginário e do real.

Cabe, portanto, formalizar a incidência dos acidentes que permitem que algo de não efetuado suporte o cenário da eternização do sujeito do desejo, demarcando as constrições que fazem do processo de estruturação subjetiva um ciframento da relação à alteridade. Espera-se, assim, apenas contemplar as condições que balizam, sem absolutamente bastar, a leitura do texto hieroglífico escrito pela criança em suas manifestações transferenciais, para que seu testemunho seja efetivamente passível de recolhimento e de intervenção, na clínica psicanalítica.

A escrita da lógica do singular irrepresentável, que reincide inédito na criança, é sustentação da insistência do inconsciente, e só passível de localização e bordeamento. Afinal, o efeito desejo num sujeito é defeito de realização. A emergência do inconsciente é a permanência insistente dessa desordem transgressiva do desejo no corpo adaptável de qualquer indivíduo. A soberania da transferência na clínica, enquanto função de preservação da relação entre o desejo e o ato de um sujeito, cria a exigência ética de uma escrita que subverta o ideal de domínio pleno da criança a que a cientificidade, ao estabelecer univocidade entre constituição subjetiva e maturação orgânica, conferiu transparência. Tal exigência implica a reabertura das hiâncias, recobertas para ultrapassar a explicação do desejo pela evolução de um sistema de necessidades num corpo tendente à acumulação adaptativa, como é sustentado pelas teorias do desenvolvimento psíquico[3].

Determinar psicanaliticamente as propriedades específicas do processo de estruturação que qualificam a condição de criança confere estatuto balizador ao que permite, ou não, sua clínica, pois traz como correlato uma perspectiva de sua analisabilidade. Discernir as propriedades específicas do diferencial em que a condição de criança se efetua visa situar a incidência deste irredutível, distinguindo os traços demarcáveis de suas incisões.

---

[3] J. Lacan (1960-1), *Seminário VIII, A transferência*, Rio de Janeiro, Jorge Zahar, 1992, p. 101.

Trata-se de seguir a trilha pela qual a unidade biológica de um ser (re)verte o lugar de coisa operada por uma alteridade estruturada, em posição de sujeito estruturado. Responder à questão da fixação de uma estrutura, capaz de permitir a transmissão de uma herança simbólica, passa pela consideração da criança a partir da inauguração de um lugar de relações que amarram um organismo irredutível, uma posição significante e uma consistência ideal; três heterogêneos que se deixam ler como uma coincidência que os sobrepõe num mesmo ponto. Para resgatar o cálculo da especificidade do laço que os aperta, serão distinguidas as urgências constritivas das incisões que permitem que, desse enlaçamento inaugural, faça-se um sujeito. A rota deste ponto, mergulhado num espaço que lhe impõe alteridade radical, será descrita, considerando os deslocamentos que intervêm em sua deformação, traçando rupturas e continuidades, que marcam o caráter de sua constituição até que uma estrutura se destaque. Tal destacamento inclui a estrutura da qual partiu, sendo, entretanto, exclusiva, constituindo um precipitado singular.

Considera-se, portanto, que a criança não está só: *"Não apenas ela não está só, devido ao seu meio biológico, mas existe ainda uma esfera muito mais importante, a saber, a esfera legal, a ordem simbólica"*[4]. Situar o alcance da distinção e da coincidência entre a consistência da criança, seu organismo e uma ordem transmissível implica considerar o suporte do nó borromeano, que Lacan nos oferece. Pretende-se, portanto, tratar esta formulação, contando com a indicação de que a finalidade da topologia *"é dar conta da constituição do sujeito"*[5].

O nó borromeano estabelece a estrutura daquilo que Freud definiu como realidade psíquica, realidade determinada pela constrição que suspende uma condição desejante singular e indestrutível, demarcada por uma constelação de traços que estruturam a relação ao inconsciente. Diferentemente do que as coordenadas cartesianas propõem, a topologia do nó borromeu mostra outra maneira de operar com o espaço habitado pelo sujeito, implicando uma geometria tridimensional, cujos pontos se determinam pela cunhagem de três círculos vazados, enganchados e inseparáveis, destacando a combinatória das relações que presidem a realidade psíquica. Esta topologia borromeana[6] apre-

---

[4] J. Lacan (1956-7), *Seminário IV, A relação de objeto*, Rio de Janeiro, Jorge Zahar, 1995, p. 204.

[5] J. Lacan (1964), *Seminário XI, Os quatro conceitos fundamentais da psicanálise*, Rio de Janeiro, Jorge Zahar, 1988, p. 193.

[6] Oriento-me aqui pelo *RSI* (Seminário XXII, inédito, de J. Lacan – 1974-5) e pelas formulações que Jean Claude Milner, no artigo "R,S,I", deixa ler com clareza (*Les noms indistints*, Seuil, Paris, 1983, pp. 7 e segs.).

senta a medida comum que homogeniza as três dimensões em que cada uma desempenha a mesma função de sustentar juntas as duas outras, ao mesmo tempo que distingue, na literalidade R, S, I, a heterogeneidade destas:

R - O real é isso em que o inconsciente se sustenta, portanto, a coisa inapreensível, este cúmulo de sentido que constitui enigma, o único quinhão de saber que se tem. Enquanto dimensão pura de existência (*Há*), é obstáculo do qual nada pode ser deduzido. A incessante impossibilidade de se dizer disso qualquer coisa faz com que esse existente sustente a repetição do indefinível.

S - O que faz com que o real possa ser tomado como ponto mergulhado e situável num lugar do espaço é o simbólico (*Há discernível*). O termo que o escreve em sua ausência, que lhe confere incidência no campo discursivo, sem o qual nada se diria, permite a veiculação cifrada que o envolve, produzindo o deslizamento significante substitutivo deste inapreensível, coincidindo com ele, sem equivaler a ele: *há um*.

I - O reflexo dessa coisa, pelo que a representação responde, suspendendo esse deslizamento com uma intuição, com um sentido que toma corpo. Trata-se do Imaginário, que, no homem, faz a consistência do que o rodeia, na mesma relação de reificação em que é capturado pela imagem do seu corpo[7]. O imaginário é a condição de representação desse ponto e de sua circulação, no que ele é "como se fosse x", parecido com outros e, portanto, dessemelhante a outros: *Há semelhança*. É o que lhe atribui uma relação definível, que o liga a outros, consistindo numa rede de semelhanças e dessemelhanças. A realidade deste representável é o que lhe permite deslocar-se de representação em representação, onde refrata o discernível em propriedades de semelhança e de dessemelhança.

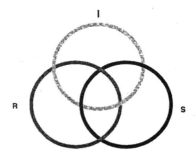

---

[7] J. Lacan, "Conferencia en Ginebra sobre el sintoma" (04/10/75), *Intervenciones e textos* 2, Buenos Aires, Manantial, 1988.

A CONSTITUIÇÃO SUBJETIVA

Estas três dimensões enlaçam-se num nó. Supõe-se que estas dimensões sejam incessantes e indestrutíveis. É o que faz, de cada uma delas, um círculo: qualquer coisa jamais cessa de existir, qualquer coisa jamais cessa de se escrever e qualquer coisa jamais cessa de se representar. Elas coincidem num mesmo ponto, numa relação de determinação recíproca que as constringe e as sustenta.

O nó borromeano é efeito de linguagem. O uso da palavra que permite enunciá-lo, distinguindo três sentidos definidos conceitualmente, traz à tona o caráter simbólico do nó borromeano. Entretanto, o nó borromeano não se reduz a uma metáfora. Na própria distinção de três registros, o caráter simbólico de sua enunciação aponta o limite da substituição de um significante por outro, já que o sentido de cada termo é elevado ao máximo admissível de seu desvio: o que faz deles três termos distintos é o impedimento da substituição de um por outro. O nó borromeano atinge o limite da metáfora, pois, diferenciando as letras R,S,I, mostra a impossibilidade da substituição de uma por outra, resistindo à redução hierárquica. Neste mesmo movimento em que o nó borromeano distingue três especificações, ele impede que essas sejam tomadas como círculos consistentes que encerram um conteúdo, pois cada círculo é vazado pelos outros, o que condena cada um à constrição daqueles que o circundam: eles só consistem da ligação que têm entre si.

O nó borromeano é apresentável como imagem: uma representação planificada de três sentidos distintos. Mas o caráter imaginário que planifica a superfície do nó não o reduz a um modelo ou a uma imagem.

Enquanto escreve o que pode ser imaginado do real, o nó borromeano é um traço que suporta o real da linguagem, que dá ao nó a consistência real de uma matriz enodada que sustém, juntos, RSI. A escrita do nó cunha o furo em que cada dimensão se suporta. Cada uma das três dimensões é efeito dessa dupla ligação que a liga e a constringe às outras duas. O real do nó é esta ex-sistência definível enquanto relação de exterioridade inclusa de cada dimensão, em que o *fora* não é um *não-dentro*. Enfim, no nó borromeano, o traço circular de cada dimensão afirma a distinção que faz cada uma descontínua em relação à outra. Cada traçado circular delimita um interior vazado, portanto, um interior em alteridade radical com o traço circular que o bordeja, impedindo um funcionamento deslizante de um registro ao outro. Tal como a demonstração dada na manipulação das letras da linguagem matemática, a unicidade que o nó borromeano escreve implica a sustentação de três letras, num modo de atar que põe cada uma das três na mesma relação de um impossível desatamento: *"basta que uma não se*

69

A CRIANÇA NA CLÍNICA PSICANALÍTICA

sustente para que todas as outras não somente não constituam nada de válido por seu agenciamento, mas se dispersem"[8].

Contando com a indicação de Lacan de que inventar não se reduz a imaginar (*"Muito da consistência, a história já deu provas, é pura imaginação [...] Se acontece não existir raiz na função de x, nós a inventamos, inventamos a categoria da raiz imaginária. Este ponto de flutuação permite ver que o termo imaginário não quer dizer pura imaginação"[9]*), realizaremos uma operação de corte sobre os três círculos atados no nó borromeano. Esse artifício aqui utilizado para abordar a hipótese da constituição do sujeito, tecendo um nó, é instigado pela afirmação de Lacan: *"Para fazer um nó borromeano é preciso fazer seis gestos, e seis gestos graças a que eles são da mesma ordem, próximo a isso, justamente, nada permite reconhecê-los. É bem por isso que é preciso fazer seis, a saber, esgotar a ordem de permutações duas a duas e saber antecipadamente que não se pode fazer mais, sem o que a gente se engana"[10]* .

Supõe-se, portanto uma trançagem[11] que perfaz *"a trama da qual o sujeito é um determinado particular"[12]* . Consideraremos, a seguir, os seis cruzamentos entre RSI, até seu retorno ao ponto de partida.

---

[8]   J. Lacan (1972-3), *Seminário XX, Mais, ainda,* Rio de janeiro, Jorge Zahar, 1982, p. 174.
[9]   J. Lacan (1974-5), *Seminário XXII,* op. cit,, lição de 11/02/75.
[10] J. Lacan (1973-4), *Seminário XXI,* op. cit., lição de 15/01/74.
[11] Sobre esse ponto, é interessante destacar outra observação de Lacan que permite a hipótese da trança: *"Ninguém jamais, no mundo, seguiu uma linha reta. Nem o homem, nem a ameba, nem a mosca, nem o galho, nada! Pelas últimas notícias, sabe-se que o traço da luz também não a segue, que é inteiramente solidário à curva universal. A reta, nisso tudo, inscreve, de qualquer forma, alguma coisa. Inscreve a distância, mas a distância (comparem com a via de Newton) não é absolutamente nada sem um fator efetivo de uma dinâmica que chamaremos de cascata, aquela que faz com que tudo o que cai siga uma parábola. Logo, não há reta senão escrita, agrimensura somente do céu. Mas existem enquanto tais, uma e outra, para sustentar a reta, são artefatos que habitam somente a linguagem"* (*Seminário XVIII, D'un discours que ne serait pas du semblant,* inédito, lição de 12/05/71: Lituraterre). A trança, portanto, pode ser tomada nesse estatuto de artefato da linguagem para a formulação da constituição subjetiva.
[12] J. Lacan (1973-4), *Seminário XXI,* op. cit., lição de 11/12/73.

3.0. Da precedência simbólica ao sujeito

> "Antes de qualquer experiência, antes de qualquer dedução individual, [...] algo organiza esse campo, nele inscrevendo linhas de força iniciais. [...] Antes ainda que se estabeleçam relações que sejam propriamente humanas, certas relações já estão determinadas. Elas se prendem a tudo que a natureza possa oferecer como suporte, suportes que se dispõem em temas de oposição. A natureza fornece, para dizer o termo, significantes, e esses significantes organizam de modo inaugural as relações humanas, dão-lhes as estruturas e as modelam [...] Antes de qualquer formação do sujeito, de um sujeito que pensa, que se situa aí – isso conta, é contado, e no contado já está o contador. [...] o jogo operatório operando em sua espontaneidade, sozinho, de maneira pré-subjetiva..."[13].

Na condição de prematuração do neonato humano, a autonomia é mortal: a impotência vital de sua insuficiência adaptativa, o inacabamento anatômico do sistema piramidal e a carência de coordenação motora e sensorial constituem seu drama[14]. Desalojado da situação parasitária em que habitara o ventre materno, emerge no que lhe é estrangeiridade radical, abaladora dos fundamentos do organismo. Cede a este imperativo, constringido pela constelação dos movimentos da áspera aspiração desta alteridade que o infla, na intrusão de ar, e que arranha sua garganta, no estabelecimento efetivo de seu funcionamento, como superfície dessa permuta osmótica[15].

O estado primitivo deste inconstituído manifesta sua insuficiência na tensão orgânica que se precipita em descarga: *"um esforço [Drang] que se libera pela via motora. [...] aqui a primeira via a ser seguida é a que conduz à alteração interior (expressão das emoções, grito, inervação muscular). Mas [...], nenhuma descarga desta espécie pode produzir resultado de alívio, pois a recepção do estímulo endógeno continua e se reestabelece a tensão*Y*"*[16].

Qualquer substituição desta condição é escolha feita por um outro, agente que tomará ou não, a seus cuidados, o organismo: *"Aqui, um cancelamento do*

---

[13] J. Lacan (1964), *Seminário XI*, op. cit., pp. 25-6.

[14] J. Lacan (1949), "Le stade du miroir comme formateur de la fonction du Je, telle qu'elle nous est révélée dans l'experience psychanalitique", *Écrits*, Paris, Seuil, 1966, p. 97.

[15] J. Lacan (1962-3), *Seminário X, L'angoisse*, inédito.

[16] S. Freud (1895), *Proyecto de psicología*, op. cit., p. 362.

A CRIANÇA NA CLÍNICA PSICANALÍTICA

estímulo só é possível mediante uma intervenção que elimine por um tempo, no interior do corpo, o despreendimento [desligamento] de Qn, e ela exige uma alteração no mundo exterior (provisão de alimento, aproximação do objeto sexual) que, como ação específica, só se pode conseguir por vias definidas. O organismo humano é, no começo, incapaz de levar a cabo a ação específica. *Esta sobrevém mediante auxílio alheio; pela descarga sobre o caminho da alteração interior, um indivíduo experimentado é advertido do estado em que se encontra a criança"*[17].

Nesse ato incide, portanto, bem mais que o suprimento de necessidades vitais de um ser: *"Esta via de descarga exige assim a função secundária extremamente importante do entendimento* [Verständigung *ou 'comunicação'] e a desvalia inicial é a* fonte primordial *de todos os* motivos morais"[18]. Ele implica os efeitos do ser sobre o agente materno, em que a especificidade de sua presentificação, no campo experiencial do agente materno, se articula ao posicionamento deste ser na rede de sentidos que constituem sua pré-história. Tais efeitos permitem que as manifestações vitais do rompimento da homeostase orgânica sejam marcas a serem *lidas* como mensagem, *apagadas* pela resposta oferecida e *balizadas* por precauções que as evitem. Em suma, as manifestações vitais são signos, marcas que representam um sujeito para alguém. Esta posição de sujeito antecipado pelo agente materno aloca este ser ao nome próprio introduzido pela atividade linguageira que o fisga à estrutura da linguagem que antecede sua existência real.

A imposição da alteridade implica perda; é escolha forçada. Se o organismo for conduzido meramente pelo fluxo de vida, puro ser, sem sentido, está excluído da alteridade, e a condição de insuficiência o mata. Guiado pelo que implica a intervenção de uma alteridade que o significa, opera-se a morte do puro instinto, que se desfalca de sua plenitude. Escolha, portanto, sem-escolha, que sobredetermina sua inserção no campo da linguagem, ou seja, seu fluxo vital, manifesto em grito, ganha os atributos diferenciais que um outro lhe confere[19]. Afinal, os sentidos determinados inexoravelmente na interpretação do grito, posta em ato pelo agente materno, arrastam o limite e a deriva no ato mesmo do contorno apaziguador dos cuidados maternais, onde a condição simbolizante se realiza. Tais sentidos têm aí caráter imperativo, são arbitramento

---

[17] Ibid., p. 362.

[18] Ibid., p. 363. Cabe lembrar que neste parágrafo Freud insere uma nota de rodapé relativa à descarga sobre o caminho da alteração interior: *"por exemplo, pelo grito da criança"*.

[19] Esta leitura tomou como referência colocações que não desdobram completamente o que está aí posto, mas que podem ser prenunciadas a partir do texto de J. Lacan: "Position de l' inconscient", *Écrits*, Paris, Seuil, 1966, especialmente no que se refere à metáfora do Homelete, pp. 845-8.

A CONSTITUIÇÃO SUBJETIVA

de valor operado pelo agente materno, na interpretação. Caracteriza-se o óbito, a impureza do fluxo de vida.

A intervenção do agente da função materna é, portanto, a condição de possibilidade de seu vir-a-ser. O ato de suprimento das necessidades vitais do organismo neonato implica a estrutura desejante do único sujeito aí presente: o que faz função de agente que suporta a linguagem. O *infans* – em seu puro real orgânico – é investido pelo agente, no lugar de signo de seu desejo. Nesta operação metonímica, a condição desejante do agente materno substitui falta por filho, ou seja, o agente materno identifica-se com o *status* do ser *em falta* neonato, sobrepondo à falta do pequeno ser o estatuto de desejante que a qualifica. Assim, o campo simbólico que precede o neonato recorta sua condição de real ao torná-lo representável no campo do semelhante.

A imersão deste *vivo*, onde o ser se situa enquanto real, condiciona, por este estatuto mesmo de presença irredutível, a urgência de uma sustentação imaginária no campo subjetivo do agente, capaz de contornar esse real, revestindo-o de significação: *"Dada a posição originária da criança com relação à mãe, o que ela pode fazer? Ela está ali para ser objeto de prazer. Portanto, está numa relação onde é fundamentalmente imaginada, e num estado puramente passivo"*[20]. O imaginário materno sustenta assim a operação simbólica que recorta a plenitude do organismo real, estabelecendo a simbolização que antecede qualquer sujeito, antecipando seu tempo de efetuação estrutural: *"é de maneira puramente passiva, não pulsional, que o sujeito registra as* aüsseren Reize, *o que vem do mundo exterior"*[21]. Esse tempo só poderá ser tratado, pelo futuro sujeito, miticamente.

O agente materno investe imaginariamente o *infans* como o que satura o que lhe falta e por isso o deseja, não por uma disposição fisiológica qualquer (não se trata de o agente materno ter uma falta real), mas pela relação imaginária da mulher com a falta. Nesta, o *infans* desempenha função de signo – instrumento do desejo, falo. O agente materno enlaça o *infans* tomando-o na posição de desejante e, ao agir sobre ele, faz de si mesmo o instrumento da vivência de satisfação daquele: *"Se o indivíduo auxiliador tem operado o trabalho da ação específica no mundo exterior no lugar do indivíduo desvalido, este é capaz de consumar, sem mais, no interior de seu corpo, a operação requerida para cancelar o estímulo endógeno. O todo constitui, então, uma* vivência de satisfação *que tem as mais decisivas conseqüências para o desenvolvimento das funções no indivíduo"*[22].

---

[20] J. Lacan (1956-7), *Seminário IV*, op. cit., p. 249.
[21] J. Lacan (1964), *Seminário XI*, op. cit., p. 181.
[22] S. Freud (1895), *Proyeto de Psicología*, op. cit., p. 363.

A CRIANÇA NA CLÍNICA PSICANALÍTICA

Possuindo o *infans* como atributo de valência singular, objeto suplente de sua falta imaginária, o agente materno supõe um sujeito na manifestação da necessidade articulada pelo *infans* como grito. Transforma o grito da necessidade em apelo que este agente articula como demanda de um sujeito. A essa demanda suposta a um sujeito o agente responde, trazendo o apaziguamento[23], e é na fugacidade dessa ação de supor um sujeito no grito que se situa o ponto de inseminação no simbólico. Por um lado, a interpretação materna dada ao grito da descarga tensional perfura, no organismo, a necessidade; por outro lado, o grito, a resultante de uma tensão orgânica, é elevado à função de apelo, interpretado como signo; ou seja, torna-se, para um outro, demanda de um sujeito suposto desejante, tomado como presença subjetiva. Tal signo de presença é incidência de falta de apaziguamento, ausência a que o agente responde com a presença apaziguadora que extingue a manifestação suposta como sujeito.

O sujeito inconstituído registra passivamente, de modo não pulsional, a diferença de estados do organismo: a descarga tensional e o apaziguamento. Tal funcionamento mantém a regulação essencial à manutenção da vida na mais baixa tensão possível – onde o princípio do prazer implica uma espécie de saber orgânico da subsistência[24].

A criança está, nesse momento, enganchada sob a viga do seio, estabelecendo, com este, uma condição parasitária. O seio é, nesse momento, parte da criança, tal como o foi a placenta[25]. O seio é aí parte interior do sujeito e não do corpo da mãe, está pendurado no corpo de quem suga, e não de quem é sugado, posto que nada diferencia, para a criança, a alteridade.

Nesse nível mítico do ser, o agente materno atribui à criança (e instala), a posição indeterminável de um sujeito do gozo[26], experimentando-se centro do desejo da *mãe*, ou seja, encarnado *em falo* daquela[27]. Os objetos da satisfação da

---

[23] A articulação estrutural dada pela relação presença-ausência é feita aqui a partir das observações de Marie-Jean Sauret, em seu livro: *De l'infantile à la structure*, op. cit.

[24] Cf. Lacan (1969-70), *Seminário XVII, O avesso da psicanálise*, Rio de Janeiro, Jorge Zahar, 1992, p. 14.

[25] O feto é parte do conjunto formado, a partir da diferenciação do ovo, pelo saco gestacional incrustado no útero materno. Esse saco contém a placenta, que faz interface externa com o endométrio materno e interface interna em continuidade com a folha ectodérmica da bolsa amniótica, que envolve o líquido onde o feto flutua. Assim, seus complementos anatômicos constituem, com ele, uma mesma unidade. O desalojamento do feto, através do corte do cordão umbilical que o separa, é corte interior à unidade individual, já que se dá entre o que vai tornar-se indivíduo e seus envelopes, que são partes dele mesmo, prolongamentos diretos de seu ectoderma e endoderma. Cf. J. Lacan (1962-3), *Seminário X, L'angoisse*, inédito.

[26] Ibidem, lição de 13/03/63.

[27] J. Lacan (1956-7), *Seminário IV*, op. cit., p. 230.

necessidade, oferecidos numa certa gratuidade, onde a criança recebe algo que apazigua a tensão, permitem à criança alojar-se em uma posição de alienação plena, onde apenas se inscreve o registro de uma alternância entre dois estados que se recobrem. Interessa notar, no organismo da necessidade, a possibilidade de o apaziguamento permitir a cessação do estímulo adverso que provoca tensão, marcando diferença essencial com o tempo pulsional caracterizado pela constância da força. É o que permite fazer funcionar a alienação, numa alternância, antes que seus efeitos engajem o apelo. Afinal, neste nível, a descontinuidade faz alternância circular, meramente recíproca (não diferencial).

A maternagem[28], que agencia a experiência de satisfação, é suporte desse tempo de estatuto mítico, só posicionável retroativamente, quando uma falta é pressentida. É entre o vivo (a que se reduz o sujeito do gozo) e o Outro (a cadeia significante que comanda tudo, tomando, na resposta, a retroação do grito como apelo passível de apaziguamento) que se presentificará uma condição de assujeitamento do ser, na qual aquilo que teria satisfeito a necessidade sustentará sua condição de não-simbolizável, inassimilável, estranho. O funcionamento simbólico acéfalo do organismo faz, assim, o leito estrutural necessário para a entrada em jogo do real. A alienação simbólica é, portanto, o leito em que se situa a cadeia significante que comanda a presentificação do assujeitamento do ser, *"o lado desse vivo chamado à subjetividade"*[29] que dispõe do funcionamento sincopado, antes de engajar-se na linguagem ou de aí localizar um semelhante[30].

O caráter de alternância da relação presença/ausência, que instala a sincronia estrutural da diferença sígnica, complexifica-se nos valores sucessivos que o agente do Outro atribui às manifestações do ser ao qual responde. Se o grito é, para o agente, o signo de apelo ao apaziguamento ou à cessação do apaziguamento, mesmo ao se repetir idêntico, sem diferença fônica, avança na direção significante, uma vez que muda de valor a cada emissão (apelo à presença ou à ausência). Entretanto, é a manutenção da alternância pela mãe (que, quando presente, torna o grito apelo à ausência da alternância e quando ausente torna o grito apelo à presença da mesma) que permite a *"relação com a presença sobre o fundo de ausência e com a ausência na medida em que esta constitui a*

---

[28] Esta leitura pode ser feita tomado o *Seminário VII* (*A Ética da Psicanálise*) à luz do *Seminário XX* (*Mais, ainda*).

[29] J. Lacan (1964), *Seminário XI*, op. cit., p. 194.

[30] Idem, ibidem.

A CRIANÇA NA CLÍNICA PSICANALÍTICA

presença"[31]. O caráter dessa primeira relação constitui, na condição de falante do agente-suporte-da-linguagem, a função simbólica. Afinal, o campo da linguagem, Outro (A), enquanto espaço aberto de significantes, é cadeia de termos que reenviam sempre a outros, necessariamente à espera de outros que completem mais e melhor, sendo, portanto, infinita e interminável, em que um significante retroage sobre o anterior para lhe dar sentido, e onde sempre terá cabido mais um. É o que faz, no funcionamento da linguagem, o efeito de desejo[32].

Na sua encarnação de agente materno que sustenta a alternância presença-ausência, correlacionando-as ao objeto da necessidade, o Outro simbólico se faz terceiro termo entre *infans* e objeto da necessidade. O agente, que faz mediação significante ao suportar a linguagem, é Outro simbólico, pelo qual o grito do *infans* torna-se apelo (do que é suposto sujeito, que se pode grafar como S), articulando, no acolhimento interpretado da necessidade, o endereçamento de um apelo que lhe concerne (S→A). A intromissão desse terceiro termo, alteridade radical no dispositivo mecânico que manifesta e sacia a necessidade, tornará logicamente possível o deslizamento metonímico. Mas, nesse tempo da estruturação subjetiva, tem-se a *"posição zero do problema, a saber, a oposição, a instituição do símbolo puro de mais e de menos, presença e ausência, que nada mais é que uma posição objetivável da premissa do jogo"[33]*.

É a relação de mera diferença alternante que se sobrepõe em continuidade recíproca que irá autorizar as propriedades que aí se inscreverão. A diferença, posta em jogo de alternância, é renovação onde a possibilidade da ausência é segurança da presença. Isto não implica existência positiva, consiste no reenvio

---

[31] J. Lacan(1956-7), *Seminário IV, A relação de objeto*, op. cit., p. 186.
[32] Como lembra Contardo Calligaris, *"o surgimento do desejo na linguagem não está ligado a uma divisão de um querer com sua significação, mas à subordinação da existência mesma de um significante à cadeia que o faz existir [...] se na linguagem encontramos desejo, não é unicamente porque todo enunciado (e, portanto, todo o querer) está separado de sua significação, mas, de uma forma mais radical, porque um enunciado só é um materialmente, com sua separação da cadeia que o faz existir. [...] O desejo (em suma) é o efeito da divisão operando na linguagem antes que um enunciador situável dote as palavras de uma presumida intenção"*. Cf. *Hipótese sobre o fantasma*, Porto Alegre, Artes Médicas, 1986, p. 23.
[33] J. Lacan (1956-7), *Seminário IV*, op. cit., p. 133.

necessário à relação entre termos quaisquer, logicamente anteriores às propriedades dos termos presença e ausência, que não têm nenhum valor determinado, nenhuma significação, mas que se determinam reciprocamente na relação diferencial em que se reenviam um ao outro. É o que sustenta a condição mínima para a possibilidade simbólica estrutural, ou seja, ao que virá a ser um sistema que não conhece igualdades.

3.1. A fissura Real incide no Simbólico

> "Pela separação, o sujeito acha, se podemos dizer, o ponto fraco do casal primitivo da articulação significante, no que ela é de essência alienante. É no intervalo entre estes dois significantes que vige o desejo oferecido ao balizamento do sujeito na experiência do discurso do Outro, do primeiro Outro com o qual ele tem que lidar, ponhamos, para ilustrá-lo, a mãe, no caso"[34].

Só a implicação do *infans* no apelo atestará sua imersão na linguagem. Na dupla mínima de termos em relação diferencial, a incidência da falta real do objeto da satisfação localizará um sistema de pontos singulares, posicionando a impossível automaticidade tensão-apaziguamento, que o apelo registra, assumindo funções antes de ser percebido como tal e antes de se distinguir um eu e um não-eu. A articulação da criança no registro do apelo irá situá-la *entre* a noção de um agente que participa da ordem simbólica e o primeiro elemento de uma ordem simbólica – o par de termos opostos presença-ausência (mais-menos). Trata-se do tempo de atualização, na experiência, da estrutura mínima do significante, que agora incidirá no *infans*, como real, traçando o recalque originário. A estrutura se diferenciará num ponto singular, a partir do qual os efeitos estruturais se desdobrarão.

Esse enlace que amarra a origem da estruturação subjetiva desnaturalizará o Outro. O próprio efeito do funcionamento ritmado da alternância realiza uma decalagem que se inscreve entre os termos de oposição, fazendo incidir lacuna, alteridade real, na relação de alternância rítmica. O encontro faltoso que marca a exclusão de um dos termos delimita uma fissura na alternância, pelo adiamento ou pela precipitação dos termos alternantes, ou seja, o des-

---

[34] J. Lacan (1964), *Seminário XI*, op. cit., p. 207.

A CRIANÇA NA CLÍNICA PSICANALÍTICA

dobramento temporal (adia e precipita) instaura o processo de diferenciação. Diante desta hiância, o *infans* ocupará essa posição vazia pelo grito, que substitui o termo sustentador da alternância, que não compareceu em seu lugar. Assim, a decalagem no funcionamento da alternância estende o grito à posição de termo esperado de sustentação da alternância, fazendo-a deslizar para a posição substituta de um dos termos diferenciais. A relação diferencial presença-ausência, sustentadora da alternância que articulava os termos, que pode ser nomeada *autômaton*[35], é rompida. A hiância acidental na sustentação da primeira estrutura simbólica, onde falta o que ainda não está representado, pontua o encontro faltoso, tropeço da *Tiquê*[36], fisgando o ser antes que ele possa figurar o que escapa a sua apreensão. Instaura-se a situação de privação[37], antes de o sujeito ser subjetividade, primeiro passo e *"ponto mais central da estrutura da identificação do sujeito"*[38]. Na condição de privação, algo falta em seu lugar, *"há um nada ali"*. A falta, portanto, só é apreensível por intermédio do já estruturado, onde algo inominado falta na posição esperada. O grito, que se faz apelo ao retorno da coisa alternante, é corpo que se oferece ao que falta na alternância simbólica. Complexifica-se a estrutura inicial.

É a própria condição de falta que demarca o lugar, num traço que se introduz no real, perfurando-o. Este momento em que a criança encontra a falta num dos termos da estrutura simbólica constituída na alternância, casal primitivo da articulação significante, desconecta a coisa de seu grito, elevando-o à função de demanda no grito-significante-da-coisa (representando o apelo do *infans* a um indefinível). O grito enlaçado pelo pequeno como apelo de urgência diante da falta opera a primeira substituição do *infans*, onde a falta faz deslizar o grito de apelo com o que preencheria a hiância. Isto que se desprende como grito, que se separa do *infans* passando por um orifício do corpo, ul-

---

[35] *Autômaton* e *tiquê* são termos que Lacan toma do vocabulário de Aristóteles para diferenciar a insistência do retorno dos signos, comandados pelo princípio do prazer *(autômaton)*, do encontro contingente com o real *(tiquê)*, que vige por trás do *autômaton*, e arrasta o sujeito no fisgamento da repetição. Cf. *Seminário XI*, op. cit., p. 56.

[36] Ibid., pp. 45-65.

[37] O uso do termo "privação" não tem aqui caráter fugaz. Lacan o articulou conceitualmente em sua relação à frustração e à castração, especialmente nos Seminários IV *(A relação de objeto, 1956-7)*, V *(Formations de l'inconsciente - 1957-8)* e IX *(L'identification 1961-2)*. Cabe lembrar que a tríade Privação-Frustração-Castração refere-se às modalizações da falta de objeto. A cada um dos termos correspondem, respectivamente, um agente real-imaginário-simbólico e um objeto simbólico-real-imaginário. Portanto, a privação é a falta real de um objeto simbólico, a frustração é o dano imaginário de um objeto real e a castração é a falta simbólica de um objeto imaginário.

[38] J. Lacan (1961-2), *Seminário IX, L'identification*, lição de 07/03/62, inédito.

trapassa a função fonatória do organismo, é referência invocante, resquício de um objeto indizível, que faz dessa emissão o que não pode se dizer. Assim, o sujeito aparece no que lhe faz alteridade: no que o primeiro significante – o grito – incide como sentido, significante unário que, por só poder se prestar a intimar uma recuperação, não se faz equivaler a ela, apenas traça sua falta.

O objeto de satisfação, portanto, só se esboça no simbólico ao emergir enquanto falta radical. Algo do Real vem ao saber, mantendo uma parte de sua verdade perdida, irrecuperável: *"Este ponto que comporta o insustentável tem duas faces. No esforço para desenhar seu contorno, somos tentados a esquecê-la, em função mesmo da estrutura que representa esta falta. De onde resulta uma outra verdade, onde o contorno de nossa experiência repousa sobre [...] o que torna possível esta relação ao Outro, ou seja, que este ponto de onde surge que há significante é aquele que, em um sentido, não saberia ser significado. É aí o que quer dizer o que eu chamo de ponto de falta de significante. Nada falta que não seja da ordem simbólica. Mas a privação é algo de real, qualquer coisa de real em torno de que gira meu discurso quando eu tento representificar este ponto decisivo que esquecemos sempre: é uma privação real que se manifesta e, como tal, pode ser reduzida"*[39]. O grito incide como urgência do retorno à anterioridade, busca de apagamento da falta. O que se introduzirá na *leitura* do grito será, doravante, substituto que só se diferenciará por não atingir jamais identidade plena, será suporte de uma diferença que marcará o *arrancamento do sujeito de sua imanência vital*, reincidindo no ciclo da repetição. Assim, em todas as diferenças qualitativas dos objetos substitutivos se mantém uma unicidade: reinscrevem seu estatuto diferencial para com a satisfação mítica que deu origem à série, balizando o contorno desta falta inassimilável. Neste momento de virada da relação primordial, que claudica pela introdução do real, insere-se a virtualidade da coisa perdida surgida do nada enquanto busca de reencontro da coisa.

Portanto, o que o faz surgir sujeito ao campo do Outro é desde já um significante binário, por articulá-lo (S2) com o que se constitui aí que o teria satisfeito (S1). É o que irá representá-lo (já afanisado), para qualquer resposta que aí incida, resposta que não será senão um significante a mais. O apelo é dissimétrico à falta; a resposta do agente é dissimétrica ao apelo. Um intervalo sustenta a margem do recobrimento que nada reverte ou anula. Na borda em que a resposta se efetua enquanto uma não-correspondência inversamente idêntica ao apelo, o intervalo diferencial mobilizará a repetição, fundando o desejo

---

[39] J. Lacan (1962-3), *Seminário X*, op. cit., lição de 31/01/63.

A CRIANÇA NA CLÍNICA PSICANALÍTICA

(grafado *d*) que se articula na via da demanda desde que uma resposta qualquer incida aí: *"É do silêncio que ele procede, cortando-o; e se ele não é respondido, é ao silêncio que ele retorna; é a resposta que o apelo antecipa e ele só é apelo se é respondido, seja esta resposta vocal, que ela seja um olhar, um gesto ou um carinho. Mas é só desta resposta que o apelo toma sentido; é neste retorno que a mensagem invertida, como mostrou Lacan, torna-se linguageira"*[40].

O zumbido do enxame de significantes da língua materna deseja garantir a unidade corporal do ser. Nessa incidência, o Outro materno posiciona o ser numa ordem de significância:*"o que é que quer dizer que Há um? Um entre outros, e se trata de saber se é qualquer um, se levanta um S1, S1 que soa em francês* essaim, *um enxame significante, um enxame que zumbe. Esse S1 de cada significante, se eu coloco a questão é deles dois, dos, que eu falo? Eu escreverei primeiro por sua relação com S2. E vocês podem pôr quantos quiserem. É do enxame que falo.*

S1 (S1 (S1 (S1→ S2)))

S1, o enxame, significante mestre, é o que garante a unidade, a unidade de copulação do sujeito com o saber. [...] O significante Um não é um significante qualquer. Ele é a ordem significante, no que ela se instaura pelo envolvimento pelo qual toda cadeia subsiste. [...] é algo que resta indeciso entre o fonema, a palavra, a frase, mesmo todo o pensamento. É o de que se trata no que chamo de significante mestre"[41].

O *initium* subjetivo se faz a partir da introdução primeira desse significante, traço Unário que está antes do sujeito, esta mais simples singularidade de traço que entra no real. O Outro, que só pode oferecer significantes, não sabe responder-lhe, por faltar-lhe o que seria capaz de prover plenamente, só tem substitutos, mas é, ao mesmo tempo, o único desvio possível ao *infans* para buscar encontrar aquilo de que se ressente. Disto só resta a margem de um *nada* que marca o vestígio da perda, que só pode receber o nome de uma letra sem sentido: *objeto a*. Deste objeto que resiste à assimilação da função significante, mantendo-se vestígio de real no simbólico, perdido à significantização, dependem o funcionamento significante e a repetição, que é errância em torno do vazio, que se depara com a inscrição incessante do que não se escreve, na procura do *identicamente idêntico*. Os elementos significantes distintos e sucessivos, nos quais a busca do reencontro se atualizará, não esgotarão a função do Outro, já que faltarão à equivalência, mas se manterão por marcarem possibilidades de equivalência. O sujeito inconstituído se inscreve assim na dependência do Outro, como quociente de uma operação em cujo resto se

---

[40] Jean Bergès, "La Voix Aux Abois", *La psychanalyse de l'enfant*, nº 3-4, Paris, Editions de l'Association Freudienne, 1989.

[41] J. Lacan (1972-3), *Seminário XX, Mais, ainda*, op. cit., p. 196.

A CONSTITUIÇÃO SUBJETIVA

diferencia. Assim, o sujeito se constitui sob as espécies primeiras do significante, portanto, situado no lugar do Outro, a que o tesouro de significantes não sabe equivaler.

É relativamente a esse tesouro, que lhe é anterior, que ele (sujeito mítico inconstituído, grafado S) poderá partir para situar-se *separado*, num resto, ou seja, o irredutível do sujeito, nesta operação de divisão inexata do acontecimento do sujeito no lugar do Outro, onde o *objeto a* toma sua função: *"o sujeito faz esta primeira operação interrogativa em A: quantas vezes S?[...] aqui aparece diferença entre o A resposta e o A dado, qualquer coisa que é um resto, o irredutível do sujeito. [...] O a enquanto ele é justamente o que representa o S de modo real e irredutível, este a sobre S (a/S), é isto que fecha a operação de divisão, porque A é algo que não tem denominador comum, que está fora do denominador comum, entre o a e o S. Se nós queremos fechar a operação, nós colocamos o resto no numerador, a, e no denominador o divisor, o S. É o que equivale a a sobre S: a/S. Este resto, enquanto é a queda da operação subjetiva, nós reconhecemos aí, estruturalmente, numa análise de cálculo, o objeto perdido"[42].* Portanto, cada significante introduzido reforça o traço Unário, por não lhe ser equivalente, mas por sustentar e sublinhar mais fortemente o traço em que se inscreve novamente enquanto diferença.

A identidade ao traço é presença de um resíduo de falta de gozo, identificação primária a esse ponto de partida, que permite que a unicidade do traço, que se apresenta como vazio, seja o único termo de referência possível ao traço tornado significante. Traço que será sempre um traço falso, fracasso do encontro, onde outro *um*, e *um* e ainda *um* serão sempre residuais na sua diferença, repetindo a própria diferença que institui o unário que está na origem do recalcamento. *"Há então, de início, um a, o objeto da caça, e um A, no intervalo do qual o sujeito S aparece, com o nascimento do significante, mas como barrado, como não-sabido como tal. Toda referenciação ulterior do sujeito repousa sobre a necessidade de uma reconquista desse não-sabido original. Já aparece aí a relação verdadeiramente radical concernente ao ser a reconquistar deste sujeito, a esta junção do a, do objeto da caça, com esta primeira aparição do sujeito como não-sabido, o que quer dizer, inconsciente"[43].* O esboço da dimensão da demanda pré-subjetiva se faz no enigma do traço unário, traço apagado que sempre implica o equívoco que produz deslizamento, já que a resposta à demanda será sempre marginal, tal como o unário primitivo. Os significantes fazem, a partir daí, uma rede de traços engendrando o mundo, ao reenviar a outros traços, o sujeito, de tropeço em tropeço: *"Primeiramente o sujeito constitui a ausência de tal traço (-1). A partir do traço*

---

[42] J. Lacan (1962-3), *Seminário X, L'angoisse*, op. cit., lição de 06/03/63.
[43] Ibidem, lição de 12/12/62.

A CRIANÇA NA CLÍNICA PSICANALÍTICA

*unário como excluído é que se faz uma classe onde algo não poderia faltar: [-(-1)] [=2].
A partir disso, tudo se ordena nos casos particulares: negativa da presença ou afirmativa da presença. Há ou não há, e isto está constituído pela exclusão do traço [...] Preservar o nada permite o talvez, a possibilidade. É somente a partir do impossível que o real ganha lugar. O que o sujeito busca é este real impossível, é a exceção, e este real existe. É do enunciado do nada que toda enunciação parte"[44]*. Aí, a repetição busca o reencontro de *das Ding*[45], a revelação do real pelo significante, fazendo-se pon-

---

[44] J. Lacan (1961-2), *Seminário IX, L'identification*, op. cit., lição de 07/03/62.

[45] A posição privilegiada por Lacan (*Seminário VII, A Ética da Psicanálise*) no que se refere ao *das Ding* deve ser retomada a partir das concepções de Freud que remontam especialmente ao Projeto de Psicologia (1895), A Interpretação dos Sonhos (1900) e A Negativa (1925). Segundo Freud, a imagem mnemônica da percepção particular da experiência de satisfação associa-se ao traço de memória da excitação produzida pela necessidade, permitindo que o ressurgimento da necessidade recatexize tal imagem e re-evoque *alucinatoriamente* a percepção, para reestabelecer a situação da satisfação original: *"... esta atividade psíquica apontava então a uma identidade perceptiva, ou seja, a repetir aquela percepção que está enlaçada com a satisfação da necessidade"* (*La Interpretacion de los suenõs*, op. cit, p. 557). A insuficiência desta atividade primitiva, em que perdura a tensão do estado de necessidade, obriga a uma atividade secundária que inibe esta curta via regressiva e desvia as excitações para caminhos que conduzam, a partir do exterior, ao reestabelecimento da identidade perceptiva. *"O complexo do próximo se separa em dois componentes, um dos quais impõe-se por uma união constante, mantém-se reunindo como uma coisa do mundo, enquanto que o outro é compreendido por um trabalho mnêmico, ou seja, pode ser reconduzido a uma informação do próprio corpo. [...] O que chamamos coisas do mundo são restos que se subtraem da apreciação judicativa"* (*Proyeto de Psicología*, op. cit., p. 377 e p. 379). Essa atividade secundária se dá pela função de juízo de atribuição (afirmar ou negar) e de existência (conceder ou impugnar): *"Negar algo no juízo significa, no fundo: 'Isto é algo que preferiria melhor recalcar'. A condenação é o substituto intelectual do recalque, seu 'não', a marca do mesmo, um certificado de origem [...] Expresso na língua mais antiga das moções pulsionais orais: '(Eu) quero comer isto ou quero cuspi lo' [...]. A função do juízo tem que tomar essencialmente duas decisões. Deve atribuir ou negar uma qualidade a uma coisa e deve conceder ou impugnar a existência de uma representação na realidade. [...] Para compreender este progresso, deve-se lembrar de que todas as representações provêm de repetições; são repetições das mesmas. Originalmente, a existência da representação já é, pois, uma fiança para a realidade do representado. A oposição entre o subjetivo e o objetivo não existe desde o começo. Somente se estabelece pelo fato de que o pensar possui a capacidade de tornar de novo presente, pela reprodução na representação, algo percebido uma vez, enquanto o objeto não precisa mais existir fora. Assim, o primeiro e mais imediato objetivo da prova de realidade não é encontrar na percepção real um objeto correspondente ao representado, mas reencontrá-lo, certificar-se de que ainda existe. [...] Mas se reconhece como condição para a instalação da prova de realidade que tenham sido perdidos os objetos que haviam trazido antigamente satisfação real."* ("A Negativa", *Letra Freudiana*, AnoVlll, nº 5, Taurus-Timbre Ed., Rio de Janeiro, 1988, pp.11-3). Otávio de Souza (1994) nos lembra que, para além do campo de representações que o juízo de atribuição permite a partir do que o infans "engole", este mesmo campo estabelece o princípio de sua incompletude, onde o "cospe" traduz o procedimento foraclusivo implicando que nem todos os objetos são representados. Ainda segundo Otávio de Souza, ao sintetizar primorosamente a pressão feita ao texto de Freud, Lacan faz prevalecer este momento foraclusivo no percurso do desejo em relação ao encontro do objeto, pondo no mesmo plano as instâncias de satisfação e dor e assim radicalizando o valor atribuído à pulsão de morte na determinação do desejo. Se tanto em Freud como em Lacan o reencontro do objeto é possibilitado e precedido pelo juízo de existência, a natureza da perda do objeto é resolvida por Lacan ao identificar objeto perdido e a Coisa (cuspida) enquanto ambos não são passíveis de representação: *"A solução de Lacan tem a vantagem de conceder um estatuto estrutural ao objeto perdido, para aquém da interdição do incesto do período edipiano. Quando Lacan aproxima objeto do desejo e Coisa não simbolizada, fica aberta a apreensão da falta como efeito de uma impossibilidade própria ao simbólico, independentemente de experiências que venham a ressignificá-la para o sujeito"* (O. Souza, *Fantasia de Brasil*, São Paulo, Escuta, 1994).

A CONSTITUIÇÃO SUBJETIVA

to inicial da organização do mundo no psiquismo, a partir deste elemento originalmente isolado pelo sujeito como estranho, primeiro exterior, fora-do-significado, portanto insubstituível.

É o que faz com que as relações com a angústia constitutiva do *objeto a* antecedam logicamente as relações do sujeito (grafado $) com o desejo. A angústia é o corte que se faz letra fechada sobre o sujeito, a partir do qual todos os fisgamentos são possíveis, reenviando o sujeito a outros traços, corte que permite a presença do significante enquanto sulco no real. Este ponto lógico será o primeiro assento em torno do qual uma orientação subjetiva se desdobrará. O traço unário *"designa algo que é radical para esta experiência original: é a unicidade como tal da volta na repetição [...] e enquanto uma das voltas da repetição marcou o sujeito que se põe a repetir, pois que isso nunca será mais que uma repetição, mas com o desígnio de fazer ressurgir o unário primitivo numa de suas voltas"*[46].

Enfim, a primeira marca significante, que se institui nessa estrutura de ficção, é insígnia a partir da qual o sujeito hipotético, na origem dessa dialética, contará os demais significantes, constituindo, no *a posteriori* da repetição do traço unário, a marca simbólica que suportará a identificação imaginária do sujeito com o objeto perdido e com o que o apagou: *"o primeiro significante é o entalhe [...], tatuagem que faz com que o sujeito como tal se distinga do signo, em relação ao qual, de começo, pôde constituir-se como sujeito"*[47]. Tal significante substituto é rasura, já que é sua distinção que lhe dá seu valor de (S2): *"pois é a representação de S1 que está rasurada por um S2 que se apresenta como representando-o"*[48]. O significante binário, que é a causa do desaparecimento do sujeito, é, no intervalo que implica, representante representativo do sujeito: *"o sujeito, nessa etapa, não se pode representar senão do significante índice 1, S1 [...] S2 é o artesão, na medida em que, pela conjunção de dois significantes, ele é capaz de produzir isso que, há pouco, chamei de objeto pequeno a"*[49]. Inscreve-se a demanda [(D): S1 →S2], na hiância que a distribuição do investimento significante produz, instaurando o sujeito do inconsciente, que começa situado no lugar do Outro, no que é lá que surge o primeiro significante: *"isso – que não era senão um sujeito por vir – coagula-se em significante"*[50].

---

[46] *Seminário IX, L'Identification*, op. cit., lição de 07/03/62.
[47] *Seminário XI, Os quatro conceitos fundamentais da psicanálise*, op. cit, p. 135.
[48] Sauret, *De L'Infantile à la structure*, op. cit., 1992, p. 256.
[49] *Seminário XXIII, Le Sinthome*, lição de 18/11/75, inédito.
[50] Seminário XI, op. cit., p. 187.

É o que fixa a unicidade do sujeito no que falta à linguagem para ser significado. O sujeito que no grito se produz como significante, numa demanda que se faz da lacuna do Outro, faz-se Outro, ainda não referenciado, Outro que é lugar de sua causa significante. É o que permite afirmar que o sujeito não é causa de si mesmo e atesta que *"um significante é o que representa um sujeito para outro significante"*.

O sujeito inconstituído é, portanto, exposto ao *vel*[51] da reunião lógica, exclusão que implica escolha forçada: o ser do sujeito é o sentido do Outro. O sujeito depende do significante, depende do campo do Outro, é chamado ao Outro que o petrifica no mesmo significante com que é chamado a funcionar. Desaparecimento da plenitude do ser, cuja parte decepada é eclipsada em *non sense*. O significante se faz assim fator letal do ser.

A indeterminação do sujeito fá-lo nascer engendrado na alienação ao campo do Outro. Esta primeira operação – a operação de alienação – é o que *"condena o sujeito a só aparecer nessa divisão que [...] se ele aparece de um lado como sentido, produzido pelo significante; do outro, ele aparece como* afânise*"*[52].

A causação do sujeito implica ainda a operação lógica que modifica dialeticamente aquela da alienação. A operação de separação, cuja forma lógica é dada pela *intersecção*, comporta o lugar vazio do ser do *infans* e a impossibilidade de o Outro (tesouro de significantes) recobri-lo com um significante qualquer. Nessa intersecção, duas faltas, portanto, se recobrem. O *infans* ocupa como corpo o vazio no Outro, *"onde o sujeito vem a reconhecer no desejo do Outro sua equivalência ao que ele é como sujeito do inconsciente. Por esta via, o sujeito se realiza na perda em que surgiu como inconsciente, pela falta que ele produz no Outro"*[53]. A falta engendrada no tempo precedente responde à falta suscitada no tempo seguinte. Os dois sentidos do termo *separar*, enquanto *engendrar-se a si* e enquanto *por à parte* é o que, no intervalo entre os dois termos (o ser do sujeito e o sentido do Outro), faz intersecção: deslizamento metonímico por onde o desejo se veiculará – antes que o sujeito possa nomeá-lo desejo ou imaginar seu

---

[51] As relações assim inscritas referem-se aos diferentes sinais lógicos ($\wedge, \vee, <, >$), implicando conjunção, inclusão (e) e disjunção (ou) de onde Lacan construiu o sinal da punção $\Diamond$ que pode ser lido como *"a impossível colagem dos heterogêneos"* [C. Calligaris (1983)]. Lacan utiliza os termos *poinçon* e buril para referir-se a esse sinal; poinçon (punção) significa marca do contraste: buril é instrumento usado para entalhe que tem a ponta em losango. No latim há duas conjunções disjuntivas: *aut* (ou) e *vel* (excludente; para os lógicos medievais, marca total incompatibilidade entre os elementos que liga), cujo símbolo lógico é $\vee$ (ou). O símbolo lógico da conjunção aditiva é $\wedge$.

[52] *Seminário XI*, op. cit., p. 199.

[53] J. Lacan (1960), "Subversion du sujet et dialectique du désir dans l'inconscient freudien", op. cit., p. 843.

A CONSTITUIÇÃO SUBJETIVA

objeto. O ponto de falta no Outro o faz desejante e permite que o *infans* aí se aloque: se faça ver, ouvir, chupar – enfim, que se ofereça como o que falta à plenitude do Outro. Assim, primeiramente, o sujeito preenche a perda constituinte de uma de suas partes. Operando com sua própria perda, retorna ao seu ponto de partida. O *objeto a* é resto irredutível à simbolização no lugar do Outro, que dele depende para se constituir enquanto precariedade onde se enraíza o desejo "*é o princípio que me faz desejar, que me faz o desejante de uma falta que não é uma falta do sujeito, mas um defeito feito ao gozo que se situa ao nível do Outro*"[54].

Estas operações implicam a pulsão (grafada $\$ \lozenge D$), ou seja, o modo como a superfície do organismo vem a ordenar esse campo de forças, colocando-se na dialética do sujeito: "*as pulsões são o eco no corpo do fato de que há um dizer. Mas esse dizer, para que ele ressoe [...] para que ele consoe, é preciso que o corpo seja sensível a ele. E que ele é, é um fato. É porque o corpo tem alguns orifícios dos quais o mais importante, porque não se pode fechar, é a orelha, ela é a causa disso que responde no corpo a isso que chamei de voz*"[55].

O pedaço irrecuperável, fora da significantização que se faz objeto perdido deslizará nos diferentes níveis da experiência corporal onde se produz corte. O corte faz suporte e substrato autêntico a toda função da causa, implicando o desejo de reencontro de sua parte corporal perdida. Tomada em seu sentido estrito de despedaçamento, a anatomia faz a animação da relação do homem à função desejo, ou seja, enquanto ana-tomia, é o corte do corpo próprio aí ligado aos momentos eleitos de funcionamento. A separtição, esta partição no interior do corpo, incide, desde a origem da pulsão, inscrita no que será estruturação do desejo. Nesta medida, a função do *objeto a* se opõe à hierarquização cronológica das pulsões, já que se trata de mutações do objeto numa constituição circular que, se acontece em níveis distintos, manifesta sempre uma mesma função, a saber, o modo como o *objeto a* está ligado à constituição do sujeito no lugar do Outro e o representa. Ressalta-se, assim, o caráter não diacronizável do *objeto a*, que se contrapõe à impossibilidade de conferir às pulsões uma ordenação ou uma hierarquia.

Considerar o *objeto a* como ponto raiz, onde se elabora no sujeito a função da causa de desejo, marca a sustentação da subsistência da causa enquanto hiância entre função mental e seu efeito, ou seja, qualquer coisa de essencialmente não-efetuado. Assim, o *objeto a* não é efeito do desejo, é a

---

[54] *Seminário X*, op. cit., lição de 03/07/63.
[55] *Seminário XXIII*, op. cit., lição de 18/11/75.

A CRIANÇA NA CLÍNICA PSICANALÍTICA

causa[56]. Por referenciar a função do desejo, nenhum *objeto a* pode ser separado das repercussões que um tem sobre os outros, numa solidaridade íntima que se exprime num resto em torno do qual gira o drama angustiante do desejo, na fundação do sujeito no Outro pela via do significante[57].

A superfície corporal está apoiada sobre as bordas fechadas de zonas erógenas, onde o corte anatômico decide a função dos objetos parciais. A invaginação no circuito de ida e de volta contorna o que lhe falta, num percurso que ultrapassa os limites do organismo. Para a pulsão oral, o plano da separação se passa entre o seio e a mãe, seio enquanto objeto parcial perdido que se faz causa do desejo, seio cortado de algo onde a mais primitiva diferença estrutural se introduz de rupturas, cortes, onde aparece a angústia e se insere a dialética significante: *"não se trata, de modo algum, de alimento, nem de lembrança do alimento, nem de cuidado da mãe, mas de algo que se chama o seio [...] na sua função de objeto, de objeto a, causa do desejo [...] a pulsão o contorna, [...], ao mesmo tempo um* turn, *borda em torno da qual se dá a volta, e* trick, *volta de uma escamoteação"*[58]. Algo da criança se destaca, sua primeira marca, lugar onde se designa o sujeito enquanto objeto *a* minúsculo. Esta é a estrutura que permite conceituar a pulsão, definida como a manifestação do lado do vivo chamado à subjetivação: *"É em rodear esses objetos, para neles recuperar, neles restaurar sua perda original, que se ocupa essa atividade que denominamos pulsão"*[59].

---

[56] Como diz Lacan, a *economia da função do excremento*, além da *"constituição mamífera, o funcionamento fálico do órgão copulatório, a plasticidade da laringe humana à impressão fonemática, o valor antecipatório da imagem especular à prematuração neonatal do sistema nervoso, todos estes fatos anatômicos se conjugam à função de a. Eles mostram como o lugar está disperso sobre a árvore das determinações orgânicas, só tomando no homem o valor de destino, que Freud diz, por vir bloquear um lugar-chave no tabuleiro de xadrez, no qual as casas se estruturam da constituição subjetivante tal que ela resulta na dominância do sujeito que fala sobre o sujeito que compreende (sujeito do insight do qual nós conhecemos, sob a forma de chimpanzé, os limites). [...] O sujeito que fala crê atingir o conceito, ou seja, ele crê poder apreender o real, por um significante que comanda, segundo sua causalidade íntima, este real. [...] A subjetivação de que se trata não é nem psicológica nem desenvolvimental. Ela mostra isto que conjuga a acidentes do desenvolvimento – aqueles que eu enumerei relembrando sua lista, as particularidades anatômicas do que se trata no homem – o que conjuga aos acidentes do desenvolvimento o efeito de um significante, ao qual, desde então, a transcendência é evidente em relação ao dito desenvolvimento. Transcendência que não é nem mais nem menos marcada que qualquer outra incidência do real [...] é a manifestação de um lugar do Outro". Seminário X,* op. cit., lição de 19/06/63.

[57] Na sua incidência fálica, o *objeto a* assume sua função central, representada essencialmente como uma falta, defeito do falo que constitui a disjunção de desejo ao gozo, tendo posição extrema em relação às diversas incidências do *objeto a*. Os laços entre o *objeto a* – voz – e *objeto a* – seio – com as manipulações primárias do supereu e a posição de retorno, que implicam correlações extensas com a conexão anal-escópica, impedem qualquer escalonamento hierarquizável cronologicamente, por mais que a intervenção do Outro encarnado num agente tenda a uma organização dessa ordem.

[58] *Seminário XI,* op. cit., p. 160.

[59] "Position de l'inconscient" (1964), op. cit., p. 849.

A CONSTITUIÇÃO SUBJETIVA

A dimensão pulsional institui uma ligação com a falta no Outro desejante, onde o objeto *a* se encarna como suporte. Afinal, o Outro é matriz de dupla entrada: o *objeto a* constitui uma entrada e o significante é a outra. O Outro se descompleta ao increver-se num ser, separa-se de sua própria inscrição pois o ser torna-se especificado do inconsciente, num sentido impossível de dizer que faz o Outro incompleto. O sujeito só se lança na alienação se ela encontra seu complemento naquilo que a separação traz: promessa de ser pelo que falta ao Outro, desejo velado do Outro. O significante[60] buscado pelo sujeito é um elemento que descompleta a bateria significante, ao mesmo tempo que quer um gozo, *"gozo cuja falta faz o Outro inconsistente"*[61]. Pois o Outro, tesouro dos significantes, é requerido pelo sujeito a responder à demanda de gozo, onde teria conferido seu valor esperado. Mas o Outro só pode responder de um lugar inominável, onde seu gozo também está interditado e lhe escapa. É daí que o sujeito pode se fazer incidir, oferecer-se corpo, ser onde falta. Portanto, o Outro barrado ao gozo incide na dialética do arco da pulsão, onde, no fundamento de movimento circular de vai-e-vem, a reversão fundamental em que ela se estrutura não tem, em seu retorno, a mera reciprocidade da ida. Ao contrário, é na dissimetria que, na volta, um novo sujeito, *"que é propriamente outro, aparece no que a pulsão pôde fechar seu curso circular. É somente com sua aparição no nível do outro que pode ser realizado o que é a função da pulsão"*[62]. O ato de sucção, que é original na subsistência biológica, faz funcionar os lábios, encarnação do corte, borda essencial à estrutura da erogeneidade, e a língua que, funcionando por aspiração, faz sustentação de um vazio, articulável à função fálica, enquanto reviração do interior. A pulsão implica o fechamento, o retorno à zona erógena, numa circularidade onde *"a flecha que parte para o alvo só preenche sua função na medida em que dele emana, para retornar ao sujeito"*[63].

Essa parte que pode ser tomada e largada da unidade corporal da criança introduz a surpresa da separação que a confronta ao desamparo da angústia e permite-lhe ceder uma parte de si mesma. A esta parte cedida, outros objetos

---

[60] Como lembra Lacan (na lição de 12/12/62, *Seminário X, L'angoisse*): *"A dimensão do significante não é senão que o animal, na perseguição de seu objeto, é tomado por algo que o conduz sobre um outro campo de traços onde esta perseguição toma, desde então, seu valor introdutório. O fantasma, o $ em relação a 'a', toma aqui valor significante de entrada de qualquer coisa que vai levá-lo a esta cadeia infinita de significações que se chama destino. Pode-se-lhe escapar indefinidamente, o que se trata de reencontrar é justamente a partida, como ele entrou neste negócio de significante"*.

[61] "Subversion du sujet et dialectique du désir dans l'inconscient freudien" (1960), op. cit., p. 820.

[62] *Seminário XI*, op. cit., p. 169.

[63] Ibid., p. 195.

87

A CRIANÇA NA CLÍNICA PSICANALÍTICA

farão suplência, veiculando algo da identidade do corpo que antecede ao corpo mesmo. Este objeto primeiro é um signo de laço com o Outro, mas do laço a ser rompido com o Outro, primeira forma que tornará possível a função do objeto transicional. Tal cessão fará objetos simbólicos, ou seja, desnaturalizados: *"Esta dimensão de perda essencial à metonímia, perda da coisa no objeto: aí está o verdadeiro sentido desta temática do objeto, uma vez perdido e jamais recuperado"*[64].

A pulsão atinge a satisfação sem atingir a totalização biológica da função. Por ser sempre *parcial* e só encontrar o Outro *barrado*, seu alvo é esse *retorno em circuito*. Portanto, a pulsão oral contorna o objeto *a*, o seio, que não é sua origem. O seio não é o alimento primitivo: é o objeto eternamente faltante que é contornado. Esta primeira divisão do sujeito é o único recurso face à falta no reencontro de *das Ding*: a busca do seu resto e único índice, o *objeto a*. O caráter da *ação específica*, que funda o princípio da repetição cuja finalidade é a reprodução do estado inicial, é experiência à qual sempre faltará alguma coisa, é busca do reencontro. A perda de *das Ding* funda a possibilidade do aparelho psíquico, remete ao impensável da origem e à impossibilidade de o gozo se dizer[65]. A perda de *das Ding* desliza para o gozo, no corpo do Outro. É o caráter de substituição aí incidente que permite tomar a implicação da função do deslizamento metonímico. Assim, a necessidade subvertida pelo significante, provoca sua transmutação em pulsão, funda a atividade pulsional.

Essa atividade não se estabiliza com o encontro de um objeto adequado, mas só se desenvolve a partir do momento em que o objeto está perdido – insaciedade fundamental que mantém a constância da pulsão, implicando, pois, a impossibilidade de equivalência entre pulsão e necessidade, que atende ao ritmo vital. Assim, a pulsão oral só aparece como tal, disjunta da preservação, quando se cava um vazio que poderá ser ocupado por qualquer objeto substituto. A satisfação da pulsão é, assim, paradoxal – nenhum objeto da necessidade satisfará a pulsão. A boca não se satisfará pelo alimento, mas pelo prazer de boca, ou seja, gozo que, a partir daí, implicará sempre um desvio. O objeto da pulsão é indiferente, o que obriga a tomar a função do seio como objeto *a*, causa do desejo que a pulsão contorna, objeto em cuja borda é dada a volta. No seio, objeto *a*, está implicada *"a reivindicação, pelo sujeito, de algo que está separado*

---

[64] *Seminário IX, L'identification*, op. cit., lição de 14/03/62.
[65] Esta concepção de *das Ding* está articulada no *Seminário VII – A Ética da Psicanálise*, onde Lacan refaz o estudo já empreendido no Seminário I, junto a Hippolyte, e procede à releitura das concepções de Freud expostas no *Projeto de uma psicologia científica* (1895), em sua articulação à "A Negativa "(1925) e à "Carta 52", endereçada a Fliess.

dele mas que lhe pertence e do qual se trata de que ele se complete"[66]. No nível da pulsão oral, o ponto de angústia está no Outro, ou seja, além do lugar onde se joga a função, onde se perfila, no agente, a relação de mensagem que acentua a possibilidade da falta, o esgotamento do seio, distinguindo o que se desenha além do funcionamento do organismo no fantasma do vampirismo produzido pelo agente materno. O papel da pulsão oral no inconsciente se faz pela unidade topológica da hiância que, nesse momento, está em jogo. A pulsão faz, assim, o desejo, reproduzindo a relação do sujeito ao objeto perdido. A atividade pulsional da sucção é a de se fazer chupar, chupando o organismo da mãe. A singularidade de seu objeto pulsional é a de não estar jamais à altura da satisfação: *"esse objeto que confundimos muito freqüentemente com aquilo sobre o que a pulsão se refecha – este objeto, que de fato é apenas a presença de um cavo, de um vazio, ocupável, nos diz Freud, por não importa que objeto, e cuja instância só conhecemos na forma de objeto perdido,* a *minúsculo"*[67].

A posição do desejo em relação a um sujeito definido pela sua articulação ao significante é dada pelo fato de ele se remeter à antecipação. A demanda de gozo e a resposta significante produzem desejo ao submeterem as necessidades à alienação. A alienação implica irredutivelmente a separação entre a necessidade (transmutada em pulsão) e o além da satisfação (que a demanda cria como seu horizonte). O ponto nodal da junção do campo da demanda é o desejo, que, apesar de implicar o organismo, interessa-se por outra coisa. A diferença que resta daquilo que a demanda subtrai da satisfação – no que o significante é rebelde ao reencontro – é o desejo, resíduo herdeiro dessa obliteração, que substitui essa condição absoluta[68]. Assim, *"o desejo se situa na dependência da demanda – a qual, por se articular em significantes, deixa um resto metonímico que corre debaixo dela, elemento que não é indeterminado, que é ao mesmo tempo uma condição absoluta e impegável, elemento necessariamente em impasse, insatisfeito, impossível, desconhecido, elemento que se chama desejo. A função do desejo é resíduo último do efeito do significante no sujeito"*[69].

---

[66] *Seminário XI*, op. cit., p. 184.
[67] Ibid., 1988, p. 170.
[68] J. Lacan (1958), "La signification du phallus", *Écrits*, Paris, Seuil, 1966, p. 691.
[69] *Seminário XI* , op. cit., pp. 146-7.

A CRIANÇA NA CLÍNICA PSICANALÍTICA

Portanto, o ser vivo, que funcionava na economia da tensão mínima do prazer, é marcado na eventualidade casual pelo desvio do traço unário, onde todo apaziguamento se contesta pelo gozo apreendido em sua dimensão de perda. Nesta denotação precisa do traço unário, a repetição comemora uma irrupção do gozo, onde o prazer é violado em sua regra e em seu princípio, cedendo ao desprazer: *"[..] ao desprazer que não quer dizer outra coisa senão o gozo"*[70]. Esta busca de identificação do gozo, função do traço unário, dá origem ao saber como significante, nos termos mais elementares em que um significante enlaça outro, articulando que um significante represente a visada de gozo para outro significante, que repete sua perda. Engendra-se aí o radical do S2 que repete S1 representando a falta em gozar que escande, pelo significante, o saber. O gozo necessita da repetição que se funda no retorno ao gozo, produzindo-se em defeito: *"o que se repete não poderia estar de outro modo em relação ao que repete, senão em perda"*[71]. Isso que se repete da ordem do gozo exige trabalho a mais para ser recuperado, produz a busca de sua compensação: mais-gozar a ser recuperado, dimensão do gozo que necessita do trabalho do saber – necessita da articulação significante, meio do gozo. Esse trabalho espolia o que estava inscrito como saber orgânico, é imposição a assimilar a perda de sua própria entrada no campo significante, pela asserção repetida da hiância a ser preenchida pelos *objetos a* anexados ao mais-gozar, tampões do oco que aí se cava. Surge assim a relação primitiva da junção do gozo ao saber. A relação com o gozo em falta impõe limite ao campo do saber, gozo absoluto interditado e sua única possibilidade – aparelhar-se com a linguagem para semi-dizer sua falta a ser. Portanto, produção de trabalho. Sua verdade que é a obscuridade do desejo indestrutível, falta de esquecimento, impotência que implica o dizer pela metade, onde o que há de ser, no sentido, é o que escapa à articulação significante. Seu meio de gozo é a repetição significante, linguagem, ou seja, a inserção no gozo do Outro[72].

---

[70] *Seminário XVII*, op. cit., p. 73.
[71] Ibid., p. 44.
[72] Cf. Jacques Lacan, *Seminário XVII, O avesso da psicanálise*, op. cit., p. 48.

3.2 O Imaginário recobre a hiância real no simbólico

> *"É a este objeto inacessível ao espelho que a imagem especular dá sua vestimenta. Presa tomada nas redes da sombra, e que, roubada de seu volume enchendo a sombra, arma o logro fatigado desta com um ar de presa"*[73].

A hiância real, que faz do grito um significante do apelo no sujeito inconstituído e da resposta um significante que não basta, torna o apelo claudicante e abre, assim, a realidade à significação da coisa, na diversidade das objetivações, a serem verificadas, da mesma coisa: o que *havia* aí, dado prontamente (*estava lá e não está mais*), não está (*um pouco mais ele estava por haver podido estar lá*), desaparece como significante. A possibilidade que o *tempo verbal imperfeito* permite, ao articular simultaneamente dois momentos (instante anterior e instante posterior), fixa, no ser, uma falta a buscar significância.

Assujeitado à demanda, seu sentido é emitido do lugar do Outro, formatado em significantes: *"O dito primeiro decreta, legifera, aforisa, é oráculo, ele confere ao outro real sua obscura autoridade"*[74] – sua mensagem é emitida em significantes. Afinal, todos os instrumentos estão no campo do Outro, têm que ser recebidos do Outro. Nas voltas da demanda, insinua-se a falta significante, onde nada equivale à coisa perdida – não pode se articular na demanda, ao mesmo tempo que só pode ser manifesta através da demanda e não retorna na resposta. A demanda se dirige a algo mais do que às satisfações a que apela – é demanda do que se situa *aquém* do que o Outro pode suprir. Assim, *"O desejo se esboça na margem, onde a demanda se destaca da necessidade: esta margem sendo aquela que a demanda, cujo apelo só pode ser incondicional, no lugar do Outro, abre sob a forma do defeito possível que aí pode trazer a necessidade, por não ter satisfação universal (o que se chama: angústia). Margem que, por linear que seja, deixa aparecer sua vertigem, por pouco que ela não seja recoberta pelo pisoteio de elefante do capricho do Outro. É este capricho, entretanto, que introduz o fantasma da onipotência não do sujeito, mas do Outro onde se instala sua demanda [...] por uma simetria singular, ele [o desejo] inverte o incondicional da demanda de amor, onde o sujeito permanece na*

---

[73] J. Lacan (1960), "Subversion du sujet et dialectique du désir dans l'inconscient freudien", *Écrits*, Paris, Seuil, 1966, p. 818.

[74] Ibid., p. 808.

sujeição do Outro, para levá-lo à potência da condição absoluta (onde o absoluto quer dizer também despreendimento)"[75].

O fantasma da onipotência do Outro é o que situa, na retroação, o agente da possibilidade de satisfação da demanda como agente da falta da saciedade. O Outro real, constituído do funcionamento simbolizante, pode ser tomado agora imaginariamente, é Outro imaginarizado como o privador da única coisa pela qual a demanda seria satisfeita. A contingência faz-se arbitrariedade da resposta materna e qualifica a tomada imaginária do agente materno como onipotente, pois parece só responder a seu critério. É o que o focaliza como exterior ao apelo. Assim, o que era efeito da resposta ao grito da necessidade obriga o deslocamento do gozo esperado para a demanda de um dom que articula a possibilidade da coisa perdida. O agente materno é imaginarizado como todo em potência, detentor de dom[76].

Esta ficção de complementariedade da criança pelo dom materno não se sobrepõe à reincidência do *gap* no confrontamento das duas demandas, é rasgão que insinua a discordância do fracasso do encontro, conflito que permite que o desejo transborde a demanda e se faça insaciável. A não-extinção da demanda numa satisfação salvaguarda o desejo. Ao responder com significantes, ou seja, responder sem entretanto preencher o apelo da satisfação, o agente materno se exclui do significante e este agente, essencial à relação com a satisfação, é imaginarizado como o que pode, a cada instante, dar corpo ao Outro real que não responde ao apelo: "*O segundo tempo deve ser encontrado no fato de que a dilaceração que vocês fazem dizendo par ou ímpar é uma espécie de demanda pela qual se situam em posição de serem gratificados ou não pela resposta do outro, mas, como este já tem os dados na mão, não depende mais dele que aquilo que tem nas mãos satisfaça ou não a demanda de vocês. [...] Vocês vêem, ao mesmo tempo, seu caráter absolutamente evanescente e literalmente impossível de satisfação*"[77].

Nessa relação imaginária ao agente materno, a demanda anula a particularidade de tudo o que pode ser dado, ao mesmo tempo que cada significante oferecido a mais como resposta mantém a unicidade da retroação à expectativa de reencontro da coisa, incidindo pois no ressublinhamento do traço unário. Os objetos substituíveis, que são inseridos para satisfazer à demanda incondicional, fazem-se dom – são provas de amor. A mãe recobre aí, imaginariamente, o lugar do objeto insubstituível, perdido: "*Este processo concretiza a identifica-*

---

[75] Ibid., p. 814.
[76] "La signification du phallus" (1958), op. cit., pp. 690-1.
[77] J. Lacan (1956-7), *Seminário IV, A relação de objeto*, op. cit., pp. 133-4.

ção da mãe ao objeto do qual ela está grávida, pois ela parece dar, segundo sua vontade – e enfim ao das Ding"[78].

A relação da criança à mãe abriu-se a elementos que introduzem a complexidade dialética. Se a mãe tornou-se potência, sendo tomada como o que não responde ou o que só responde a seu critério, os objetos, que não se diferenciavam porque implicavam satisfação, a partir do grito, lido como apelo, tornam-se, por dependerem desta potência, distinguíveis – são objetos de dom, testemunhos do dom, marcas do valor desta potência –, os objetos representam seu ato de dom.

A resposta em dom, enquanto incompleta, renova a demanda, mantendo o agente materno como lugar onde o gozo se realizaria, tornando-se o alvo para sempre mirado pela demanda. O processo de substituição metonímica entre mãe e objeto *a* permite que os dons maternos – signos de amor – estejam numa relação de equilíbrio e de compensação com os objetos a que a necessidade se dirige.

Os objetos que visam à satisfação das necessidades tomam valor como parte do Outro encarnado na mãe e a pulsão se dirige a eles como partes do agente materno, podendo, portanto, ser substituídos. A imaginarização do agente materno é solidária à tomada de um objeto qualquer como possibilidade significante da coisa, posto que o significante – que não satisfaz – é significante de que sua substituição não basta, sustentando a insaciedade fundamental em torno da qual circula a pulsão. Assim, o objeto da necessidade que a criança tem na boca mantém a criança ligada à mãe e satisfeita. Assume função enquanto parte do objeto da demanda – imaginarizado na mãe –, torna-se signo do dom de amor quando está lá. É a mãe que é desejada, quando, diante de sua revogação a criança demanda, referenciando-a.

A substituição da exigência de amor pela busca da satisfação da necessidade é o que torna esta satisfação uma atividade erotizada. A atividade oral põe a criança em posse do objeto-signo, assujeitando a necessidade pela demanda. A satisfação da necessidade torna-se compensação, substitui a frustração do amor, anulando a decepção do jogo simbólico pela tentativa de captura do objeto real da satisfação: a busca do gozo da necessidade ensaia aniquilar a insaciedade fundamental da relação simbólica e produz o retorno circular ao tempo anterior.

Quando o dom não é oferecido, o objeto muda de valor e a criança entra na reivindicação, demandando aquilo que poderia esperar da potência materna.

---

[78] M.-J. Sauret, *De L'Infantile à la structure*, op. cit., p. 257.

A CRIANÇA NA CLÍNICA PSICANALÍTICA

A recusa[79] dá ao objeto-dom seu caráter de substituto insatisfatório ao lugar do suposto gozo pleno: *"[...] aí surge o sentimento de impotência da criança [....] o único poder detido pelo sujeito contra a onipotência é dizer não no nível de sua ação, e introduzir aqui a dimensão do negativismo [...] não é no nível da ação e sob a forma de negativismo que se elabora a resistência à onipotência da relação de dependência, e sim no nível do objeto que apareceu sob o signo do nada. É no nível do objeto anulado como simbólico que a criança põe em cheque a sua dependência, e, precisamente, alimentando-se de nada. É aí que ela inverte sua relação de dependência, fazendo-se, por este meio, o mestre da onipotência ávida de fazê-la viver, ela que depende da onipotência. A partir daí é ela quem depende, por seu desejo, é ela quem está à sua mercê, à mercê das manifestações de seu capricho, à mercê da onipotência de si mesma"*[80]. A recusa do ato materno de dom, em que o *infans* reverte a direção da demanda, demonstra o caráter significante do objeto, onde a angústia do desmame não implica que o seio falte à necessidade. É o que permite à criança a recusa da satisfação da necessidade, negação a deixar-se alimentar, no afastamento onde se especifica a dimensão do desejo[81].

Os objetos-dons substituem a mãe e são intercambiáveis por representarem-na. A imaginarização da onipotência materna eleva os objetos ao estatuto simbólico: *"esse despreendimento é bem sucedido desde seu mais humilde modo, aquele sob o qual tal psicanalista o entreviu em sua prática da criança, denominando-o: objeto transicional [...] Digamo-lo: não passa de emblema: o representante da representação na condição absoluta está em seu lugar no inconsciente, onde ele causa o desejo segundo a estrutura do fantasma que dele vamos extrair"*[82].

O fantasma se introduz com a possibilidade de imaginarizar o Outro, dando-lhe forma, atribuindo-lhe um corpo. *"O sujeito pode empreender dizer o objeto de seu desejo. Ele só faz isso mesmo. É mais que um ato de enunciação, é um ato de imaginação. Isto suscita nele uma manobra da função imaginária e de um modo necessário esta função se revela presente tão logo aparece a frustração"*[83]. Nesta realização imaginária do Outro materno o sujeito é fisgado em sua condição mes-

---

[79] Lacan observa no Seminário IV: *"a anorexia mental não é um não comer, mas um comer nada. Insisto: isso quer dizer comer nada. Nada, isso é justamente algo que existe no plano simbólico [...] O que está em questão nesse detalhe é que a criança come nada, o que é diferente de uma negação da atividade. Esta ausência saboreada como tal, ela a emprega diante daquilo que tem à sua frente, a saber, a mãe de quem depende. Graças a este nada, ela faz a mãe depender dela"* (op. cit., p. 188).

[80] *Seminário IV, A relação de objeto*, op. cit., p. 190.

[81] Jacques Lacan (1960-1), *Seminário VIII, A transferência*, Rio de Janeiro, Jorge Zahar, 1992, pp. 201-3.

[82] "Subversion du sujet et dialectique du désir dans l'inconscient freudien", op. cit., p. 814.

[83] *Seminário IX, L'identification*, op. cit., lição de 14/03/62.

ma de falta que o faz falta no Outro, pois a demanda evoca sua forma transposta segundo uma inversão: a demanda de ser alimentado é resposta ao Outro que demanda ao *infans* deixar-se alimentar. Desta interface da mesma superfície, um enigma se distingue nas voltas da demanda, no interrogante o *que queres?*, (que se escreve: [DM/x?], ou seja, sob a demanda materna [DM] há uma incógnita [x]: "ela me diz isso, mas o que ela quer?"). O Outro que ganha corpo, na equivalência ao agente materno, ocupa posição e confere lugar ao *infans* na estrutura. Portanto, *"o desejo do homem é o desejo do Outro [...] é como Outro que ele deseja (o que dá o verdadeiro alcance da paixão humana). Eis porque a questão do Outro, que retorna ao sujeito do lugar onde ele espera um oráculo, sob a forma de* um Che vuoi? que queres?, *é aquela que conduz melhor ao caminho de seu próprio desejo"*[84].

Localizar-se na questão, oferecendo-se ao funcionamento do circuito, é engajar-se na posição de *alguma coisa* opaca a que ele se resume, um *nada* que pontua sua posição de objeto, valor que precede sua subjetivação, constituído no movimento circular sempre repetido da demanda que atinge o contorno do objeto do desejo. Ao apresentar seu corpo ao Outro desejante, cede na busca do recobrimento do objeto do desejo, mas, sendo sempre distinto, mantém-se significante indeterminado. Sua subjetivação se faz, portanto, formatada em significante do desejo do Outro, significante ao qual não equivalerá. Apagado do ser pelo simbólico, o sujeito capturado se torna dependente do significante, excluindo-se do campo da linguagem que o determina como barrado. O significante é substituto que não recobre o gozo, sustentando um resto: falta de saciedade plena, falta de qualquer coisa que instaura um dano imaginário – frustração, que incide sobre isso de que é privada quando esperava receber o que era pedido.

Assim, o sujeito se prenuncia capturado na falta do Outro, sem saber que *objeto a* é para o Outro, e desconhecendo o que ele deseja neste Outro, posto que este Outro não introduz o que responderia ao seu desejo. O Outro não responde a sua demanda. O efeito dessa impossibilidade de o Outro responder-lhe constitui a natureza do objeto causa do desejo, objeto *a*, um nada escondido, do Outro que não basta, passível de ser preenchido por qualquer objeto tomado na forma de demanda, onde o sujeito reitera, nos circuitos que empreende em sua busca demandante, o contorno deste resto que excede qualquer resposta possível.

---

[84] "Subversion du sujet et dialectique du désir dans l'inconscient freudien", op. cit., pp. 814-5.

Tal ponto radical do encontro faltoso é marca a partir da qual o fantasma (grafado $◊a$) tecerá a tela que dissimula este primeiro determinante, na repetição. A representação imaginária que incide sobre a mãe será, assim, o lugar-tenente que envelopa e esconde o real que a comanda, alienando nas modulações da repetição seu sentido inominável. A falta, o real que não responde, não é o agente materno. É aquilo que tem, para a criança, o caráter de uma *automutilação*. É algo que se separa dela, a partir do qual *"a ordem da significância vai se pôr em perspectiva"[85]*.

O Outro que se revela imaginariamente à criança é imagem fundadora de seu desejo e dá o sentido e a função da frustração. Se o Outro constituiu, na privação, a condição para a origem do desejo da criança, na imaginarização ele se configura como identificação a uma imagem tomada na potência totalizadora que o antecipa, recobrindo sua condição ainda inconstituída.

É o que a estrutura especular reflexa do espelho permite, na experiência da ilusão de domínio na relação à imagem total, preenchedora, fonte de júbilo e fascínio: *"o filhote de homem, numa idade onde ele é [...] superado na inteligência instrumental pelo chimpanzé, reconhece, entretanto, sua imagem no espelho já como sua [...] Este ato, longe de acabar, como no símio, no controle, uma vez adquirido, da inanidade da imagem, repercute em seguida, na criança, numa série de gestos onde ela experimenta ludicamente a relação dos movimentos assumidos da imagem ao seu refletido, e deste complexo virtual à realidade que redobra [...] espetáculo marcante de um lactente diante do espelho, que não tem ainda o domínio da marcha, nem sequer da postura em pé, mas que, abraçado que esteja por qualquer sustento humano ou artificial [...], supera, num trabalho jubilatório, os entraves deste apoio, para suspender numa postura mais ou menos inclinada e buscar, para fixá-lo, um aspecto instantâneo da imagem"[86]*.

A mediação da totalidade do especular atesta a ficção da possibilidade de equivalência ao Outro imaginário. Essa transformação que se opera no *infans*, ao assumir uma imagem ortopédica de sua totalidade, precipita o eu (*moi*) *"numa linha de ficção"* e atesta o logro que o imaginário comporta, já que essa forma, que *"só se ligará assintoticamente ao devir do sujeito [...], é mais constituinte que constituída, mas onde, sobretudo, aparece num relevo de estrutura que a fisga, e sob uma simetria que a inverte, em oposição à turbulência de movimentos*

---

[85] Seminário XI, op. cit., p. 63.
[86] "Le stade du miroir comme formateur de la fonction du Je telle qu'elle nous est révéllée dans l'expérience psychanalytique", *Écrits*, Seuil, Paris,1966, pp. 93-4.

com que se experimenta a si mesmo"[87]. A relação especular se insere na mesma condição onde o sujeito se constitui no lugar do Outro, na relação significante[88]. Neste momento jubilatório em que se assume como totalidade na sua imagem especular, a criança retorna sua cabeça para o agente que a sustenta, que está atrás dela, encarnando o Outro. Demanda-lhe assentimento, homologação do valor desta imagem. Situado no interior da dialética do narcisismo, este investimento da imagem especular é tempo fundamental da relação imaginária, na medida em que há um limite ao investimento que passa pela imagem especular, um resíduo: a autentificação do Outro que não aparece na imagem virtual: *"neste lugar, no lugar onde no Outro, no lugar do Outro, autentificado pelo Outro, perfila-se uma imagem somente refletida, mesmo falaciosa, de nós mesmos. Ela está num lugar que se situa em relação a uma imagem caracterizada por uma falta, pelo fato de que o que é chamado não saberia aí aparecer, está profundamente orientado e polarizado à função dessa imagem mesma. O desejo está lá, não somente velado, mas essencialmente posto em relação a uma ausência, à possibilidade de aparição comandada por uma presença que está algures e que comanda isso bem perto. Essa presença está lá, mas, onde está, ela é inapreensível para o sujeito, ou seja, o a do objeto que faz nossa questão, de objeto na função que preenche no fantasma, no lugar onde qualquer coisa pode aparecer. Eu pus entre parênteses este signo -φ, indicando que aqui deve se perfilar uma relação com a reserva libidinal, com este qualquer coisa que não se projeta, com este qualquer coisa que não se investe no nível da imagem especular, pela razão de que ele resta investido profundamente, irredutível ao nível do corpo próprio, ao nível do narcisismo primário, ao nível disso que se chama auto-erotismo, ao nível de um gozo autista, alimento em suma restante lá para, eventualmente, intervir como instrumento na relação ao Outro, ao Outro constituído a partir desta imagem de meu semelhante,*

---

[87] Ibid., pp. 94-5.
[88] *"[...] não há só a orelha. A ela faz uma concorrência eminente o olhar.* More geométrico *por causa da forma, cara a Platão, o indivíduo se apresenta como ele é, perdido, como um corpo. E esse corpo tem uma capacidade de cativação [...], a forma não libera senão o saco, ou, se vocês quiserem, a bolha. Ela é alguma coisa que se infla [...], o saco merece ser conotado do ambíguo de um e de zero, único suporte adequado disso que confina o conjunto vazio [...]. Donde nossa inscrição de S índice 1. Eu preciso que ela se lê assim. Ela não faz o um, mas ela o indica como podendo não conter nada, ser um saco vazio. Ela não deixa menos a ele que um saco vazio permanece um saco, seja o um que não é imaginável senão da ex-sistência e da consistência que tem o corpo, de ser um vaso. É preciso tomá-las, essa ex-sistência e essa consistência, por reais, pois o Real é o que as sustenta. Donde a palavra* Begriff *que quer dizer isso. O imaginário mostra aqui sua homogeneidade ao real e que ele não sustenta essa homogeneidade senão do fato do número, na medida em que ele é binário, um ou zero, ou seja, ele só suporta o dois do fato de que um não seja zero.Que ele ex-siste ao zero mas não consiste em nada. [...] O significado de origem não quer dizer nada, ele não é senão o signo de arbitragem entre dois significantes, mas, por isso, não arbitrário para a escolha destes"* (J. Lacan (1975-6), *Seminário XXIII, Le Sinthome*, lição de 18/11/75, inédito).

A CRIANÇA NA CLÍNICA PSICANALÍTICA

este outro que perfilará, com suas formas e suas normas, a imagem do corpo na sua função sedutora sobre aquele que é o parceiro sexual"[89].

A dimensão do sujeito suposto transparente no seu ato de conhecimento só começa quando entra em jogo a dimensão do limite do espelho, do que não se deixa apreender e que o submete à ilusão de conhecimento; equívoco que preserva o ponto funcional do desejo e que, quando entrevisto, sem que tenha passado pelo crivo do reconhecimento, faz emergir estrangeiridade e angústia.

É o que faz com que a imagem detenha o ideal: *"o ideal do eu como modelo, o eu-ideal como aspiração, [...] cujas fronteiras [...] devem ser tomadas como suportando a incerteza e permitindo a retificação, como perpetuando o equívoco de circunscrições diferentes, segundo seus estatutos, mesmo admitindo, em seu complexo, zonas evasivas e feudos encravados"*[90]. Aí, o *objeto a* é o expoente de uma função que o sublima antes que o sujeito a exerça, função de índex elevado sobre uma ausência que está lá, sob angústia de desaparição, mascarado no imajar de um jogo de imagens. O desejo aparece na superfície do espelho dando a forma ilusória em que se constitui como um Outro. É no nível do desejo escópico que a estrutura do desejo encontra sua forma mais desenvolvida em sua alienação fundamental, permitindo o asseguramento à angústia, por mascarar mais profundamente o *objeto a*. O modelo da imagem faz a translação do sujeito aos significantes atrás do espelho. As insígnias do Outro, a senha do desejo do Outro é a anterioridade da borda do espelho que assegura ao sujeito uma posição imaginária, de onde constitui o ideal-do-eu e permite-lhe referenciar-se para obter a miragem do eu-ideal.

A representação de sua totalidade oferece, portanto, um elemento de *splitting* essencial, de distinção de si mesmo, onde a criança vislumbra que algo lhe pode faltar: *"o encontro com a realidade do mestre... o momento de seu triunfo é também o mediador de sua derrota. Quando se encontra em presença dessa totalidade sob a forma do corpo materno, deve constatar que ela não lhe obedece"*[91]. Há um ponto cego que falta à imagem, onde o olhar é intragável à função narcísica da miragem, produzindo o ponto *tiquê* da pulsão escópica. A demanda da criança ao testemunho daquela que ocupa o lugar de Outro integra, de modo determinante, o circuito pulsional aí em jogo. O testemunho materno só aparece à margem e pode faltar. Assim, o que a criança olha é o olhar imaginado por ela no campo do Outro e do qual ela depende, demandando o assentimento do

---

[89]   *Seminário X, L'angoisse*, op. cit., lição de 05/12/62.
[90]   J. Lacan (1960), "Remarque sur le rapport de Daniel Lagache", *Écrits*, Paris,Seuil, 1966, pp. 672-3.
[91]   Seminário IV, *A relação de objeto*, op. cit., p. 190.

A CONSTITUIÇÃO SUBJETIVA

outro, agente do Outro, álibi da reciprocidade almejada entre o olhar e o olhado, onde, ao fazer-se ver, constitui um lugar. A criança experimenta aí a apreensão de uma falta possível, ponto cego, do *objeto a*, falta à imagem especular:
a imagem é superfície furada que só se mantém em *a*[92], objeto que perturba as
relações simbólicas, por não se dividir, nem ser especularizável, precipitando-
se como causa do desejo. Deve esperar pelo olhar do Outro, subtrair-lhe seu
olhar, para daí constituir uma posição. Ao ser olhado por um Outro, torna-se
sujeito, um novo sujeito que se mostra, movimenta-se para o Outro, fazendo-
se olhar no que não pode ver. Trata-se do movimento pulsional de *fazer-se ver*,
que inclui a demanda do Outro de encontrar ali um sujeito. Mas a busca de
uma correspondência ponto-a-ponto de duas unidades no espaço, dada pela
imagem, é a armadilha da visão. Imagem alterada que se faz paradigma de
todas as formas de semelhança, imagem que se fixa no ideal do eu, captura
imaginária que mascara sua duplicidade. Na pulsão escópica, *o objeto a é o
olhar* do que depende *"a fantasia a que o sujeito está apenso numa vacilação essencial"*[93]. Inapreensível e desconhecido, o olhar especifica a satisfação, onde a
queda do sujeito fica despercebida, *"reduzido, por sua natureza, a uma função
punctiforme evanescente, deixando o sujeito na ignorância do que há além da aparência"*[94].

Enquanto fundamento de uma identificação do sujeito, o olhar é traço
evanescente que se elide, na ilusão de ver vendo-se, onde se obtura *"o que
está do outro lado, que o sujeito vê perfilar-se o jogo graças ao que ele pode – segundo
a ilusão de [...] uma imagem real – acomodar sua própria imagem em torno do que
aparece, o a minúsculo. É na soma dessas acomodações de imagens que o sujeito deve
achar oportunidade de uma integração essencial"*[95].

O olhar esperado é do Outro, que, valorado na dialética do desejo, sub-
verte o campo da percepção visual, pois mantém o sujeito cativo do desejo que
é do Outro: *"mais além da aparência não há a coisa em si, há o olhar"*[96]. A falta
define, na pulsão escópica, o objeto *a*, do qual o sujeito se separou, para se
constituir como efeito imaginário do olhar suposto ao Outro, onde vai encon-
trar-se na identificação à imagem.

---

[92] Jacques Lacan, *Seminário XXIV, L'insu que sait de l'une-bévue s'aile à mourre*, lição de 17/12/74,
inédito, retomado por F. Julien, *O retorno a Freud de Jacques Lacan*, Artes Médicas, Porto Alegre,
p. 141.
[93] *Seminário XI*, op. cit., p. 83.
[94] Ibid., p. 83.
[95] Ibid., p. 151.
[96] Ibid., p. 101.

A CRIANÇA NA CLÍNICA PSICANALÍTICA

Nessa identificação, a função da miragem inclui o sujeito desde o primeiro funcionamento do olho, posto que o olho é, de início, espelho que implica o fundamento de um espaço constituído que exclui sua própria função, cedendo-a, para apreender, na fascinação, um campo do mundo. Afinal, o espaço só tem uso supondo a descontinuidade, onde uma unidade aparece em dois pontos ao mesmo tempo. Por isso, naquilo que é destinado a fundar a função eu-ideal/ideal-do-eu, ou seja, a imagem especular que é presença do sujeito em *A*, o resto é evanescente, é uma mancha. Nela predomina a boa forma gestáltica que a faz ilusória. Mas uma mancha liga a ponta do desejo, onde *a* está reduzido a zero, já que o desejo visual mascara a angústia do que comanda o sujeito, fazendo-se o suporte mais satisfatório da função do fantasma, sempre ligado a modelos visuais.

O fascínio onde a substância subjetiva se absorve ao mundo é o correlativo da função do *objeto a* no fantasma, ponto zero da contemplação que faz apaziguamento: frágil suspensão da dilaceração do desejo, sempre prestes a desmascarar a castração que esconde: "*O campo contemplativo onde o desejo poderia se suportar de uma anulação puntiforme ao seu ponto central, de uma identificação a a, com este ponto zero entre os dois olhos, aí, o ponto do desejo coincide com o ponto da angústia, mas eles não se confundem. Eles deixam aberta, para nós, a inquietude que resta em nossa relação ao mundo, neste ponto zero que impede de encontrar, na fórmula do desejo-ilusão, o último termo da experiência, rebatendo eternamente a dialética de nossa apreensão do mundo. Este desejo, que se resume aqui à nulificação de seu objeto central, não está sem este outro objeto que se chama angústia, que não é sem objeto*"[97].

Nas voltas da demanda em torno desse círculo vazio, o Outro imaginário da frustração vem se superpor, fazendo-se metáfora do traço unário: "*o Outro é o princípio de ocultação do lugar mesmo do desejo e é aqui que o objeto vai pôr-se coberto [...] nada é seguro, salvo justamente o que ele esconde, que ele recobre alguma coisa que é este objeto, este objeto que não é ainda talvez, uma vez que ele vai tornar-se o objeto do desejo*"[98].

Enquanto significante, a criança terá que redobrar seu efeito para designar-se a si mesma, não sendo nem o que é designado nem o que designa. O sujeito aparece assim no fantasma ($◊a)[99] que suporta o desejo, enquanto

---

[97] *Seminário X*, op. cit., lição de 22/05/63.
[98] *Seminário IX*, op. cit., lição de 21/03/62.
[99] "*[...] A verdadeira verbalização desta forma ◊, buril, desejo, que une o $ ao a em $◊a, esse pequeno quadrilátero, deve ser lido: o sujeito enquanto marcado pelo significante é, propriamente, no fantasma, corte de a*". *Seminário IX*, *L'identification*, lição de 16/05/62.

A CONSTITUIÇÃO SUBJETIVA

significante do desejo do Outro, e na condição de significante onde não pode significar a si mesmo. Esta estrutura mínima do sujeito, dada na condição lógica negativa da enunciação do fantasma ($◊a), é fragmento ausente de uma série significante em que o sujeito que a suporta está dividido entre saber e gozo, separação do objeto que não encontra nenhuma forma de resolução. É o que o torna dependente de um Outro, a quem apela, obrigando-o à representação simbólica, negativa em relação à coisa (esvaziada de referência à coisa no significante), onde é preciso saber, já que não há garantia de gozo. O fantasma sustenta, assim, um certo recorte do real, faz sutura das bordas por onde se tenta agarrar o real, suprimindo-o, para que se possa, com ele, fazer alguma coisa[100].

Tal circuito manterá sua incidência desarmônica, pois o Outro imaginário, modalizado no agente materno, retorna, na espiral da repetição da demanda, como não garantindo nada, sendo ao mesmo tempo *sem poder* e *não-sem poder*, forma de negação que materializa uma negação-ligação, onde a discordância relativa à imagem emerge, sempre que o sujeito se destaca dela, pois *"o olho institui a relação do desejável no que ele tende a fazer desconhecer, em sua relação ao Outro, que, sob este desejável, há um desejante. O desejável mais repousante, em sua forma mais apaziguante, é a estátua, que só é divina. O que há de mais ünheimlich é vê-la animar-se, podendo mostrar-se desejante"[101]*. É no circuito do objeto à demanda e da demanda ao objeto que emerge a carência de harmonia ideal: *"o objeto como tal, do desejo, é o efeito da impossibilidade de o Outro responder à demanda"[102]*.

Pela falta em seu gozo, o Outro, situado no lugar de mestre e garantia, torna-se inconsistente. O Outro, pressentido em falta, retorna à criança em ato interrogativo sobre um desejo velado: *"O que quer o Outro de mim?"[103]*. Tal interrogação, onde situa que isso lhe diz respeito, prenuncia o fantasma e é posta em ato, já que está exposta na experiência à falta no Outro. Seu único recurso é experimentar a interrogação *"pode ele perder-me?"[104]*, numa torção em que o separar-se faz retorno à alienação em que se constitui como perda:

---

[100] A estrutura mínima para qualquer sujeito, seja ele modalizado na estrutura neurótica, psicótica ou perversa (exceto o autista), é a estrutura do fantasma, conforme esclarecido por Alfredo Jerusalinsky, no Seminário de Psicose, em São Paulo, março de 1996.
[101] *Seminário X, L'angoisse*, op. cit., lição de 05/06/63.
[102] *Seminário IX, L'identification*, op. cit., lição de 14/03/62.
[103] "Subversion du sujet et dialectique du désir dans l'inconscient freudien", op. cit., p. 818.
[104] *"Position de l'inconscient"*, op. cit., p. 844.

"O que ele vai aí colocar é sua própria falta, sob a forma da falta que produziria no Outro por seu próprio desaparecimento. Desaparecimento que ele tem, se podemos dizê-lo, sob a mão, da parte de si próprio que lhe retorna de sua alienação primeira"[105].

Tal cobertura mantém portanto o seu o resto, o *objeto a*, que o sujeito só poderá abordar pela via do impasse fantasmático onde, em sua busca do objeto do desejo, ele encontra a imagem do objeto [i(a)] *"à proporção que o sujeito se engana, crê que tem diante de si sua imagem"*[106]. A dialética transitiva especular evidencia o interesse humano pelo semelhante, na forma de reciprocidade. A equivalência dessa identificação com o outro imaginário, que recobre o objeto do desejo [i(a)], faz deste objeto o lugar de ex-sistência necessário à ordem propriamente simbólica. Ao identificar-se imaginariamente à imagem de um corpo homologado por um Outro, a criança encontra a origem e a matriz do seu eu *(moi)*. As identificações se inauguram no desconhecimento que faz com que o sujeito só possa articular-se como metonímia de sua significação. Afinal, o equívoco da transparência, em que o eu se vê, forma-se às custas da opacidade do traço unário que o determina, onde a consciência vem cobrir a falta de significação que a inaugura.

---

[105] Idem, ibidem.
[106] *Seminário IX, L'idenfication,* op. cit., lição de 13/06/62.

3.3. A demarcação Simbólica do Imaginário

> "O que a criança busca é fazer-se desejo de desejo, po-
> der satisfazer o desejo da mãe, [...] para agradar à mãe,
> é preciso e basta ser o falo"[107].
> "É na relação com a mãe que a criança experimenta o
> falo como o centro do desejo dela. E ela própria se situa
> ali em diferentes posições pelas quais é levada a manter,
> isto é, muito exatamente, a tapear este desejo da mãe"[108].
> "Que o falo seja um significante impõe que seja do lu-
> gar do Outro que o sujeito lhe tenha acesso"[109].

Como real, a criança permanece irredutível, apesar de assumir, para a
mãe, a função simbólica de um imperativo imaginário. A criança é substituto
metafórico (do seu amor pelo pai) ou metonímico (do seu desejo de falo), compensação ao que falta essencialmente à mulher. Para o impasse de seu desejo,
ela tentará conformá-lo ao que, na demanda da criança, localiza um sujeito
desejante que, assim, sanciona, sustenta o desejo materno: neste tempo, a demanda de um é o desejo do outro.

Há, nesta relação, um duplo engodo. A condição opaca de falta escapa à
criança, que não pode senão engajar-se, oferecer-se com seu ser numa
mobilização de ensaios de resposta a essa questão, onde se tece o fantasma de
ser o campo de gozo para o agente materno, insistindo em comparecer masca-
rada de Outro absoluto daquele, tal como insiste em supor o Outro todo em
potência: "No estágio escópico que é aquele do fantasma, isto que nós implicamos ao
nível de a é a potência do Outro, esta potência no Outro que é a miragem do desejo
humano, que nos condenamos – no que, para ele, é a forma dominante maior de toda
possessão, a possessão contemplativa – a desconhecer aquilo do que se trata, uma
miragem de potência"[110]. A opacidade do que a criança encontra no lugar do
Outro como desejo é sobreposição determinada à opacidade da própria perda que a divide. Operando com sua própria perda, para preencher-se no que
lhe retorna ao responder, engaja-se a si mesma enquanto objeto que poderia
faltar ao Outro.

---

[107] Jacques Lacan, *Seminário V, Les formations de l'inconscient*, op. cit., lição de 22/01/58.
[108] *Seminário IV, A relação de objeto*, op. cit., p. 230.
[109] "La signification du phallus" (1958), op. cit., pp. 692-3.
[110] *Seminário X, L'angoisse*, op. cit., lição de 12/06/63.

A posição de falo imaginário, a que buscará aderir ao camuflar sua própria hiância, é o operador que produz o *objeto a* no furo que impõe ao sujeito o corte, fazendo-o rejeitado no fragmento irredutível do seu ser. É o que introduz a criança no enigma do agente materno, colocando-se alienada ao agente como meio de assegurar-se do que este deseja. Ao mesmo tempo, é aí que o *moi* encontra sua estabilidade.

O desejo da criança passa pelo estado da demanda, endereçando-se de modo articulado a seu objeto primordial, onde submete seu desejo à lei do desejo da mãe. Por outro lado, a criança enquanto falo para a mãe tem um estatuto metonímico – o além do seu desejo também lhe é inacessível. Ela já tem simbolizada a demanda que endereça à mãe, fazendo-se valer diante do objeto materno. O eu da criança, que emerge latente nas suas articulações de fala, ainda em formação, depende da articulação significante produzida pela mãe. Afinal, não há coextensividade exata, simultaneidade do desejo, enquanto ele se manifesta, e do significante, que lhe responde. Isto jamais acontece, porque é da natureza e do efeito do significante a transformação do desejo, sua refração, que faz com que o desejo seja encurralado, chegando com significado diferente do que tinha na partida.

No intervalo da passagem do desejo pela cadeia significante, introduz-se uma mudança essencial, que faz a dialética do desejo depender de sua articulação numa cadeia significante. É daí que a criança recebe, sob a forma de uma mensagem, aquilo que é a mensagem bruta do desejo da mãe. Recebe, assim, em nível metonímico sua identificação ao objeto da mãe. A criança assume, na realidade do discurso materno, o desejo da mãe e, por tomar lugar na metonímia da mãe, encontra-se assujeitada à lei da mãe. Mas essa lei da mãe, para a criança, é, neste momento, uma lei incontrolável: há lei, na medida em que qualquer coisa de seu desejo é completamente dependente do que já se articula como da ordem da lei – mas essa lei se situa completamente no sujeito que a suporta: nas nuances do querer ou não querer da mãe.

É onde incide a vacilação, pois, pelo reviramento pulsional, ela encontra, no retorno da precipitação identificatória, discordância de si mesma para com o apetite do olho do Outro, que se trata, nessa identificação, de alimentar.

Esta alienação ao desejo materno não a impede de tropeçar na problematização de sua essência, sustentando o desconhecimento de seu próprio desejo sem entretanto ignorar que o que quer aparece sob a forma que não quer. Efetivamente, no circuito materno, a imagem do falo não é completamente redutível – o *infans* não a satura. Aparece, portanto, a diplopia, divisão do objeto desejado. Nesse processo, enfim, o desejo da mãe comporta um além ainda sem mediação.

A CONSTITUIÇÃO SUBJETIVA

Em todo o período pré-edipiano trata-se, para a criança, de um jogo onde o falo é fundamental como significante, onde a *criança metonímica* se propõe a ser o objeto que preenche a falta materna, ensaiando ocupar e assumir a relação àquilo que é o falo para a mãe[111], situando-se ao mesmo tempo como despossuída de algo que exige da mãe, e apreendendo que o que é amado é a imagem fálica a que tenta aderir.

Só do lugar do Outro a criança tem acesso ao falo, que transmuta um objeto em objeto de desejo, significante do desejo do Outro que só aparece velado e que se impõe ao sujeito reconhecer. Se a criança apreendeu de início que a mãe continha o falo, ao encarnar nela o horizonte de sua demanda de amor parasitado por um desejo inominado, a criança, diante da falta pressentida na mãe, engaja-se em ser o falo desejado: "*A criança se apresenta à mãe como lhe oferecendo o falo nela mesma, em graus e posições diversos. Ela pode se identificar com a mãe, se identificar com o falo, ou apresentar-se como portadora de falo. Existe aí um grau elevado não de abstração, mas de generalização da relação imaginária que chamo de tapeadora, pela qual a criança atesta à mãe que pode satisfazê-la, não somente como criança, mas também quanto ao desejo e, para dizer tudo, quanto àquilo que lhe falta*"[112].

Mas o significante do desejo materno mantém sua obscuridade. Para satisfazer sua demanda de amor, a criança tenta realizar-se como o que poderia satisfazer o desejo da mãe, mas o significante do desejo materno lhe é estranho. Por mais sígnico que o falo possa ser na criança, ele opera na sua dimensão significante, falta-lhe sempre ser identicamente idêntico: "*O falo é fundamental como significante, fundamental neste imaginário da mãe a quem trata de se unir, já que o eu da criança repousa sobre a onipotência da mãe. Trata-se de ver onde está e onde não está*"[113]. A criança experimenta, no desejo do Outro, a divisão imanente ao desejo, antes que possa, disso, se dar conta[114].

Apreendendo o Outro encarnado no agente como em falta, desconhece, ao mesmo tempo, essa apreensão: alguma coisa é desejada pela mãe além dela mesma, desejo que a criança engaja-se em realizar sobre si mesma: "*O que a criança pode fazer de melhor nessa situação em que está aprisionada na captura imagi-*

---

[111] "*Todas as perversões põem sempre em jogo, por algum lado, este objeto significante, na medida em que ele não é... um verdadeiro significante, isto é, algo que não pode, de modo algum, ser tomado em seu valor aparente. Quando se o apreende, quando se o encontra e se fixa nele definitivamente, como é o caso na perversão das perversões, que chamamos o fetichismo – é ela realmente que mostra não apenas onde de fato ele está, mas o que ele é –, o objeto é exatamente nada*" (J. Lacan, *A relação de objeto*, op. cit., pp. 197-8)

[112] *Seminário IV, A relação de objeto*, op. cit., p. 230.

[113] Ibid., p. 197.

[114] "La signification du phallus", op. cit., p. 693.

nária, nessa armadilha onde ela se introduz para ser o objeto de sua mãe, é passar além e se dar conta [...] daquilo que ela realmente é. Ela é imaginada, portanto, o que se pode fazer de melhor é imaginar-se tal como é imaginada"[115]. A criança se engaja na dialética subjetiva do engodo, na via de satisfazer o desejo insaciável da mãe. O desejo do Outro se endereça a um eu esperado, e, para que o Outro aí se reencontre, solicita que o eu presente se perca, se anule: *"o desejo do Outro não me reconhece, ele me põe em causa, me interroga na raiz mesma de meu desejo, a mim como a, como causa desse desejo, e não como objeto; é por isto que é lá que ele visa, numa relação de antecedência, numa relação temporal em que eu não posso fazer nada para romper esta tomada, senão me engajar"*[116].

Oferecendo-se como imagem substituta, a criança responde com seu eu (*moi*). Em torno deste desejo materno insaciável[117], a criança escala o caminho do narcisismo, fazendo-se de objeto enganador. Sua constituição, à imagem do eu-ideal fálico, onde seria desejada, destaca-se do fundo do defeito fálico: *"é no Outro (A) que o sujeito se constitui como ideal, que ele tem que regular o acerto do que vem como eu, ou o eu ideal – que não é ideal do eu – quer dizer, a se constituir em sua realidade imaginária [...] ali onde o sujeito se vê, isto é, onde se forja essa imagem real e invertida de seu próprio corpo, que é dado no esquema do eu, não é lá de onde ele se olha. Mas, certamente, é no espaço do Outro (A) que ele se vê, e o ponto de onde ele se olha também está nesse espaço. Ora, é bem aqui também que está o ponto de onde ele fala, pois, no que ele fala, é no lugar do Outro (A) que ele começa a constituir essa mentira verídica pela qual tem começo aquilo que participa do desejo no nível do inconsciente"*[118]. Ao mostrar-se como aquilo que não é, a criança constrói o percurso onde o eu assume sua estabilidade, na ambigüidade de se fazer de objeto para enganar. Diferentemente do logro imediato da exibição sexual no sentido etológico, onde as aparências cativam o parceiro, a criança supõe, na mãe, um desejo, e o jogo de sedução que encena, através de sua mostração, é uma tentativa de capturá-lo. Esta trindade intrasubjetiva que articula mãe-criança-falo é estruturante. O sujeito do desejo se demarca da captura imaginária por não estar totalmente preso a ela e, portanto, joga com a máscara na mediação de sua relação com o Outro. Por isso tenta persuadi-lo de que pode completá-lo e é tapeando que faz surgir a dimensão do amor. Nessa dialética do amor não há

---

[115] *Seminário IV*, op. cit., p. 250.

[116] *Seminário X, L'angoisse*, op. cit., lição de 27/02/63.

[117] *"Esta mãe insaciável, insatisfeita [...] é alguém real, ela está ali, e, como todos os seres insaciados, ela procura o que devorar [...] o que a própria criança encontrou outrora para anular sua insaciedade simbólica vai reencontrar possivelmente diante de si como uma boca escancarada" (A relação de objeto,* op. cit., p. 199).

[118] *Seminário XI*, op. cit., p. 137.

A CONSTITUIÇÃO SUBJETIVA

coincidência, é sempre falha e insatisfação, funciona no nível da falta (- φ): "*o sujeito se apresenta como o que ele não é e o que se dá para ver não é o que ele quer ver*"[119].

É nessas circunstâncias, em que o *infans* pode supor o Outro em falta e apresentar-se como resposta, que a demanda *à* mãe se inverte claramente numa demanda *da* mãe pela via do objeto excremencial, que dá às funções excretórias uma ampliação vasta do campo simbólico e da demarcação do desejo.

O objeto anal[120], com tudo o que chega a representar de dom e de valor de *objeto a*, é resíduo que designará o lugar vazio onde virá se situar uma série de outros objetos, por ser ponto raiz onde se elabora no sujeito a função da causa do desejo. A demanda educativa é demanda do Outro, eleva o excremento à função de operador, que entra na subjetivação pela via do resto da demanda do Outro, aí representado no agente materno. Esse *objeto a* que vem se situar onde a demanda domina, enquanto cobertura do desejo no Outro, é excremento demandado. O objeto anal, causa do desejo, vem se relacionar com a demanda que o requer. A especificidade desse *objeto a* anal é permitir, pela primeira vez, o reconhecimento do próprio sujeito em algo em torno do qual gira a demanda do Outro (enquanto as relações do sujeito aos demais *objetos a* são modos de sustentar relações com o Outro: ter relações com *a* é ter relações com *A*). O comandamento à criança de reter o excremento para posteriormente ter que cedê-lo, sob demanda, constitui o funcionamento esfincteriano, que não é espontâneo, e esboça, na articulação destes dois tempos (guarde/solte), a introdução do domínio do pertencimento de uma parte do corpo. Na admiração (do "*lindo cocô*") e no desmentido de seu dejeto (e do "*não mexa nisso*"), efetuados pelo agente materno, opera-se o reconhecimento disso que, ao mesmo tempo, é o sujeito e não é o sujeito, pois trata-se de uma cessão subjetiva sob a demanda, que faz o sujeito emergir de modo dividido, ambivalente: o objeto anal metaforiza o dom essencial à relação com o Outro, e o sujeito aí aparece como efeito, constituindo-se como metonímia. A demanda torna-se parte determinante do processo de reter-desprender, destinada a valorizar esta coisa que, ao ser reconhecida, é elevada à função de *parte*, valorizada no que dá satisfação à demanda do Outro, ao mesmo tempo que implica uma atenção erogeneizante do Outro (farejamento, aprovação, limpeza), onde a passagem do objeto ao registro do repugnante se inscreve como efeito integrante da disciplina que está em jogo nessa demanda do agente materno.

---

[119] Ibid., p. 102.

[120] A construção deste ponto foi realizada a partir das posições de Lacan, nas lições de 12/12/62, 08/05/63, 12/06/63, 26/06/63, 03/07/63, *Seminário X, L'angoisse*.

O *objeto a* excremencial é parte da qual o sujeito tem alguma apreensão a fazer. Ele preenche a função de objeto transicional, sob a formulação da demanda do Outro, fazendo-se primeiro suporte da subjetivação na relação ao Outro, nisto pelo que o sujeito é requerido pelo Outro a manifestar-se como sujeito, que tem a dar o que ele é, ou seja, o irredutível em relação a isso que lhe é imposto pela impressão simbólica. Tal resto, a que ele está apenso, vai identificá-lo ao desejo de reter, onde esta primeira forma evolutiva do desejo, em sua ocultação estrutural, aparenta-se à ordem da inibição, inibição da função natural de desprendimento das fezes, pelo seu desvio ao desejo de retenção. O ato de ceder tal objeto primordial manifesta o desejo que teria estado em ação para inibi-lo. A relação entre inibição e desejo se constitui no ato, nessa insistência, no real, de uma ação que se inscreve como manifestação significante constitutiva do desvio que é desejo. Aí o desejo aparece opondo-se ao ato que introduz sua originalidade: a função do objeto anal, como causa de desejo, manifesta-se no contraponto da função excretória.

O objeto de troca, o excremento, só pode ser posto à disposição da demanda do Outro por ter sido precedido do tempo em que o sujeito estava inteiramente à mercê do outro, como falo. O objeto anal faz-se resto de tal simbolização e se constitui como resto na dependência dessa simbolização. Tal alçamento é o que o faz irredutível. Assim, o objeto anal é recortado e bordeado pelo significante, intervindo no reviramento da demanda do Outro. Ele evidencia o lugar estrutural em que é a criança que oferece um dom – as fezes, elemento separável em sua função de *objeto a*, presente ofertado no lugar do falo: onde não pode dar por não ter, o recurso é dar outra coisa, dar um objeto por outro.

Portanto, homologamente à relação do eu com a imagem especular, em que o reconhecimento da criança é função do desconhecimento da dissimetria entre si mesma e a imagem, o desejo repete o mesmo percurso que faz a demanda e o objeto, no sujeito, fundamentalmente dissimétricos em relação à demanda e ao objeto, no Outro. O desejo se estrutura como incapturável, por se acrescer da simetria invertida dos desconhecimentos fundadores do eu e da imagem. Nesta possibilidade estruturante da *equivalência cruzada*, o sujeito se faz desejante no mesmo movimento em que constitui o Outro como desejante: *"possibilidade estruturante radical de identificar sua demanda com o objeto de desejo do Outro ou indentificar seu objeto com a demanda do Outro"*[121].

---

[121] *Seminário IX, L'identification*, op. cit., lição de 30/06/62.

A CONSTITUIÇÃO SUBJETIVA

O lugar do gozo, situado na mãe, tem como destino alienar a criança ao desejo pressuposto: resposta à demanda da mãe onde tenta satisfazê-la, campo de engodo onde a criança não encontra saída. A criança, ao circular como falo que preencheria o que falta à completude do Outro, esgota os desdobramentos imaginários nos quais se aliena como significante, sem saída. Aí o sujeito se oferece recobrindo o que vê e o que não pode ver: que não pode ser o objeto do desejo materno e que a mãe é privada.

No ternário imaginário (mãe-criança-falo) em que depende do desejo materno, a criança encontra a simbolização primordial materna. A relação de equivalência da criança ao falo é essencial, por ser, enquanto falo, o objeto que satisfaz o desejo da mãe. Afinal, pela via desta dependência efetiva do desejo materno, a que a criança se identifica e tenta se moldar no engodo imaginário, encontra-se um nível primitivo de simbolização, que faz com que o sujeito deseje – não apenas apelando a cuidados, contato ou presença, mas apelando ao desejo, afirmando seu desejo de ser o desejo do Outro: ela é, ela própria, o objeto fálico. Nesta primeira simbolização, a criança é fisgada pela complicação de haver algo, virtualmente, posto que a mãe deseja outra coisa. Esse desejo materno de outra coisa insere-se, do modo confuso e virtual pelo qual a criança o apreende, nessa relação de miragem especular onde se emoldura, mas que, sem um pouco mais de simbolização, não pode ser constituído.

Tentando assegurar-se de que em algum lugar haja gozo, a criança esgota as demandas até se perder no labirinto das significações do Outro, onde o significante falta forçosamente. É aí que ela tropeça na relação em que, enquanto φ, pode cristalizar-se em *objeto a* materno. A criança situa-se assujeitada ao capricho disso de que ela depende, desmunida de qualquer outra coisa. Assujeitamento angustiante, onde emerge a falta de seu domínio: oferecer-se como falo é perder-se como desejante, é submeter-se à posição de objeto do desejo do Outro. A criança não pode se posicionar, a despeito de estar sob a incidência do simbólico.

Afinal, a mãe está submetida ao simbólico, é sustentadora dessa incidência. É o que implica que a criança a localize como instância da lei. O falo é imaginário, o objeto é metonímico. A interdição está velada, mas a metáfora paterna age em si, pela existência do símbolo, do discurso e da lei.

A CRIANÇA NA CLÍNICA PSICANALÍTICA

Neste momento, agente paterno é a denominação significante na cadeia do discurso materno, que não necessita absolutamente ser referida a um pai concreto, posto que os efeitos desse agente são os de permitir essa referência ao mais além inapreensível da lei materna. Afinal, a mãe não está fora da lei, mas a lei escapa ao sujeito infante, que a situa na sua subordinação ao querer caprichoso do Outro materno. O perfil da estrutura simbólica comparece, na medida em que a criança pressente o falo constituindo uma falta na mãe, que o sujeito não consegue recobrir, mas quer, anseia, teme e pode supor ser.

O que a criança tem para apresentar é apassivado[122], ela está sujeita àquilo que o parceiro lhe indica como suficiência ou insuficiência, entregue ao olhar do outro, presa das significações do outro[123]. A experiência do desejo do Outro é decisiva, porque permite tomar, mesmo desconhecendo, a apreensão da falta na mãe para além de a criança ser posta em posição de falo.

Esta é a experiência sobre a qual o complexo de castração será vivido, terá efeito e será a saída para a situação de angústia que está instalada. O complexo de castração retomará o que está em jogo, na experiência com o falo.

---

[122] "A partir do momento em que o jogo fica sério, e em que, ao mesmo tempo, não passa de um jogo de tapeação, a criança é totalmente sujeita àquilo que o parceiro lhe indica. Todas as manifestações do parceiro se tornam, para ela, sanções de sua suficiência ou insuficiência. [...] a criança se vê na situação muito particular de estar inteiramente entregue ao olho e ao olhar do Outro" (Seminário IV, op. cit., p. 233).

[123] "a angústia, nesta relação tão extraordinariamente evanescente por onde nos aparece, surge, a cada vez que o sujeito é, por menos sensivelmente que seja, descolado de sua existência, e onde ele se percebe como estando prestes a ser capturado por alguma coisa [ ] A angústia não é o medo de um objeto. A angústia é o confronto do sujeito com a ausência de objeto onde ele é apanhado, onde se perde, e a que tudo é preferível, inclusive forjar o mais estranho e menos objetal dos objetos, o de uma fobia. O caráter irreal do medo em questão é justamente manifestado, se soubermos vê-lo, pela sua forma: é o medo de uma ausência, quero dizer, desse objeto que se acaba de lhe designar. O pequeno Hans tem medo de sua ausência, a ser entendida como na anorexia mental [...], não que a criança não come, mas que come nada. Aqui o pequeno Hans tem medo da ausência do pai, ausência que está ali e que ele começa a simbolizar [...] A angústia em torno de um lugar vazio, furado, representado pelo pai na configuração do pequeno Hans, busca seu suporte na fobia, na angústia diante da figura do cavalo. Na medida em que se pôde suscitar, ainda que em estado de exigência, de postulado, uma angústia diante do pai, a angústia em torno da função do pai é descarregada. O sujeito pode, enfim, ter uma angústia diante de alguma coisa" (Seminário IV, op. cit., pp. 231, 353, 355).

A CONSTITUIÇÃO SUBJETIVA

3.4. A fissura real da equivalência simbólica criança : falo

> "a função do falo como imaginário funciona em todos
> os níveis, exceto onde é esperada: na função mediadora
> no estágio fálico e que é esta carência como tal, do falo
> presente, referenciável, que é a angústia de castração.
> De onde a notação -φ, denotando essa carência positiva
> [...] Sua desaparição, sua afânise [...] é o intérprete, in-
> termediário nas relações no homem, entre os sexos"[124].
> "Toda a dialética da função do -φ, função única em re-
> lação a todas as funções de a, enquanto ela é definida
> como falta de um objeto, relação efetivamente central de
> gozo no Outro. A relação deste gozo no Outro, como
> tal, à introdução de qualquer instrumento faltante que
> designa -φ, é uma relação inversa, solução eficaz do que
> chamamos angústia de castração"[125].

A experiência de desejo para o sujeito encontra a limitação do Outro, que responde que nada é seguro, resposta que carrega a mensagem da impotência enraizada no impossível. A distinção das demandas entre o pequeno sujeito e o Outro encarnado no agente sustenta-se na impossibilidade de esse Outro saber o que lhe falta. É o que define o desejo como a intersecção do que escapa à formulação nas duas demandas não confundidas: *"O desejo assim se constitui, antes de tudo, por sua natureza, como aquilo que está escondido no Outro por estrutura; é um impossível ao Outro que se torna o desejo do sujeito. O desejo constitui-se como a parte da demanda que está escondida ao Outro, esse outro que não garante nada justamente enquanto Outro, enquanto nó da palavra, é aqui que ele toma sua incidência edificante. Torna-se o véu, a cobertura, o princípio de ocultação do lugar mesmo do desejo, e é aqui que o objeto vai pôr-se coberto"[126].*

Uma nova hiância que sempre esteve incidente é reaberta, porque sobrevém a descoberta do genital, que introduz a masturbação e a entrada em jogo de um gozo mal assimilado, entrevisto, passível de ser suposto por ser barrado pelo Outro. Isto impõe à criança o impedimento de imaginarizar-se como é imaginarizada, porque se faz existir como real, fundamentalmente diferente e ainda sob o risco de ser rejeitada pelo que é, fazendo diplopia à imagem a que buscara aderir. Rompe-se o paraíso do engodo, onde a criança

---

[124] Jacques Lacan, *Seminário X, L'angoisse*, 29/05 e 19/06/63.
[125] Idem, lição de 12/06/63.
[126] *Seminário IX, L'identification*, op. cit., lição de 21/03/62.

111

se molda para a mãe, pela intervenção do genital, que encurrala a criança. As relações com o corpo próprio, engajadas pela relação especular, são transformadas e põem significantes em jogo. No material que se oferece em relação ao seu próprio corpo, a criança encontra o real para alimentar o simbólico: *"a partir do momento em que ela existe também no real, não há mais escolha. É então que ela vai se imaginar como fundamentalmente diferente daquilo que é desejado e, como tal, rejeitada no campo imaginário"*[127]. Na intervenção da pulsão genital, aparece o descolamento que aprisiona a criança a sua própria armadilha, que a suspende a um tempo em que não sabe mais onde está, presa de discordâncias que a confrontam à hiância que existe entre satisfazer uma imagem e o real que pode apresentar, que é miserável e desdenhado. É desta perspectiva que se instala o ponto crucial que toma a base da angústia de castração – a apreensão, no real, da ausência de pênis na mulher, apoio eficaz para realizar que há uma parte dos humanos que é castrada e estabelecer a diferença sexual.

Essa constatação de que a mãe é privada de falo implicará o bordeamento do objeto no real: indicando que algo não está ali, supõe sua presença possível, perfurando, assim, a ordem simbólica com o real[128]. A mãe finalmente é apreendida como marcada por essa falta fundamental, que a criança já preenchia com seu ser antes de poder formular o que completava e que, mesmo se desconhecendo, esperava também completar-se. A *criança que diferencia os sexos* está agora despossuída da imagem fálica que realizou e constata a distância que a separa da imagem amada que até então supunha ser. Alguma coisa é desejada pela mãe, algo a que a criança sabe não coincidir: há na mãe um desejo outro, há na mãe manifestações de que a criança é inconveniente e isto basta para mostrar à criança que o que ela antes supunha ser é insuficiente e discordante: *"as primeiras vezes onde o sujeito faz estado de seu instrumento, e mesmo o exibe, oferece-o à mãe, os bons ofícios, não temos nenhuma necessidade aqui, do pai. [...] o que se passa habitualmente que é qualquer coisa de muito próxima da identificação imaginária, a saber, que o sujeito se mostra à mãe, lhe faz ofertas, na maior parte do tempo o que se passa é qualquer coisa que se passa sob o plano da comparação, da depreciação imaginária. A mãe basta para mostrar à criança que o que ela oferece é insuficiente, ela basta para fazer a interdição do uso do novo instrumento"*[129].

---

[127] *Seminário IV*, op. cit., p. 250.

[128] O desenvolvimento do tema foi feito a partir das lições de Lacan em 08/15/22/29 de Janeiro de 1958, no *Seminário V, Les formations de l'inconscient*, op. cit..

[129] Ibid., lição de 22/01/58.

A criança angustia-se porque é presa do Outro imaginário: não sabe manter-se aderida à imagem fálica imaginária e, mais ainda, isso implica perder tudo o que é. Mesmo que seja propriamente insuficiência, sustentar tal engajamento é apagar-se ao que sabe não ser. O falo aparece agora onde ele está realmente, é falta, é $-\varphi$[130].

Portanto, a criança que circulava no jogo do engodo, em que se experimentou significante fálico, para sustentar sua ilusão de complementariedade equivalente ao valor imaginário que lhe era conferido pelo agente materno, tropeça na constatação desta possibilidade – à mãe falta. E ainda isso implica um risco, pois a mãe pode ser insaciável. O simbólico demarca a posição da criança em relação ao desejo, nos modos em que poderá lidar com a falta[131], e o encurramento que lhe é correlato. Nesta medida, as estacas do curral por onde a criança circula são as da repulsa de ser o falo (onde a angústia de devoração produz o significante fóbico) ou da sedução do falo (que o significante fetichista substitui), demarcando os pólos opostos do trânsito possível. Nos dois pontos extremos do estiramento da rede e em toda sua extensão, o sujeito produz metonimicamente o simbólico.

A criança tem aí instrumentos para questionar sua identificação fálica imaginária, que implica renunciar a *ser* o objeto do desejo materno, pois permite problematizar-se quanto ao seu lugar *"To be or not to be?"*. O desejo do Outro toma aí valor de sinal, que se ilumina no lugar que se pode chamar de *eu* do sujeito, mas concerne ao *ser* pondo-o em questão, anulando-o ao real, interrogando a criança desejante: *"o desejo do Outro não me reconhece, ele me põe em causa, me interroga na raiz mesma de meu desejo, a mim como a, como causa deste desejo"*[132]. A angústia de castração se increve em relação a esse ciclo progressivo da demanda, no que esta completa a regressão à falta de onde partiu e que a esgota. O sinal da angústia se liga a esse ponto de estranheza situado no Outro, além da imagem que representa a ausência onde o sujeito é: *"o essencial deste tempo $-\varphi$ central [...] o momento de avanço do gozo do Outro comporta a constituição da castração como caução desse reencontro"*[133]. A angústia se revela como presença algures que faz desse lugar ausência. Ela se assenhora da imagem especular que a suporta e a substitui pela estrangeiridade radical, revelando ao sujeito o desejo no Outro, no seu lugar reduzido a objeto do desejo do Outro, onde o sujeito pode se dar conta da proximidade do fantas-

---

[130] *Seminário X, L'angoisse*, lição de 22/05/63.
[131] É como Lacan concebe fobia e fetiche no *Seminário IV*, op. cit..
[132] *Seminário X*, op. cit., lição de 27/02/63.
[133] Ibid., lição de 19/06/63.

ma, em que *"o Outro se dissipa, desfalece, diria eu, diante deste objeto que eu sou, dedução feita disso que eu me vejo"*[134].

A angústia, sinal do defeito do apoio à falta, é vivida como o desejo da mãe se exercendo na direção da criança, em sua insaciável voracidade. É a possibilidade de o sujeito equivaler ao objeto do desejo materno, em plena aderência ao falo imaginário (φ), que revela ao sujeito que ele pode perder-se aí. Afinal, caso se constranja à condição de objeto que responde efetivamente à demanda do Outro, ele preencherá a falta onde sustenta seu desejo. Ele se vê, ele mesmo, engajado nesse engodo e sob o risco de dessubjetivação que esse engodo implica.

Por isso a angústia de castração pode ser chamada de desejo de castração. Dissipar-se é o custo a pagar caso insista em ser esse objeto, preenchendo esse vazio: é o preço de dessubjetivar-se para oferecer-se como lugar do gozo do Outro, em que se destroçaria como desejante. A angústia é o perigo articulado ao caráter de cessão implicada no momento constitutivo do *objeto a*: *"Esta função do a que, no nível do desejo genital, se simboliza analogicamente à dominância, à pregnância do a na economia do desejo, simboliza-se ao nível do desejo genital pelo -φ, que aparece aqui como resíduo subjetivo; ao nível da copulação, que nos mostra que ela só une faltando onde ela seria copulatória"*[135]. A manutenção do equívoco que faz a linha de fratura da impossibilidade de equivalência do sujeito à demanda do Outro ($D) é vazio essencial, barreira de acesso à coisa que faz do fantasma o suporte do desejo e do falo a forma de uma falta irredutível. É essa disjunção que articulará o desejo ao gozo: *"A importância da falta é que, para ter um falo, para poder se servir dele, é preciso não sê-lo"*[136]. Enfim, o primeiro passo dado para que a criança designe seu ser é barrar o que ela significa, é encontrar seu significante no recalcamento do falo, o que se faz pelo acesso à falta no Outro, significante fálico que é razão do desejo do Outro e que a criança tem que reconhecer no que ela própria é dividida[137]. A disjunção entre gozo e corpo sustenta o traço de falta no Outro.

---

[134] Ibid., lição de 05/12/62.
[135] Ibid., lição de 26/06/63.
[136] *Seminário X, L'angoisse*, lição de 16/01/63.
[137] "La signification du phallus", op. cit., pp. 693-4.

A CONSTITUIÇÃO SUBJETIVA

É deste lugar que o sujeito opera o fantasma, sustentando-se no nível de seu desejo evanescente, onde se coloca como diretor de cena de toda a captura imaginária, ou seja, para além do que o manteria como um fantoche vivo, preso às cordas que outro manipula[138].

Na constatação da privação na mãe, a criança situa que há interdição que as faz, a ambas, afetadas pela falta do falo. Isto que a mãe não tem vem à luz projetado em símbolo. A criança tem que aceitar, registrar, simbolizar, enfim, dar significante a essa privação de que a mãe testemunha ser objeto. Para além do desejo materno, a falta incidente é situada inicialmente a partir daquilo que priva a mãe do objeto fálico de seu desejo. Onde a potência materna fura, aponta a falta na criança. Ela e a mãe são afetadas por falta.

O progresso da situação com a mãe consistirá em descobrir o que, para além da mãe, é desejado por ela.

---

[138] J. Lacan (1958), "La direction de la cure et les principes de son pouvoir", *Écrits*, Seuil, Paris, 1966, p. 637. Interessa notar que fantoche tem o mesmo radical de infante, do latim, *fari* (falar), no italiano *fantoccio*, boneco que fala.

3.5. O recobrimento imaginário da interdição real

> "A posição do pai real tal como Freud a articula, ou seja, como um impossível, é o que faz com que o pai seja imaginado, necessariamente, como privador. Não são vocês, nem ele, nem eu, que imaginamos, isso vem da própria posição. De modo algum é surpreendente que reencontremos sem cessar o pai imaginário. É uma dependência necessária, estrutural, de algo que justamente nos escapa, o pai real. E o pai real, está estritamente fora de questão defini-lo de uma maneira segura, que não seja como o agente da castração. [...] A castração é a operação real introduzida pela incidência do significante, seja ele qual for, na relação do sexo. É óbvio que ela determina o pai como esse real impossível que dissemos"[139].

O privador da mãe se perfila atrás da relação da mãe com o objeto de seu desejo – trata-se do algo que priva a mãe. A partir de agora, aquilo que estava fora do sujeito vai intervir enquanto um personagem mitificado. É a partir da apreensão da castração materna que o pai imaginário chegará à criança, pelo fato de que ele pode portar uma interdição, numa posição portanto maciça, bruta, porque ele é o que interdita a mãe e a criança como objeto, e não é simplesmente uma assombração: o desejo da mãe é de um Outro. Torna-se, portanto, um legislador que faz obstáculo entre a criança e a mãe. A criança, que estava encurralada na relação com o desejo da mãe, em que supor-se desejo de desejo era risco de sua perda, situa a intervenção, junto à mãe do testemunho do grande Outro, produzindo a presença de um termo que até então não estava em jogo – alguém que pode responder em qualquer situação que o trunfo maior, o falo verdadeiro, é ele quem é. A mãe funda o pai como mediador de qualquer coisa que está além dela e de seus caprichos, a lei como tal.

Essa interdição tem caráter real, demonstrado como limite insuperável; invadindo, do exterior, o campo onde os significantes são metonímicos, jogam a relação imaginária. O caráter de pai real da interdição, que o faz perdido, será reencontrado imaginariamente, ao assumir, para a criança, a personagem do pai imaginário em sua onipotência terrificante, erigida sob o símbolo da paternidade. Esta personagem introduzirá, no sujeito, a possibilidade de simbolizar a perda, através da constituição do imaginário. Trata-se dos mitos

---

[139] J. Lacan, *Seminário XVII*, op. cit., p. 121.

A CONSTITUIÇÃO SUBJETIVA

construídos sobre o pai, considerado como o que *priva* a mãe deste objeto: *"é preciso que o pai real jogue verdadeiramente o jogo. É preciso que ele assuma sua função de pai castrador, a função de pai sob sua forma correta, empírica, diria quase degenerada, sonhando com o personagem do pai primordial e a forma tirânica e mais ou menos horripilante sob a qual o mito freudiano a apresentou para nós. É na medida em que o pai, tal como existe, preenche sua função imaginária, naquilo que esta tem de empiricamente intolerável, e mesmo de revoltante, quando ele faz sentir sua incidência como castradora, e unicamente sob este ângulo – que o complexo de castração é vivido"*[140]. O pai toma caráter imaginário enquanto terrificante – priva-a de ser o que falta à mãe: privação real de um objeto simbólico.

Nessa escalada do processo do imaginário ao simbólico a criança percorre uma série de transições míticas, onde confronta o esboço do sistema simbólico, que estruturava sua relação anterior, até a fixação de uma constelação estável, que implica o simbólico. Percorre circuitos em que a função de simbolização do imaginário seja atingida: produz fomentações míticas onde os elementos representativos têm funções relativas, permitindo integrar ao sistema algo que antes do percurso era irredutível. Movimento giratório do significante, onde, numa combinatória, os elementos capturados imaginariamente se articulam, remanejando o campo, agora repolarizado, reconstituído, para completar as hiâncias de uma significação perdida, na função de criar a verdade que está em causa.

Nesse processo, na medida em que o pai real é encarnado imaginariamente, ele faz obstáculo irredutível. Trata-se do ponto nodal pelo qual a mãe está submetida à lei que lhe é exterior. O *não* que se transmite é mensagem sobreposta à mensagem que a criança espera da mãe. Mensagem de interdição que estoura a posição de assujeitamento, por permitir pôr em questão o objeto de desejo da mãe. Ainda não revelada, a lei intervém como ato, no discurso da mãe, que é o único veículo para a inscrição no psiquismo da palavra do ancestral, o único representante da inscrição da sanção da função do pai. Trata-se do que interdita à criança o *dormir com a mãe* e à mãe *o reintegrar seu produto*.

A interdição impede que o circuito se refeche, já que o encontro esperado do desejo da mãe escapa completamente. Esta etapa transitória que desaloja a criança da posição ideal (na qual mãe e criança poderiam se satisfazer caso preenchessem metonimicamente a função de objeto de desejo) é o que permite que a criança estabeleça uma terceira relação. O agente paterno, que é o portador da lei, é o mesmo que possui soberanamente o desejo materno.

---

[140] J. Lacan, *Seminário IV*, op. cit., 1995, p. 374.

Não é de surpreender que o temor à castração, que aí se promove, seja o retorno da agressão dirigida ao agente da interdição. Na agressividade manifestada pela criança, em relação ao agente paterno, esse Outro imaginário que lhe interdita a mãe é a tela onde a criança projeta imaginariamente suas intenções agressivas. Afinal, o temor diante do pai é centrífugo, tem seu centro no sujeito.

A constatação da castração materna é a intervenção por onde poderá vir a ser introduzida efetivamente a ordem simbólica, onde o reino da Lei mostrará à criança que ela não tem chances de ganhar. Não se trata portanto de metamorfose natural, mas de uma necessidade de estrutura – a Lei que dá sentido e que em todo o exercício do jogo esteve latente: *"Supõe-se evidentemente que o outro lhe sugira a todo instante uma regularidade, [...], uma lei, que ao mesmo tempo ele se esforça por lhe furtar. A instituição de uma lei ou de uma regularidade concebida como possível, aquela que propõe a parte oculta do jogo, escamoteia-a, a cada instante, do outro, ao mesmo tempo que sugere a ele o seu nascimento. É nesse momento que se estabelece o que está fundamentalmente no jogo, e que lhe dá seu sentido intersubjetivo, situando-o numa relação não mais dual, e sim ternária. [...] é necessário introduzir três termos para que se possa começar a articular algo semelhante a uma lei"*[141].

Nesta situação de angústia onde o real de sua perda o convoca, o sujeito está inserido numa estrutura simbólica com sua estrutura imaginária: *"não é ele quem puxa as cordas do simbólico; a frase foi começada antes dele"*[142]. A lei, a ser ainda representada, incide, apesar de não poder ser localizada pela criança: *"sob a forma velada onde, enquanto não apareceu ainda, mas pai existente na realidade mundana, quero dizer, no mundo, do fato de que, no mundo reina a lei do símbolo, já a questão do falo é colocada além da mãe, onde a criança deve referenciá-la"*[143]. Por trás da mãe se perfila a ordem simbólica e o objeto da ordem simbólica – o falo simbólico – ainda por ser constituído. A posição do significante do pai projeta o plano simbólico.

---

[141] *Seminário IV*, op. cit., p. 134.
[142] *Seminário V, Les formations de l'inconscient*, op. cit., lição de 22/01/58.
[143] Idem, ibidem.

3.6. O laço da metáfora
- O Simbólico incide no Imaginário

> *"isso que é endereçado ao outro como demanda e reenviado a uma corte superior é rendido como convém [...], reencontra o Outro do outro, sua própria lei. É neste nível que se produz qualquer coisa que faz com que isso que retorna à criança seja pura e simplesmente a lei do pai, enquanto imaginariamente concebida pelo sujeito como privando a mãe. Neste estado nodal e negativo, pelo qual qualquer coisa se destaca do sujeito de sua identificação, reata-o à primeira aparição da lei sob a forma deste fato: que a mãe é dependente de um objeto que não é o objeto de seu desejo, mas um objeto que o outro tem ou não tem. Na ligação estreita deste reenvio da mãe a uma lei que não é a sua, com o fato de que, na realidade, o objeto de seu desejo é possuído soberanamente por este mesmo "outro" à lei do qual ela reenvia, tem-se a chave dessa relação do Édipo, e o que faz o caráter tão essencial, tão decisivo dessa relação da mãe, não ao pai, mas à palavra do pai "*[144].

O primeiro Outro simbólico, operado na frustração com a introdução da demanda materna, situava a criança como desejo de reconhecimento. Dessa posição, a criança instaurava sua significação no único lugar possível: metonímia do falo materno, na equivalência em que supunha ser o objeto imaginário do desejo materno. A constatação da interdição dessa equivalência impossível *criança : falo* localiza o objeto de desejo materno numa posição de exterioridade com relação à criança. Essa apreensão foi imaginarizada na construção mítica do terrível e necessário interditor, demarcando assim a experiência da perda. É possível agora tomar o pai em sua função verdadeira – o que une o desejo à lei. O falo é tomado como simbólico.

Isso indica a aniquilação da alienação na qual a criança estava engajada e a conquista do caminho por onde nela se deposita a inscrição metafórica: *"a passagem do (-φ) (pequeno phi) da imagem fálica de um lado a outro da equação do imaginário ao simbólico, positiva-o em todo caso, mesmo se ele vem preencher uma falta. Por mais suporte que ele seja do (-1) ele torna-se Φ (grande phi), o falo simbólico impossível de negativizar, significante do gozo"*[145].

---

[144] J. Lacan, *Seminário V*, op. cit., lição de 22/01/58.
[145] "Subversion du sujet et dialectique du désir dans l'inconscient freudien", op. cit., p. 823.

Ao fomentar os desdobramentos do mito, a criança fica subsumida ao funcionamento estrutural da interdição, podendo portanto prescindir de qualquer consistência concreta do pai, para que se estabeleça o padrão de medida dos objetos.

Uma constituição simbólica é, portanto, conferida ao falo: "*E porque este objeto é portado à função de significante? Justamente para preencher este lugar [...] que é simbólico. Que lugar é esse? Pois bem, é justamente o lugar do ponto morto ocupado pelo pai, na medida em que, já morto. [...], este é o ponto onde tudo o que se enuncia torna a passar por zero, entre o sim e o não. [...] Numa palavra, a lei, para se instalar como lei, necessita, como antecedente, a morte daquele que lhe serve de suporte*"[146].

Fixa-se, portanto, um dado irredutível: o significante fálico torna-se central na realidade psíquica, é traço que elide a posição que até então referenciava a criança, alocando-a numa significação a ser decifrada, um x que lhe permite interrogar-se sobre sua significação, fazendo-se efetivamente desejante. A castração substitui, assim, numa perspectiva mais fecunda e dialética (ao pai pode-se rivalizar, assassinar, identificar), a alienação materna que a antecede. A negativização do falo, no lugar imaginário em que a criança o situava (-φ), assume função simbólica e inaugura o campo onde a castração tem vigência, autorizando a passagem da inscrição da falta no sujeito (Φ, falo simbólico). Ao representar a lei, a criança torna o pai o elemento mediador do mundo simbólico e de sua estruturação, a simbolização da lei: "*A função do pai no complexo de Édipo é ser um significante substituído ao significante, isto é, ao primeiro significante introduzido na simbolização, o significante materno [...] surge segundo a fórmula [...] da metáfora, surge no lugar da mãe [...] da mãe que já estava ligada a algo que era x, quer dizer, algo que era o significado na relação da criança com a mãe*"[147].

A substituição, pela qual o pai ocupa o lugar da criança na relação à mãe, é a castração simbólica em que a criança encontra sua solução: "*Temos, no Complexo de Édipo, o lugar x, aquele onde está a criança, com todos os seus problemas*

---

[146] *Seminário VIII*, op. cit., p. 289.
[147] *Seminário V*, op. cit., lição de 15/01/58.

com relação à mãe, M. É na medida em que algo se terá produzido e constituído a metáfora paterna que se poderá situar esse elemento significante, essencial em todo desenvolvimento individual, que se chama o complexo de castração, e isso tanto para o homem quanto para a mulher. Temos portanto que formular a seguinte equação:

$$\left(\frac{P}{x}\right) M \sim \mathcal{S} + s^{148}$$

É o que pode ser lido como: a substituição pela qual o pai (*P*) ocupa o lugar da criança (*x*) na relação à mãe (*M*) liga (~) a metáfora paterna à foice ($\mathcal{S}$) da castração, somada à significação (*s*) onde o *x* encontra sua solução.

Um significante faz-se causa e instrumento do desejo, tomando, por isso, o lugar metafórico do significante metonímico em que a criança consistia, vestida de significante metonímico do desejo da mãe: *"A castração é idêntica àquilo a que chamarei a constituição do sujeito do desejo como tal – não do sujeito da necessidade, não do sujeito frustrado, mas do sujeito do desejo. [...] a castração é idêntica àquele fenômeno que faz com que o objeto de sua falta, do desejo – já que o desejo é falta, seja, em nossa experiência, idêntico ao próprio instrumento do desejo, o falo. O objeto de sua falta, do desejo [...] deve, para ser caracterizado como objeto do desejo e não dessa ou daquela necessidade frustrada, advir ao mesmo lugar simbólico que vem preencher o próprio instrumento do desejo, o falo, isto é, este instrumento, na medida em que é portado à função de significante"*[149].

A mostração real da exceção, a consistência imaginária do interditor e a posição simbólica de onde a mãe nomeia seu desejo permitem a metáfora do Nome-do-Pai, onde o vácuo de seu significado é repetido em significante, inscrição da perda que a efetua. A criança se situa, agora, com referência à função do pai. A posse do falo pelo pai confronta a criança com a falta simbólica do objeto imaginário: operação real da castração onde não ser nem ter o falo é o que permite à criança desejá-lo no lugar onde ele é suposto: *"a castração é o ultrapassamento (a pacificação) da angústia de castração"*[150].

O falo é promovido sob a forma de uma falta irredutível, que interdita a equivalência criança-falo, constituindo a disjunção que une a sustentação do desejo na impossibilidade do gozo. Diferentemente da identificação primária do traço unário, não se trata mais *"da assunção, pelo sujeito, das insígnias do outro,*

---

[148] *Seminário IV*, op. cit., p. 390.
[149] *Seminário VIII*, op. cit., p. 288.
[150] M.-J. Sauret., *De l'infantile à la structure*, op. cit., p. 281.

mas desta condição que o sujeito tem de encontrar, da estrutura constituinte de seu desejo, na mesma hiância aberta pelo efeito dos significantes daqueles que vêm, para ele, representar o Outro, pelo tanto que sua demanda lhes é assujeitada"[151]. O gozo é proibido a quem é sujeito à lei que se funda sobre essa interdição. O sujeito amarra a lei ao gozo – o gozo comporta a marca de sua interdição, aponta a falta no significante. O gozo jamais é pleno para aquele que fala, só pode ser meio dito, pois o significante do sujeito é traço que não se pode contar na bateria de significantes do Outro, mas sem o qual nenhum significante representa nada para outro significante. Nenhuma palavra pode agarrar o desejo, já que este se funda na impossibilidade mesma da palavra. Afinal, o desejo depende da enunciação mas não cabe no enunciado.

A posição do pai, enquanto o que tem o falo, desliza a criança para uma posição terceira, algum lugar entre o desejo de sua mãe e o falo, valor simbólico, em posse do pai, o que sempre ganha, o que está mais além da mãe: *"Não é por nada que, no mito freudiano, o pai intervém no modo o mais evidentemente mítico, como sendo aquele no qual o desejo submerge, esmaga, se impõe a todos os outros. Não há aí uma contradição evidente com este fato, dado pela experiência, de que, por sua via, é toda uma outra coisa que se opera, a saber, a normalização do desejo nas vias da lei? [...] A necessidade da manutenção do mito não atrai nossa atenção sobre outra coisa, sobre a necessidade de articulação, de apoio, da manutenção de uma função que é esta, que o pai, na manifestação de seu desejo, sabe a qual a seu desejo se refere? O pai não é causa sui, segundo o mito religioso, é sujeito que foi bastante longe na realização de seu desejo para reintegrá-lo à sua causa, qualquer que seja ela, a isto que há de irredutível nesta função do a [...] Ora, esta relação, este desconhecimento do a é alguma coisa que deixa sempre uma porta aberta. [...] O objeto a enquanto limite, limite sem dúvida jamais completo, ele é nossa existência mais radical, que é a única via na qual o desejo pode nos entregar isso em que nós mesmos temos de nos reconhecer, este objeto a a ser situado, como tal, no campo do Outro. [...] Não há superação da angústia senão quando o Outro é nomeado. Não há amor senão de um nome..."*[152].

Assim, antes que houvesse nome no lugar do Outro[153], o sujeito estava subsumido ao significante fálico do desejo da mãe,

---

[151] "La Direction de la cure et les principes de son pouvoir", op. cit., 1966, p. 628.
[152] *Seminário X*, op. cit., lição de 03/07/63.
[153] Lacan, J. (1963), "Os nomes do pai", Seminário de 20/11/63, *Che vuoi?*, ano 1, nº 2, Porto Alegre, Cooperativa Cultural Jacques Lacan, 1986, p. 26.

$$\frac{\text{desejo da mãe}}{\text{significado do sujeito}}$$

o pai simbólico vem, através do significante Nome-do-pai, operar a substituição do desejo da mãe:

$$\frac{\text{Nome-do-Pai}}{\text{desejo da mãe}}$$

É sob o *Nome-do-Pai* que o vazio da significação do pai real se instaura, permitindo à criança mobilizar seu desejo de sujeito.

A função paterna é experiência de ordem metafórica, enquanto substituição que mantém ao mesmo tempo o que é substituído, tensão entre o que é abolido e o que o substitui. Assim, a metáfora aponta que o Nome-do-pai (*marcado S*) é um significante substituído ao primeiro significante introduzido na simbolização (Φ, *o significante fálico*), mantendo, na susbtituição (*que A, enquanto tesouro de significantes marca*), o que foi abolido:

$$S\left(\frac{A}{\Phi}\right)$$

Na operação metafórica, o Nome-do-Pai que faz surgir o sujeito como significação e como criação metafórica; a significação está sob a dependência da cadeia dos significantes possíveis (representada por A, o tesouro dos significantes), que só se sustentam ao manter enlaçado o que é abolido, o traço que mantém o significante simbólico do desejo (Φ). O que equivale a:

$$(S\,(\cancel{A}))$$

Ou seja, a cadeia significante representada por S só vale em relação a $\cancel{A}$ (Outro barrado), ou seja, enquanto tesouro de significantes menos um, que é a marca do significante do desejo do sujeito.

Portanto, a escrita da metáfora paterna aponta a existência de um laço na cadeia significante e inscreve a estrutura do sujeito que se coloca sob a cadeia:

$$\frac{\text{Nome-do-Pai}}{\cancel{\text{desejo da mãe}}} \cdot \frac{\cancel{\text{desejo da mãe}}}{\text{significado ao sujeito}} \rightarrow S\left(\frac{A}{\Phi}\right) = (s(A))$$

A metáfora paterna é constituída de uma simbolização, substituição do pai, enquanto significante, no lugar do desejo a mãe. Aí, o ponto pivô, o nervo motor essencial é o *"no lugar de"*, mola mestra do progresso, que permite à criança, efetivamente, situar-se, inserindo-se numa posição no campo simbólico.

Trata-se de recalque: a perda simbólica de um objeto imaginário aliena, por meio da metáfora paterna, o significante do desejo à linguagem. Ao desejo de ser, a criança substitui o desejo de ter. As substituições implicadas nos desdobramentos de sua demanda mantêm a insistência do desejo – que não cessa de não se inscrever na repetição. Cativo à linguagem, o sujeito só pode manifestar seu desejo recalcado no limite do significante, onde as substituições significantes metonimizam o ser do sujeito (real), através da demanda (simbólica) dos objetos substitutos que poderiam realizá-lo (imaginário).

Se a resolução aqui implicada retirou a criança da alienação ao desejo materno, a castração torna-a sujeito desejante, permitindo que possa transitar para além do empuxo imaginário, numa superação da atenuação imaginária onde se implicava. Esta é a operação de alienação do desejo à linguagem, ou seja, o sujeito se constitui atravessado pela barra que constrange seu ser a só aparecer representado pelo significante. Tal estrutura divide o sujeito, em parte, num eu (*moi*) do enunciado; em outra parte, num eu (*je*) da enunciação onde o sujeito do inconsciente suporta o enunciado. Assim, a ordem simbólica mediatiza a relação imaginária do sujeito com o real. O desejo do sujeito passa pela demanda do que o substitui imaginariamente. O falo simbólico, destinado a simbolizar os efeitos do significante no sujeito, suporta evidentemente a falta a ser que o significante introduz: *"isso deixa uma imensa latitude nos modos e meios nos quais isto pode se realizar"*[154]. O falo simbólico permite o tempo de identificação e do amor.

O declínio do complexo de Édipo marca a dialética do amor e da identificação, termos que são aí absolutamente indissociáveis. Disso depende efetivamente a saída do complexo de Édipo. Neste ponto em que o falo é restaurado como o objeto desejado da mãe, o pai surge, não mais como privador, mas como capaz de dar à mãe o que ela deseja: *"É pelo tanto que o pai pode dar à mãe isso que ela deseja, pode lhe dar porque ele o tem [...] que a identificação a essa instância paterna pode fazer-se"*[155]. O pai é revelado enquanto intervém como o que tem efetivamente o falo. Na medida em que a mãe, imaginarizada ao nível do su-

---

[154] *Seminário V*, op. cit., lição de 22/01/58.
[155] Idem, Ibidem.

A CONSTITUIÇÃO SUBJETIVA

jeito como já suportando a castração, encontra uma instância onde se realiza –
uma instância que tem o falo, o sujeito pode interiorizar o ideal-do-eu. O pai
aparece aí como *ato de dom*, ele é *doador* do que falta à mãe. O ideal-do-eu, que
assim se articula, permite que a criança supere o complexo, tendo o título virtual de poder ter um dia o que o pai tem: *"a metáfora paterna joga aí o papel que se
pode esperar de uma metáfora: atingir a instituição de qualquer coisa que está lá, que é
da ordem do significante, que está lá em reserva"*[156].

O sujeito se identifica ao pai amado e o luto do onipotente privador
retornará em supereu, na dissimetria que a partir daí se apresenta entre o menino e a menina. Enquanto nela o reconhecimento de que não tem o falo permite que ela o postergue, enquanto mulher, à perspectiva de ter um filho, para o
menino, a identificação ao pai comporá o ideal graças ao qual ele poderá, um
dia, tornar-se pai.

Afinal[157], o recalque primário é o fato de estrutura em que a relação do
sujeito ao saber é demarcada pelo exílio do saber que o determina. É o que o
falo implica: *"o mistério que nenhum saber poderia desvendar"*. O falo ocupa o
lugar de uma ausência de saber, mistério sem nome, enigma infinito. Na descoberta da castração do Outro, fica sem resposta a questão do ser que conviria
a seu gozo, mas na passagem do falo para a potência paterna, que delimita e
vetorializa esse saber, estanca-se o saber que até então era infinito. Enfim, o
sujeito sai da posição objetal indeterminada da demanda do Outro, pelo recurso ao pai, aquele que supostamente sabe determinar o que isso quer, que pode
ter o domínio da demanda materna: *"[...] este saber transforma aquilo que era
Demanda indeterminada do Outro em Demanda determinada, dominada pelo saber do
pai. [...] Se o saber suposto ao pai pode dominar a demanda, que era indeterminada,
então essa demanda torna-se determinada, tal como o saber do pai pode dominá-la.
Com essa demanda vamos poder jogar, jogar naquilo que chamamos habitualmente
fantasma. Vamos poder nos situar como objeto determinado face a essa Demanda, não
arriscando nada, porque ela é determinada pelo saber suposto ao pai, saber que dela nos
protege. Então podemos jogar tranqüilamente, porque não é mais a Demanda indeterminada que podia nos absorver"*[158].

A criança toma a referência paterna, colocando-se no lugar do pai, o portador do nome: assina seus atos com tal nome: *"o sujeito não pode ser consciente*

---

[156] Idem, ibidem.

[157] Seguiremos, nesse parágrafo, as posições de Gerard Pommier, *A neurose infantil da psicanálise*,
Rio de Janeiro, Jorge Zahar, 1992, pp. 86-96.

[158] C. Calligaris, "A questão do fantasma na clínica psicanalítica", Seminário realizado em Salvador (1986) e difundido pela Cooperativa Cultural Jacques Lacan, pp. 27-8

de suas próprias condições de acesso à potência fálica, que são as do ternário edipiano. Uma tal inconsciência é qualitativamente distinta daquela provocada pela angústia de castração do Outro. Agora são as condições e o objetivo do recalque que serão inconscientes. Como poderia o sujeito saber que, agindo, procura obter uma potência equivalente à do pai, e assim tomar seu lugar, "matá-lo"? Ele vai ignorá-lo, tanto mais que o que procura atingir, graças a essa potência, é perdido, matematicamente, a cada tentativa. De fato, se ele quer a potência, é preciso imitar o pai, e esse último só é reconhecido como tal se já possui a mãe. Assim, a potência será adquirida em pura perda. É preciso que a partida já esteja decidida para que se possa jogar, e dessa contradição incompreensível o sujeito não poderia ser consciente, nem do meio – o assassinato – nem de seu fim – a conquista da mãe"[159].

O pai tem, portanto, duas funções, a despeito de jamais estar plenamente à altura da operação que ele implica. Enquanto potência fálica, o pai é o imbatível com que a criança rivaliza para a posse do falo. Enquanto transmite o nome, o pai permite à criança que o porta pretender possuir sua potência e, portanto, amá-lo. Assim, a criança recalca não só o objetivo sexual de sua tomada, mas a impossibilidade de usar essa potência para o gozo materno. *"Entre a abertura e o fechamento do inconsciente, o recalque primordial exclui o corpo do saber, o recalque secundário sexualiza essa exclusão nos termos do complexo de Édipo e do retorno do recalcado, através de sua consistência imaginária: corporal, quando é sintomática, literal, no sonho e no lapso, dando a ler uma perda de gozo no recalque"*[160].

Retomando o percurso dos seis movimentos da trança, consideramos uma posição zero, que precede o início do trançamento e que lhe dá condição de possibilidade. Trata-se do lugar em que o real do organismo neonato é inserido como existente na realidade psíquica do agente materno, equivalendo ao termo simbólico que o localizava no campo discursivo e à consistência da produção de sentidos capazes de qualificar esse organismo com os atributos que interpretam suas manifestações, supondo-lhes intencionalidade subjetiva. Dessa superposição real do organismo à posição simbólica investida imaginariamen-

---

[159] G. Pommier, *A neurose infantil da psicanálise*, op. cit., p. 93.
[160] Idem, ibidem, p. 96.

te pela alteridade de um agente, cunha-se uma regularidade de alternância, onde o diferencial que opõe tensão e apaziguamento é articulado numa experiência de satisfação, onde presença e ausência intercalam-se na automaticidade da resposta à manifestação da necessidade. A matriz simbólica, que se inscreve na diferenciação de dois estados, inaugura a condição de subjetivação. Nada há, de sujeito, nesse momento mítico: uma matriz simbólica acéfala que permite a alternância tensão e apaziguamento aproxima o organismo à consistência imaginária que lhe é suposta pela subjetividade materna. Distinguimos o organismo como algo de *real* para a mãe, a alternância entre os termos (tensão e apaziguamento) que o articulam a ela como *simbólica* e a consistência dos sentidos em que o agente materno interpreta o organismo por encarnar-se, qual falo, como *imaginário*. Foi o que nos permitiu planificar R, S, I como três linhas vizinhas e maleáveis, que sofrerão deformações contínuas.

1 - Diante dessas incidências, o organismo pode ser caracterizado como um funcionamento simbólico presidido pela alternância que articula tensão e apaziguamento. Desde que a alternância não compareça nesse funcionamento, ele é afetado pela descontinuidade. A essa hiância nomeamos incidência do real no simbólico. Nesse esgarçamento da alternância presença-ausência, que perfura a matriz simbólica, situamos o primeiro movimento da trança, em que o real incide no simbólico. Pela retroação da incidência da metáfora paterna, pode-se distinguir aí a condição de possibilidade do recalcamento originário.

2 - A superação desse esgarçamento exigirá o retorno da equivalência à situação de plenitude anterior, a partir do que permite a substituição de cada objeto concreto oferecido para a satisfação, mas estes não possibilitam o reencontro do gozo pleno supostamente havido. A criança situa o agente da privação sofrida na alteridade materna e, portanto, localiza nela a possibilidade de satisfação, supondo nela o saber sobre seu gozo. Assim, a falta real no simbólico é recoberta com a imaginarização do agente materno. Os objetos oferecidos à satisfação tornam-se signos, simbolizam a imaginada onipotência materna. Sob a sustentação desse campo simbólico bem mais vasto, o imaginário recobre a falta real. Temos assim o segundo movimento da trança.

3 - A mãe imaginada onipotente deixa pressentir-se afetada em sua potência, por demandar à criança o que, à própria criança, é inapreensível. Duas faltas se recobrem sem reciprocidade. À demanda do Outro, a criança tenta determinar o desejo que a sustém e se posiciona como termo que o contempla, ocupando o lugar fálico a que pode supor equivaler. Seu recurso é dar

A CRIANÇA NA CLÍNICA PSICANALÍTICA

o que tem. A insuficiência do imaginário é efeito da incisão simbólica – que sustenta o desejo, por meio dos deslizamentos, na busca do que falta à mãe – e da falta, naquilo mesmo que é dado pela mãe. O perfil da estrutura simbólica está traçado porque a criança pressente o falo constituindo uma falta na mãe, que ela não consegue recobrir, mas que ela supõe preencher como significação. Efetua-se aí o recalcamento originário. Enquanto imagem negativa, é simbólica, porque é falta que poderia existir, ou seja, incide como significante no imaginário. Nos modos de a criança lidar com a falta, o simbólico demarca a posição da criança em relação ao desejo. Esse movimento se sustenta do que atinge a mãe: a insuficiência que a mantém desejante. Portanto, neste terceiro movimento, o simbólico recobre o imaginário: a criança propõe-se como falo, tentando determinar seu desejo, encarnando-se como termo simbólico que equaciona a falta pressentida na mãe. Mas o pilar é frágil e sem saída. Oferecer-se como falo ao desejo materno é fazer-se de objeto e anular-se como desejante.

4 - Essa posição de signo não se sustenta. Por mais que a criança se dê, ela não é o falo materno. E se pode supor-se ser, ela não tem como defender-se, será engolida e anulada. Por esta via, a criança precisa buscar algo que a defenda do desejo materno. É o que a obriga a deparar-se com um existente real que priva e interdita a mãe. A criança constata que há um constrangimento que incide nelas, obstáculo intransponível entre criança e mãe, o insuperável Outro do outro. Nesse quarto movimento, realiza-se portanto, o esgarçamento real do simbólico que repete, na trama complexificada, o primeiro movimento; e, ainda, integra todos os outros, na ordem que a enumeração fecha.

5 - O obstáculo intransponível entre criança e mãe será transformado pela criança no mito da onipotência paterna. O caráter de pai real que o faz perdido é reencontrado imaginariamente, personificado em pai imaginário, mitificado em sua onipotência que, apesar de terrível, defende-o da voracidade materna ilimitada. Toda a transição mítica que articula a idealização, o temor e a agressividade é aí produzida. Nesse quinto movimento, cuja estrutura repete com outro elemento o segundo movimento, perfaz-se o recobrimento imaginário do pai real.

6 - A exaustão combinatória da articulação das formas da impossibilidade de ser o falo materno esgota a permutação da relação imaginária da criança com o real. Produz-se a metáfora paterna, o sexto movimento da trança, em que o simbólico recobre o imaginário. O falo imaginário é dissipado, posto fora de jogo e substituído por uma unidade de medida que regula as relações entre desejo e lei, conferindo-lhes uma lógica. Ao poder supor um sa-

ber ao pai, aquele que é capaz de dar à mãe o que ela deseja, a criança o situa no lugar em que *ao menos um* sabe o que ela quer. A criança encontra o termo simbólico que faz barragem à posição de equivalência fálica e cria algo mais: o título virtual que sustentará a sua identificação ao elemento mediador do campo simbólico que estrutura a orientação da relação à alteridade. O sexto movimento, portanto, faz reincidir no simbólico o que, no terceiro movimento, teve caráter imaginário.

Observamos assim o percurso em que o sujeito se inscreve no simbólico que lhe pré-existe. Afinal, do investimento fálico da alteridade na criança, traça-se a incidência da ordem significante na dinâmica que se instaura a partir da função imaginária do falo, promotora da operação metafórica do Nome-do-pai, que permite ao sujeito evocar a significação do falo[161]. Desta forma, o sujeito carrega o verso da causa que o fende[162], causa que é o significante que lhe permite inscrição pela perda, que só existe depois que essa simbolização lhe indica o lugar[163]. Entre a experiência da atribuição fálica e a sua significação temos, portanto, o lapso que a trança percorre, lapso não apenas enquanto contingência temporal como também enquanto formação do inconsciente, na estrutura temporal reversiva em que a castração retroage ao recalcamento originário para lhe conferir significância, no *après-coup* que promove a articulação circular mas não recíproca.

Portanto, se essa trança ordena a estruturalidade de um sujeito constrangido pelas dimensões Real, Simbólico e Imaginário, seus movimentos não se superam, eles se mantêm na constrição que os enlaça. O que foi considerado no trançamento como linhas implica a retroação que lhe confere sua condição circular.

---

[161] CF. Nina Leite, "História e estrutura", *Dizer*, nº 7, Revista da Escola Lacaniana de Psicanálise, 1993.
[162] Jacques Lacan (1960), Intervenção no Congresso de Bonneval, mimeo.
[163] J. Lacan (1966), "Da estrutura como intromistura de uma alteridade, prévia a qualquer que seja o sujeito", Congresso de Baltimore, A controvérsia estruturalista, R. Macksey e Donato E. (orgs.), São Paulo, Cultrix, 1976.

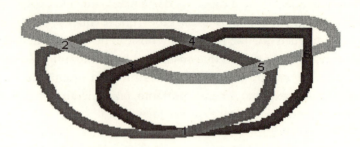

Afinal, as três dimensões se repetem, são incessantes e indestrutíveis, fazem coincidir lei e desejo numa determinação recíproca que constringe e sustenta, no sintoma e no fantasma, as condições de gozo de um sujeito, ou seja, sua realidade psíquica, orientada pela versão paterna.

Por isso, o nó borromeu não é a norma para a relação de três funções. R, S, I só incidem num exercício determinado pela versão da nominação paterna, ou seja, o nó borromeano é sempre pai-vertido. A constrição que os mantém ligados é sempre enigmática.

Essa tripartição, tracionada pela relação que a sustém, aloca o *ponto central*, onde se encurralam os cruzamentos de R, S, I. Demarca-se aí a causa vazia da realidade psíquica de um sujeito desejante: o objeto, que viria satisfazer seu gozo, mantém-se irredutivelmente alhures, é um objeto insensato, do qual não há idéia. Atribui-se a tal objeto uma letra: "*Não há nada no inconsciente, se ele é feito tal como eu enuncio a vocês, que com o corpo faça acordo. O inconsciente é dizcordante. O inconsciente é o que, por falar, determina o sujeito enquanto ser, mas ser a se riscar desta metonímia cujo desejo eu suporto, já que, para todo sempre, impossível de dizer como tal. Se digo que o pequeno a é causa do desejo, isto quer dizer que ele não é dela o objeto. Não é o complemento direto ou indireto, mas apenas essa causa que, para brincar com a palavra, como fiz no meu primeiro discurso de Roma, essa causa que causa sempre. O sujeito é causado por um objeto que só é notável por uma escritura e é assim que um passo é dado na teoria. O irredutível disso, que não é efeito de linguagem, pois o efeito da linguagem é o patema, é a paixão do corpo. Mas da linguagem é inscritível, é notável naquilo em que a linguagem não tem d'efeito. Abstração radical escrita com a figura de escritura a da qual nada é pensável. Tudo que é sujeito, sujeito de pensamento que se imagina ser Ser, é determinado pelo a*"[164].

---

[164] J. Lacan (1974-5), *Seminário XXII, RSI*, lição de 21/01/75.

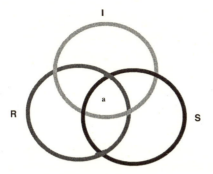

O objeto *a*, cujo lugar é indispensável marcar, é o cerne do gozo que se sustenta com o nó borromeano. É o objeto, só reconhecível pelos resíduos de seu esfacelamento em objetos pulsionais, identificáveis corporalmente como manifestações do corpo: *"o parceiro desse eu que é o sujeito, sujeito de qualquer frase de pedido, é, não o Outro, mas o que vem se substituir a ele na forma da causa do desejo – que eu diversifiquei em quatro, no que ela se constitui diversamente, segundo a descoberta freudiana, em objeto da sucção, objeto da excreção, o olhar e a voz. É enquanto substitutos do Outro que esses objetos são reclamados e se fazem causa do desejo"*[165]. A insuficiência que qualquer gozo, que venha em suplência, implica é constrição imposta pelo objeto *a* enquanto o inatingido gozo a mais *(mais-gozar)*, alocado no exterior mais central da escrita do nó borromeano.

O nó escreve as condições de gozo e permite contar os seus resíduos. Cada uma das intersecções entre os círculos nota as ramificações do gozo, por falta do gozo pleno que não há, onde o trabalho de operar as relações com o *a* se distingue: *"A realidade é abordada com os aparelhos do gozo. [...] aparelho, não há outro senão a linguagem. É assim que, no ser falante, o gozo é aparelhado. [...] Isto quer dizer que o gozo é anterior à realidade"*[166].

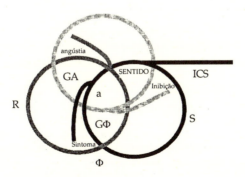

---

[165] *Seminário XX, Mais, ainda*, op. cit., p. 171.
[166] Ibid., p. 75.

O campo do *gozo fálico (GΦ)* incide na experiência da apropriação dessa significância fálica: *"Um corpo, isso se goza. Isso só se goza por se corporizar de maneira significante"*[167]. O ser se perde em sujeito por um significante e para um outro significante, inscrevendo o desejo nesta contingência corporal suportada pela função fálica. A relação entre dois significantes faz surgir um sujeito na sua configuração, algo se subtrai e o significante é disso o substituto, tomado ao próprio gozo fálico. Este significante-mestre é a ordem significante que permite a subsistência de toda a cadeia simbólica, onde a significância fálica diferencia-se do efeito de sentido por designar a relação do simbólico com o real.

Em sua modulação privilegiada, o gozo fálico se impõe a toda modulação da experiência: *"a relação [do simbólico com o real] é o suporte de um certo número de hiâncias; ele [o gozo] constitui os objetos que o ocupam. [...] É por isso que, no sujeito que se suporta do fala-ser, no sentido de que está aí o que eu designo como inconsciente – e é nesse campo que o gozo fálico se inscreve – há o poder, o poder, em suma, chamado, suportado, o poder de reunir isso que é de um certo gozo que, do fato dessa própria palavra, reúne um gozo experimentado, experimentado do fato do fala-ser, como um gozo parasitário e que é aquele dito do falo"*[168]. O *sintoma*, ao conjugar o gozo com sua proibição, corresponde à função paterna, é efeito do simbólico no real que simboliza o gozo fálico e protege contra o desejo do Outro[169].

Localizado na junção do imaginário com o simbólico e suportado pela ex-sistência correlata ao real, está o vago *gozo do sentido*, do corpo que fala: *"se pensarmos que não há o Outro do Outro, pelo menos não gozo do Outro do Outro, é bom que façamos a sutura em alguma parte. [...] tudo isso para fazer sentido"*[170]. O funcionamento significante, enquanto reduzido à dimensão pura do simbólico, é o registro do equívoco, já que é encadeamento de termos envergáveis em todos os sentidos. Na cadeia simbólica, os Uns *"são todos feitos da mesma maneira, de não serem outra coisa senão Um"*[171]. Este funcionamento só é operante na interpolação do imaginário, que neles encontra equivalências, reciprocidades e dessemelhanças, produzindo valores designativos e assim permitindo, ao

---

[167] *Seminário XX, Mais, ainda*, op. cit., p. 35.
[168] *Seminário XXIII, Le Sinthome*, op. cit., lição de 16/12/75.
[169] *"o sofrimento do sintoma diz respeito ao gozo fálico. A escrita sintomática [...] expõe o irrepresentável do falo. O sintoma pratica um ato de violência, tenta recuperar um gozo já perdido um dia, usando os intrumentos de sua perda. Essa tentativa em si é sofrimento, e esse sofrimento equivale ao gozo que ela busca"* (Gerard Pommier, *A ordem sexual*, op. cit., p. 215).
[170] *Seminário XXIII, Le Sinthome*, op. cit., lição de 13/01/76.
[171] *Seminário XX*, op. cit., p. 174.

A CONSTITUIÇÃO SUBJETIVA

dizer, um laço que ultrapassa a mera jaculação de termos deslizantes um a um: *"na medida em que o Inconsciente se sustenta nesta alguma coisa que é por mim definida, estruturada como o Simbólico, é do equívoco fundamental com esta coisa que se trata, sob o termo Simbólico. [...] O equívoco não é o sentido. O sentido é aquilo por que alguma coisa responde, é diferente do Simbólico, e esta alguma coisa, não há meios de suportá-la senão a partir do Imaginário"*[172]. O sentido, somos reduzidos a imaginá-lo.

Em seu parentesco com a boa forma, o sentido é o efeito desse funcionamento significante em que o imaginário lhe dá continuidade de substância: *"o homem pensa com a ajuda das palavras. E é no encontro entre estas palavras e seu corpo que algo se esboça [...] ali se coloca o sentido"*[173]. O sentido é o curso, a direção do ciframento nas manipulações do pensamento que permitem a metáfora e a metonímia: *"Não há trinta e seis sentidos que se descubram no extremo do inconsciente: é o sentido sexual, quer dizer muito precisamente o* non-sens *[...] este sentido sexual só se define por não poder se inscrever. [...] E a linguagem é feita assim. É alguma coisa que o mais longe que vocês cultivarem o ciframento não chegará jamais a abandonar o que é do sentido, porque ele está lá neste lugar. É o que faz com que a relação sexual não possa se escrever..."*[174]. O equívoco ou o tropeço que a linguagem permite jogam contra este gozo de sentido que a linguagem também permite.

A opacidade do sentido se deve a sua função de substituição à falta e, nesta medida de suplência, o sentido responde pelo real, *"o próprio do sentido é que aí se nomeia alguma coisa e isso faz surgir a diz-mansão, a diz-mansão dessa coisa vaga que são as coisas, e que tomam seu assento no Real"*[175]. Na *inibição*, ocorre o estancamento do funcionamento imaginário em que o sentido se torna uma exterioridade ao corpo.

O *gozo do Outro (GA)*, localizado na intersecção do Real com o Imaginário, refere-se ao gozo para além do falo, gozo imaginado pelo sujeito como pertencente ao Outro, posto que nada confere aval ao gozo do corpo do Outro. Um solitário que se conta sem ser, que não se soma a nenhum Outro numa relação de pleno gozo. É o que implica que a função do Outro só possa ser situada como uma diferença que participa do Um sem adicioná-lo a si, ou seja o Outro é o Um-a-menos.

---

[172] *Seminário XXII, RSI*, op. cit., lição de 10/12/74.
[173] "Conferencia en Ginebra sobre el Sintoma" (04/10/75), *Intervenciones e textos 2*, Buenos Aires, Manantial, 1988.
[174] *Seminário XXI, Les nons-dupes errent*, op. cit., lição de 20/11/73.
[175] *Seminário XXII, RSI*, op. cit., lição de 11/03/75.

A impossibilidade real que extorque o gozo fálico é suposta pelo sujeito como parasita que faz prevalecer o obstáculo que irrompe na plenitude do gozo fálico, onde se distingue uma referência de gozo como pertencente ao Outro: *"ao se marcar de que distância ele [o gozo] falta, aquele de que se trataria se fosse isso, ele não somente supõe aquele que seria isso, ele suporta supor, com isso, um outro"*[176]. Acrescenta-se, portanto, ao gozo fálico, o gozo que se situa alhures, gozo do Outro, ou seja, gozo que está fora do corpo, sendo-lhe sempre anômalo. *"O Outro do Outro real, ou seja, impossível, é a idéia que temos do artifício, na medida em que ele é um fazer, F-a-i-r-e , não escrevam f-e-r, um fazer que nos escapa. Ou seja, um saber que transborda muito o gozo que podemos ter"*[177]. Na *angústia*, a incidência da indeterminação (real) de um outro gozo que o invade imaginariamente reduz o sujeito a ser seu objeto.

As estruturas subjetivas são orientadas singularmente pela especificidade da nominação paterna com a qual o sujeito se sustém: *"vocês são todos e cada um de vocês tão inconsistentes quanto os seus pais, mas é justamente pelo fato de tanto estarem inteiramente suspensos neles que vocês estão no estado presente"*[178]. O sujeito pode constituir invenções para o atamento borromeano, em suprimento aos pontos de fracasso do enodamento, pontos em que a função da metáfora paterna não teve incidência, nas versões *(père-versions)* que amarram RSI para suportar a modalização subjetiva[179]. Como testemunham o autismo, as psicoses ou a debilidade, contingências do percurso do trançamento borromeano explicitam modalidades que escapam à condição borromeana da estrutura.

---

[176] *Seminário XX, Mais, ainda*, op. cit., p. 152.

[177] *Seminário XXIII, Le Sinthome*, op. cit., lição de 13/01/76.

[178] *Seminário XXII, RSI*, op. cit., lição de 11/02/75.

[179] As interrogações de Lacan sobre a necessidade de estabelecer um quarto elo (o *sinthome*, escrito na ortografia antiga) distinto de R, S, I, que suportasse a nominação paterna, persistiu até o final de seus seminários, deixando indecidido se o quarto elo seria possibilidade de suplência à estrutura ou condição de estruturação. O quarto elo capaz de promover o enodamento borromeano seria, nesta via, contingência de toda modalização neurótica capaz de sustentar uma estruturação subjetiva. Assim, por exemplo, Chatel de Brancion generaliza a análise de Joyce, feita por Lacan, e considera que o *sinthome* é o modo particular de inscrição da função do Nome, reparação de um ponto fraco da estrutura em qualquer sujeito (Cf. "Haverá um irredutível do Sintoma?", em: *Do sintoma... ao sinthoma*, Rio de Janeiro, Letra Freudiana, ano XV, nº 17-8, pp. 168-175). Cabe ressaltar que, independentemente desta generalização proposta pela a autora, a concepção de *sinthome* abre uma importante via para o tratamento das psicoses e, especialmente, para o tratamento das psicoses não decididas da infância.

A psicanálise de crianças

*"A coincidência de investigação e tratamento no traba-
lho analítico é sem dúvida um dos títulos de glória deste último. Entretanto, a técnica que serve ao segundo
contrapõe-se, até certo ponto, à da primeira"[1].*

Desde a simples afirmação de que a criança, individualidade empírica observável, é afetada por um inconsciente, a psicanálise concebe um sujeito que, a despeito de coincidir com a individualidade, lhe é radicalmente heterogêneo. Essa imparidade em que o sujeito do inconsciente distingue-se do indivíduo implica uma concepção de clínica que não se reduz ao estabelecimento das igualdades que os métodos de observação podem identificar. Diferentemente do indivíduo, o inconsciente escapa à correspondência da codificação generalizável e à imputação de sentidos intuídos.

A criança, este enigma de Freud, que conduziu seu biógrafo[2] a atribuir-lhe uma inibição impeditiva de aproximar-se dela, a despeito de ter explorado sua mente como jamais teria sido possível antes dele, sustenta ainda hoje dificuldades difratadas num amplo espectro, muitas vezes tratadas no que elas se relacionam a uma adaptação da técnica. O obstáculo que angula essa difração parece realizar a presença insistente e preponderante de um registro irredutível na constituição do sujeito. Desta perspectiva, o que se desvela na sobredeterminação dos tropeços, em que a psicanálise encontra a criança, é que o que causa um sujeito é heterogeneidade reincidente ao representável. Seguramen-

---

[1] S. Freud (1912), *Cosejos al médico sobre el tratamento psicoanalítico*, O. C., vol. XII, Buenos Aires, Amorrortu, 1992, p. 114.

[2] Ernest Jones, *A vida e a obra de Sigmund Freud*, Rio de Janeiro, Imago, 1989.

A CRIANÇA NA CLÍNICA PSICANALÍTICA

te é o que o analista reencontra vigorosamente na criança: a dimensão do real. É esta a ordem que determina uma prevalência imaginária privilegiada na aproximação da opacidade da constituição do sujeito. Esse ponto de hiância foi muitas vezes, no progresso da psicanálise de crianças, preenchido de consistências imaginárias que estabeleceram técnicas de sua remodelagem.

A operação clínica que supomos capaz de resgatar a realidade psíquica da criança é orientada pela hipótese de que as manifestações da criança são atos de escrita do texto que cifra a leitura de sua relação com a alteridade.

Seus atos resgatam o equacionamento da sua condição de estruturação, que implica uma impossibilidade do acesso à plenitude do gozo e que intima imperativamente a desejá-lo, sem que nada o assegure. Suas manifestações estruturam-se como uma linguagem e constituem o texto que ordena essa realidade. O deciframento que esse texto comporta, na clínica, permite situá-lo aquém da imediaticidade de sentido a que se ofereceria e além do que, desta cifragem, pode ser transcrito. Afinal, considerar o defeito de gozo que causa um sujeito desejante implica tomar o máximo de sentido como *nonsense*. Portanto, na clínica psicanalítica, a interpretação não trata de *resolver* o seu sentido, mas de encontrar a lógica do ciframento que esse fosso produz. É o que restitui a dignidade de enigma às cifras constituintes da subjetivação que a criança realiza em seus atos, na leitura em que compõe a própria estrutura de seu funcionamento. A formatação simbólica que preside e sustenta a imparidade entre o ser e a alteridade denuncia o trabalho de leitura e ciframento que inclui, no próprio tecido da rede das suas manifestações, uma leitura da relação à alteridade. Essa incisão de leitor, no funcionamento de uma individualidade, é condição da fundação do sujeito do inconsciente, condição precipitadora e sustentadora deste.

Afirmar que as atividades da criança cifram a relação com a alteridade e produzem, dos traços que tal relação imprime, um texto que reordena essa experiência supõe uma concepção de linguagem e de escrita capazes de orientar a operação analítica. Lacan explicita que *"o inconsciente trabalha sem pensar, nem calcular, nem julgar, e que, portanto, o fruto é esse: um saber que só se trata de decifrar, porque consiste unicamente na cifragem. A que serve essa cifragem? [...] Freud chega a indicar, e indica isso, que ela não serve a nada, que não é da ordem do útil, é da ordem do gozo. E o passo seguinte está para ser feito e é justamente aquele que, sendo da ordem do gozo, é nisso que ele faz obstáculo à relação sexual estabelecida. E é isso que implica que a linguagem não faça jamais outro traço senão desse gozo, que esse só atinge não uma relação, mas um ato sexual por uma chicana infinita. É em que o estabelecimento da estrutura dessa chicana seria uma coisa capital [...] a questão é*

A PSICANÁLISE DE CRIANÇAS

saber se o discurso analítico poderia permitir um pouco mais, a saber, introduzir isso que o inconsciente não põe: um pouco de cálculo. [...] na interpretação, nisso que nos parece ser o suporte mesmo do sentido, [...] os efeitos são incalculáveis. Não é isso que aloja nosso saber, por conseqüência, se saber, como se diz, é prever. A coisa que é saber do analista é que há um saber que não calcula nem pensa nem julga, mas que cifra, e que é isso que é o inconsciente"[3]. Considerar as conseqüências que tais afirmações desencadeiam exige um percurso, pois, como disse Milner[4], o pensamento de Lacan, que se impôs ao que não fora pensado, não é um suposto dado. Obviamente, isso não implica supor que será possível tomá-lo aqui em sua integralidade. Pretende-se apenas resgatar os elementos e suas propriedades considerados suficientes para orientar a clínica de crianças.

O pensamento de Lacan localiza o campo da produção discursiva que demarca nosso escopo, implicando uma aproximação causada pela urgência da clínica. Tomar o viés da clínica, borda criadora da necessidade desse pensamento, é escolha que se afasta do fascínio que tal ficção pode assumir. Por isso, o esquadrinhamento de todas as nuances do pensamento lacaniano restringiria uma operação que lhe retira aquilo mesmo que a sustém: servir à emergência do infinito contingente na clínica, onde a estrutura subjetiva se modaliza na singularidade que o enodamento RSI constringe.

Em seu trânsito delicado, a relação teoria-clínica é trama imperativa para o analista. Não insistiremos aqui seja no trabalho teórico pretensamente totalizador da obra de Lacan, seja ainda numa demonstração clínica hipoteticamente confirmadora das suas hipóteses. Considera-se que não é uma suposta exaustividade teórica ou clínica que possibilita o exercício de uma leitura da clínica, contando com o materialismo discursivo de Lacan. Pelo contrário, nas implicações da escolha de um eixo das suas hipóteses, em sua articulação a traços da clínica, é que podemos fazê-lo trabalhar operativamente naquilo que é estruturalmente passível de localização e de transmissão, e escutar em seus textos a busca de um lugar heterogêneo àquele da oposição simples. Afinal, a demarcação das operações clínicas mostra a submissão às mesmas constrições que a alocação teórica distingue: teoria e clínica coincidem na estrutura que inclui o incomensurável que se impõe em um caso, subtraindo do universo a singularidade do um.

Para operar essa perspectiva, seremos guiados por uma afirmação capi-

---

[3] Jacques Lacan, *Lettres de L'Ecole* nº XV, Congres de L'E.F.P., Montpellier, novembro de 1973.
[4] Como diz Jean-Claude Milner, *A obra clara*, Rio de Janeiro, Jorge Zahar, 1996, p. 7.

A CRIANÇA NA CLÍNICA PSICANALÍTICA

tal de Freud(1933): *"Demonstrou-se que a criança é um objeto muito favorável para a terapia analítica; os êxitos são radicais e duradouros. Desde logo, é preciso modificar, em grande medida, a técnica de tratamento elaborada para adultos. Psicologicamente, a criança é um objeto diferente do adulto, não possui, todavia, um supereu, não tolera muito os métodos de associação livre e a transferência desempenha outro papel, posto que os progenitores reais estão presentes. As resistências internas que combatemos no adulto estão substituídas, na criança, na maioria das vezes, por dificuldades externas. Quando os pais se erigem em portadores da resistência, amiúde a meta da análise ou ela mesma corre perigo, e por isso pode ser necessário agregar à análise da criança algum influxo analítico sobre seus progenitores. Por outro lado, as inevitáveis divergências deste tipo de análise com relação à do adulto se reduzem pela circunstância de que muitos de nossos pacientes têm conservado tantos traços infantis de caráter que o analista, adaptando-se também aqui a seu objeto, não pode menos que servir-se junto a eles de certas técnicas de análise de crianças. De maneira espontânea, tem acontecido que esta última se converta no domínio de analistas mulheres, e sem dúvida continuará sendo"* [5].

Consideramos que essa afirmação freudiana contém as singularidades e os impasses implicados na clínica de crianças que continuam insistindo em serem discutidos. Por isso ela será percorrida, contando com o pensamento lacaniano. Nesse percurso, situaremos as particularidades da clínica de crianças.

Afinal, no próprio movimento dessa pontuação em que Freud cinge a criança psicanalítica, ele nos permite ler a implicação da sua especificidade e as particularidades da clínica, desde que ultrapassemos o estatuto de aplicativo técnico que lhe é facilmente imputável. Se consideramos que a construção teórica em psicanálise é efeito do que a clínica interroga ao analista, este fragmento exige ser tomado pelo avesso de sua versão tradicional. Em vez de construir as estratégias compensatórias, que viabilizariam a análise da criança, a partir da listagem do que lhe falta para ser adequada à psicanálise, trata-se de insistir na articulação conceitual que permite tornar a criança analisável.

---

[5] S. Freud (1933), "Conferencia XXXIV", op. cit., p. 137.

A PSICANÁLISE DE CRIANÇAS

4.1. Especificidade de criança

> "Demonstrou-se que a criança é um objeto muito favorável para a terapia analítica [...] Psicologicamente, a criança é um objeto distinto do adulto, não possui, todavia, um supereu...".

Dentre os elementos diferenciais da clínica de crianças que nos oferece nessa epígrafe, Freud destaca o que distingue a criança do adulto; disso decorrem conseqüências que ele situa como particularidades da clínica que mantém o estatuto psicanalítico.

Freud demarca aí o foco em que circunscreve a criança – objeto distinto do adulto por um diferencial explicitamente balizado. O que delimita sua existência irredutível e distinguível é nomeado, no limite de seu negativo: *"não possui supereu"*.

É o que o conduz a considerar certas particularidades da clínica: pouca tolerância à associação livre, a naturalidade do domínio de analistas mulheres e a concretude dos progenitores enquanto lugares de extensão da transferência e da resistência. Assim, Freud torna a criança abordável pela psicanálise, considerando o que sua condição de filho recobre. Antes da formação do supereu, a filiação é presença concreta implicada na analisabilidade da criança. Filiação que distingue uma posição de equivalente-substituível na série da economia psíquica de um outro, que a faz depositária da esperança de realização dos ideais e que localiza a operação da função de transmissão simbólica.

Afinal, o laço parental transmuta-se em supereu, esta herança do poder, da função e dos métodos que inscrevem o ser numa linhagem: *"a postulação do supereu descreve real e efetivamente uma constelação estrutural e não se limita a personificar uma abstração como a da consciência moral. [...] É também o veículo do ideal do eu, com o que o eu se mede, ao que aspira alcançar e cuja exigência por uma perfeição cada vez mais vasta se empenha em cumprir. [...] o supereu de uma criança não se edifica, na verdade, segundo o modelo de seus progenitores, mas segundo o supereu deles; enche-se com o mesmo conteúdo, torna-se o portador da tradição e de todas as valorações perduráveis que se têm reproduzido por este caminho ao longo das gerações"*[6]. Nessa indicação, em que afirma que o ser nasce incluído numa estrutura que o determina, Freud permite conceber a hipótese de que o sujeito é o

---

[6] S. Freud (1933), "Conferencia XXXI", *Nuevas conferencias de introduccíon al psicoanálisis*, op. cit, pp. 60-2.

A CRIANÇA NA CLÍNICA PSICANALÍTICA

efeito dessa trama, destacando-se do ser como um precipitado particular em que a estrutura se fixa numa modalidade absolutamente singular, que não se reduz a uma reprodução.

Pode-se considerar a *criança* como a contingência da inscrição do que se reproduz ao longo das gerações, num trajeto em que o *ser* realiza a torção que o faz *sujeito*, capaz de transmitir uma herança simbólica que, como Lacan aponta, enreda desejo e nomeação: *"A função de resíduo, que sustenta (e ao mesmo tempo mantém) a família conjugal na evolução das sociedades, ressalta o irredutível de uma transmissão – pertencente a uma ordem distinta da vida adequada à satisfação das necessidades – que é a de uma constituição subjetiva, que implica a relação com um desejo que não seja anônimo"[7].*

4.2. Particularidades da clínica de crianças

> *"De maneira espontânea, tem acontecido que esta última se converta no domínio de analistas mulheres, e sem dúvida continuará sendo".*

A condição de criança para a psicanálise impõe uma problematização a partir dessa afirmação feita por Freud de que a análise de crianças é um domínio natural e legítimo de analistas-mulheres.

A posição da criança, posição de equivalência simbólica ao falo na economia subjetiva do agente materno, permitiria o recurso a uma língua dual, privilegiada, reservada à relação mãe-criança, podendo situar as *mulheres-analistas-de-crianças* num laço particular e privado, cuja conseqüência seria a economia da passagem à articulação teórica, fazendo, muitas vezes, da *"intuição"* uma suficiência.

Considerando esse prisma, e analisando as respectivas relações de Anna Freud, Dolto e Klein com suas mães, Duault afirma: *"seus escritos teóricos, saídos de suas práticas, portariam de uma maneira indelével essa marca do Maternal mais acentuada que aquela do Pai e da função fálica? Está aí toda a questão da relação de cada um com o falo, no sentido de que ele regra, para cada sujeito, a maneira de assumir seu sexo, essa maneira radicalmente diferente para cada sexo. A maneira de dizer, para as mulheres-analistas, qualquer coisa do feminino face ao falo é talvez somente pelo viés*

---

[7] J. Lacan (1969), "Dos notas sobre el niño", *Intervenciones y textos 2*, Manantial, Buenos Aires, 1991, p. 56.

da criança que elas possam nos dizer qualquer coisa de autêntico. Estaria aí a origem dos 'inevitáveis desvios'?"[8].

Pode-se supor que a própria perspectiva de Klein tenha sido desenvolvida graças ao fato de ter sido iniciada como exercício clínico de uma analista que era simultaneamente a mãe do paciente. Se consideramos a afirmativa de Grosskurth (1986), de que seu trabalho conceitual foi determinado pela análise de seus filhos, *"toda sua obra futura foi baseada não só na angústia de seus filhos, mas também na percepção dos erros que cometera ao analisá-los"*[9], seus atos analíticos e a eficácia destes talvez tenham sido suportados pela sustentação de sua posição materna. Afinal, a posição materna é condição imperativa à constituição subjetiva, onde, para além do que o dito implica, as sanções do semelhante asseguram-lhe o lugar, modelando um sujeito, no conteúdo ficcional em que o faz comparecer por antecipação, antes que neste lugar haja um. A condição de mãe ter-lhe-ia conferido o lugar de onde desenvolveu sua abordagem clínica e refinou suas articulações. Nessa forma, a psicanálise de crianças ficaria exposta a este risco de desvio do seu campo, já que a analista faria função de substituta do agente materno, numa expectativa de suplência propiciadora de uma relação mãe-criança ideal.

Não muito distante desta perspectiva de questionamento, mas por outro viés, Fendrik[10] situa o sintoma da analista de crianças; o embaraço provocado pela criança para a psicanálise seria sintoma produzido nas origens da psicanálise de crianças, sintoma relacionado ao fantasma da filiação posto em ato na cena analítica, ou seja, respostas antagônicas de Anna Freud e Melanie Klein à mesma questão: a paternidade. Tais perspectivas teriam sido inauguradas revelando e re-velando, no sintoma, a singularidade fantasmática de Anna Freud e Melanie Klein, antecedidas pela de Hermine von Hug-Hellmuth, permitindo supor que analisar crianças é produção sintomatica do analista.

---

[8] Rozenn Le Duault, "L'analyse des enfants ou de l'utilization d'un grand héritage, de Anna Freud et Mélanie Klein à Françoise Dolto", *La Psychanalyse de L'enfant*, revue de l'Association Freudienne, nº 11, Paris, Editions de L'Association freudienne, 1992, p. 99.

[9] P. Grosskurth, *O mundo e a obra de Melanie Klein*, op. cit., p. 109. A autora dessa biografia observa (p. 105) que seus dois casos mais importantes foram seus próprios filhos "Fritz" e "Felix" (Erich e Hans) de *Amor, ódio e reparação e outros trabalhos* (1921-45), e ainda que Melitta, sua filha, é a "Lisa" de: *O desenvolvimento da criança*. Sobre o tema, cabe ainda registrar a proposta de Klein, feita a Winnicott (e não aceita), de supervisioná-lo na análise de Erich, que ela havia lhe encaminhado em 1935 (p. 250).

[10] Sílvia Fendrik, *Ficção das origens*, Porto Alegre, Artes Médicas, 1991.

A CRIANÇA NA CLÍNICA PSICANALÍTICA

Afinal, o que mantém esta problematização é o questionamento da possibilidade de a psicanálise de crianças poder efetivamente desvencilhar-se da ordem imaginária em que a condição de criança se estabelece, considerando-se que esta condição de criança não seria apreensível senão enquanto encarnação do ideal polimetrizado no narcisismo ou no fantasma da analista. Efetivamente, o que Freud aborda com o que parece uma pontuação quase ingênua pode ser tomado como um questionamento genial, cujo estatuto de constatação não retira o vigor interrogativo que pode assumir sempre que a clínica é intuitiva, ou seja, quando a clínica não se impõe ao analista como capaz de causar o movimento de interrogação e de teorização.

> " ... a transferência desempenha outro papel, posto que os progenitores reais estão presentes. As resistências internas que combatemos no adulto estão substituídas, na criança, na maioria das vezes, por dificuldades externas. Quando os pais se erigem em portadores da resistência, [...] pode ser necessário agregar à análise da criança algum influxo analítico sobre seus progenitores".

Freud aponta uma posição específica da transferência, na análise de crianças, ligada à relação entre a criança e seus progenitores. A psicanálise de crianças constituiu variadas versões de incidência analítica junto à posição parental. Estas não se limitaram ao que Freud registrou como fundamental, na análise de Hans: "Só a reunião em uma só pessoa da autoridade paterna com a médica, a conjunção do interesse terno com o científico possibilitaram, neste único caso, obter do método uma aplicação para a qual ordinariamente teria sido inapropriado"[11]. As primeiras análises de crianças, procedentes de relações transferenciais entre analistas (apenas os filhos de analistas eram analisados) e das fusões entre relações analíticas e parentais, permitiram a Freud analisar sua própria filha; a Hermine von Hug-Hellmuth, pioneira da psicanálise de crianças, analisar o sobrinho que criava e a Melanie Klein não só titular-se analista, através de seu trabalho sobre o seu esclarecimento psicanalítico e os efeitos benéficos no seu

---

[11] Refiro-me aqui à relação de Freud com o pai de Hans, que, como atesta Freud, ao menos naquele momento (*Análisis de la fobia de un niño de cinco años*, op. cit., p. 7), permitira o tratamento da criança.

142

A PSICANÁLISE DE CRIANÇAS

filho, como também proceder à análise dos seus outros filhos, antes de encaminhá-los a outros analistas.

Mas o que Freud parece testemunhar acerca da presença dos pais na análise de crianças ultrapassa essas perspectivas, frutos das aproximações iniciais à criança.

Vale marcar que algumas considerações focais de Anna Freud sobre o constrangimento da relação transferencial envolvida na análise de crianças sustentam, de modo persistente, o questionamento: quem é o sujeito que demanda a análise da criança? Ainda hoje, a questão da ambigüidade da demanda tem toda pertinência: *"Quem a faz? por quê? por quem? O laço de estreita dependência, tanto afetiva quanto social ou legal, do jovem sujeito diante de seus pais permite que ele tenha uma fala que lhe seja própria? Tem ele a mínima demanda de análise? Nada é menos seguro dada a configuração em que ele se encontra"*[12]. A relação entre transferência da criança e dos pais é também problematizada nos seguintes termos: *"a questão da dificuldade do diagnóstico infantil é relacionada com o fato de que a grande maioria dos laços transferenciais com crianças começam com um laço transferencial colocado pela demanda dos pais. Então, já a situação transferencial é uma situação que, desde o começo, presta-se mal para o diagnóstico da criança. A distinção é bem conhecida entre 'criança-sintoma' e 'sintoma da criança'. O que inclusive acontece é que quando a demanda dos pais está esgotada a criança vai embora com eles, sem que lhe seja deixado o tempo de articular a sua"*[13].

Afinal, os artefatos metafóricos com que o sintoma responde à insuficiência subjetiva exigem discernimento entre a queixa, que poderá tornar-se demanda da criança endereçada ao analista, e a posição de identificação, que pode situar a criança como sintoma que, para Lacan[14], apresenta-se sob as seguintes vertentes: responde ao que há de sintomático na estrutura familiar ou é posicionada como a verdade do objeto de desejo materno, revelando a sua captura como correlativa do fantasma daquela.

A posição de afetamento que conduz um sujeito a supor um saber no analista é exercida pelos pais antes de ser exercida pela criança. Antes que ela possa tomar-se como elemento do seu pensamento e ser surpreendida por suas próprias manifestações, a ponto de indagar-se sobre o que isso quer dizer, é a surpresa que ela causa à alteridade que se faz interrogante de opacidades que

---

[12] R. Le Duault, "L'Analyse des Enfants, ou de L'utilisation d'un grand héritage, de Anna Freud et Melanie Klein à Françoise Dolto", op. cit., pp. 81-2.

[13] C. Calligaris, *Introdução a uma clínica diferencial das psicoses*, Porto Alegre, Artes Médicas, 1989, pp. 27-8.

[14] J. Lacan, "Dos notas sobre el niño", op. cit., pp. 55-7.

A CRIANÇA NA CLÍNICA PSICANALÍTICA

apelam a um saber, que solicitam a suplência da função de agentes da subjetivação, ou que constatam uma desistência. Portanto, o incômodo que conduz uma criança até o analista implica-a, primeiramente, enquanto suporte material de uma queixa. É o que faz da criança o significante de uma demanda (seja de saber ou de desconhecer) emergente dos agentes dos dispositivos sociais que a concernem.

Portanto, a condução da criança ao analista é ato que impõe uma singularidade à clínica. Até que seja possível qualificar como demanda de saber o que está efetivamente em jogo neste ato, ela é tão mais acéfala quanto mais estiver encarnada na materialidade da criança: *"a criança, por sua existência mesma, testemunha a realidade do casal, a 'verdade da realidade', quer dizer, o fracasso do ideal de seus pais, do ideal que ela é chamada a suportar, e os seus sintomas são de qualquer modo a confirmação desse fracasso, quer dizer, uma maneira de não mais encarnar para seus pais esse Outro imaginário, uma maneira de afirmar, à sua revelia, sua própria subjetividade. Podemos ver bem como uma resposta ortopédica poderia desconhecer o que está em jogo da verdade subjetiva que encerra esse tipo de sintoma. Vemos também como esta questão do sintoma da criança leva os analistas a se colocarem a indicação do tratamento: tratamento da criança? dos pais? da família? da mãe e da criança? Prevenção a ser imaginada? Questão que vocês todos conhecem muito bem, pois não cessamos de girar em torno dela. [...] Se os sintomas da criança revelam a verdade do inconsciente parental [...] então a indicação de um atendimento deveria concernir aos pais em vez de à criança, para quem seria conveniente fazer valer o reconhecimento simbólico ao qual seus sintomas apelam"*[15].

O atravessamento da criança-sintoma pelo sintoma da criança implica o paradoxo que a condição de criança demarca: sob as cisões do processo de estruturação subjetiva por vir, e portanto sem estrutura já decidida da gestão do desejo, a decisão sobre o tratamento sofre importantes impasses, já que este se define por uma certa estabilidade estrutural. Antecipá-la no diagnóstico é uma aposta, mas também pode configurar uma condenação. Este argumento, muitas vezes levantado pelos que pressupõem impossibilidade de análise de crianças, implica que, por razões condicionadas pela estrutura de sua própria constituição, um sujeito poderia ser tomado psicanaliticamente apenas no *só depois de sua estruturação*, onde o lapso que o distanciaria de sua constituição permitir-lhe-ia supor sua produção sintomática como enigma de sua própria condição. Neste caso, a preponderância da dimensão real que circunscreveria

---

[15] Martine Lerude, "Au bonheur des enfants", *La psychanalyse de l'enfant*, Paris, Association Freudienne nº 11, 1992, pp. 104-5.

A PSICANÁLISE DE CRIANÇAS

a criança não produziria senão aproximações imaginárias. Tais aproximações estariam, portanto, calcadas nos efeitos de sentido perturbadores que ela causa, capazes de configurá-la criança-sintoma, sintoma daqueles que demandam análise através de uma criança.

Julgamos, entretanto, ser possível e imperativo localizar e diferenciar os sujeitos que formulam a demanda, para que a especificidade da formulação possa tornar-se demanda endereçada e fazer laço transferencial. Só por este processo é que uma decisão se precipita: a criança concreta poderá tornar-se exterior ao tratamento ou implicar-se na articulação demandante dirigida ao analista. Afinal, *"se quisermos admitir com Lacan que a alienação ao Outro é constitutiva da subjetividade, então a criança também é responsável pelos seus sintomas, na medida em que estes a constituem como sujeito de sua própria palavra, mesmo surgindo segundo modalidades quase experimentais, empoleiradas sobre o inconsciente parental. [...] O sintoma não é um simples parasita vindo instalar-se sobre uma natureza vitoriosa, perfeita"*[16]. De todo modo, a transferência só sustém a análise de uma criança se for incidente também nos agentes paternos. O discurso parental cifra uma leitura na qual reconhecem as manifestações como atos prenhes da significância que eles, no mínimo, demarcam, mesmo quando se julgam impotentes para interpretá-la, recorrendo então ao analista. Eles demarcam obstáculos e os interrogam, pedindo resposta. Decorre daí a importância de considerá-los como parte do texto que traça questões ou pontua lacunas para a própria criança, que nelas se engaja com maior ou menor vigor e que delas se diferencia ao articular as suas.

Sobre esse ponto é necessário equacionar a relação entre demanda e transferência, que as posições de Balbo[17] permitem esclarecer. A queixa endereçada ao analista, pelos pais, refere-se ao insucesso da criança para o gozo social, em que a criança é situada e oferecida como virtualidade a ele correspondente. A estranheza que ela causa ao não se integrar nessa transitividade leva-a, pelas mãos de seus pais, ao analista. Como o analista não é agente do gozo social, ele só pode elaborar com a criança e os pais essa demanda a ele endereçada como uma não-demanda analítica. Os pais falam

---

[16] M. Lerude, "Au bonheur des enfants", op. cit., pp. 105-6.

[17] Gabriel Balbo, "Demanda e transferência", conferência realizada em Porto Alegre, em 08/08/91, *Boletim da Associação Psicanalítica de Porto Alegre*, ano III, nº 7, agosto de 92, pp. 15-9. Seguiremos alguns de seus argumentos, neste parágrafo.

muito mais a um outro imaginário do que falam ao analista. Falam à criança narcísica que gostariam de ser, que desejariam reconhecer naquele que procriaram; falam, portanto, de seu fracasso e situam a criança no lugar de mestre: *"a abordagem do trabalho com os pais é a de determinar quem é esse mestre do gozo. Porque, do gozo do Outro, a criança é sempre o mestre. É isso, afinal, que significa* His Majesty, the Baby: *é ocupar o lugar de rei, do mestre, daquele que manda no gozo dos outros. [...] E por que seria a criança quem precisaria exercer essa mestria do gozo? Se, às vezes, quando vêm falar deles mesmos, eles falam também da criança, é porque pelo menos assim eles têm a ilusão de ocupar também um pouco o lugar do mestre do gozo"*[18]. O analista, ao considerar que há uma não-demanda, rejeita-a, portanto, opondo-se a ela. Realiza assim um conflito para concernir o real do discurso daqueles que a ele se endereçam, para fazer valer a significância desse discurso. Esse trabalho da demanda é o primeiro a ser feito, dura várias sessões e não conta com a presença concreta da criança, mas implica que os pais situem, para ela, o problema que os conduziu ao analista e que falem sobre isso ao analista. A função desse trabalho é dissociar a não-demanda dos pais da transferência que a criança poderá vir a fazer ao analista. Esse trabalho vai introduzir uma defasagem na ilusão que pais e criança portam na imaginarização do Outro que eles encarnam em analista, reduzindo essa ilusão ao real onde ela se origina. É o que vai livrar o lugar de Outro social, em que os pais inicialmente alocam o analista, permitindo o estabelecimento do contrato analítico, ato que conjuga e separa pais e filho quando eles confiam a criança ao analista. Naquilo que a criança articula acerca desse contrato com os pais constrói-se a possibilidade de demanda analítica[19]. É isso, portanto, o que poderá conduzir uma criança a uma análise.

"a criança [...] não tolera muito os métodos de associação livre".

Essa afirmação freudiana sobre a dificuldade da criança na associação livre parece passível de ser esclarecida pelo grande incômodo da presença da

---

[18] Ibid, p. 16.
[19] Retomaremos a questão da tranferência da criança no ítem 4.3.3.

criança na clínica psicanalítica, incômodo causado pelo que se denomina *meio de manifestação subjetiva da criança*. O jogo implicaria radicalmente uma diferença do *meio* em que o adulto se inscreve na situação analítica: a fala.

Anna Freud problematizou os limites dos substitutos da associação livre que permitiriam *"tomar o material para interpretação [...] independente da vontade ou da capacidade de a criança se expressar através da palavra"*[20]. Sancionou ainda a observação de outros analistas, que consideram que a interpretação assim efetuada visaria desnudar o inconsciente, sem passar pelas distorções e resistências do pré-consciente e do consciente da criança, tendendo à rigidez, impessoalidade e estereotipia. Mesmo quando Anna Freud[21] atesta a revisão de suas concepções, em 1946, ela insiste no questionamento da proposta de Klein quanto à equivalência completa entre livre associação adulta e atividade lúdica infantil, que forçaria a interpretação de símbolos a seus limites extremos. Entretanto, é interessante notar, ela ressalta que o ideal dos analistas de que o paciente obedeça fielmente à regra da associação livre significaria fazê-la equivaler à ultrapassada hipnose: *"Felizmente, para a análise, uma tal docilidade, no paciente, é, na prática, impossível"*[22].

Parece ser possível apreender aí um ensinamento de Anna Freud; afinal, o que mobiliza a querela da relação entre associação livre e jogo não é a diferença de *meio* que a criança impõe à clínica, mas o efeito de suas manifestações sobre o analista. O jogo imporia ao analista uma posição de deriva diante das manifestações da criança, que determinariam nele a imediaticidade de uma resposta analógica, constrangida pela biunivocidade entre manifestação e teoria. A despeito da constatação da radical diferença entre traduzir a observação e analisar, a força da insistência de uma presença inominável, quando as manifestações da criança são testemunhadas, coagiria o analista à condução da clínica pela oferta de sentido que velaria a opacidade do dado visível. Diante da pregnância do que é dado a ver, a clínica arriscar-se-ia a tomar a captação gestáltica do comportamento como parâmetro da interpre-

---

[20] A. Freud (1945), "Indicações de análise para crianças", *O tratamento psicanalítico de crianças*, Rio de Janeiro, Imago, 1971, p. 107.

[21] *"A técnica de análise infantil que eu própria advoguei é também um bom exemplo dos perigos da unilateralidade. Se renunciarmos à livre associação, se fizermos um uso parcimonioso da interpretação de símbolos e se começarmos interpretando a transferência apenas em um estágio avançado do tratamento, três importantes vias para a descoberta do conteúdo do id e das atividades do ego serão fechadas para nós"*. A. Freud, *O ego e os mecanismos de defesa*, Rio de Janeiro, Civilização Brasileira, 1978, 5ª edição, p. 23.

[22] Ibid., p. 12.

tação, recobrindo e reduzindo, num deslizamento de sentido, a invisibilidade de uma presença que o dado visível escamoteia, mas que aloca a unicidade da criança. Esta resposta à opacidade pela atribuição de equivalências, que traduzem a manifestação da criança em fala articulada do analista, permite ao analista superar a deriva do movimento opaco, e pode mesmo ganhar a eficácia clínica de viabilizar a construção subjetiva, mas não diferencia a singularidade da psicanálise no que ela impõe como ética. Na operação interpretativa restrita à tradução, o clínico responde pelo sujeito entrevisto e destitui a possibilidade de sustentação radical da condição de singularidade que se manifesta na clínica.

Bergès[23] nos lembra os riscos implicados na relação teoria-clínica, dos quais o primeiro é a insistência do real na clínica, modalizado imaginariamente pela via do privilégio da clínica. Trata-se de fazer prevalecer a clínica às custas do descaso com relação à teoria, onde o excesso de imaginarização do traço clínico aprisiona o analista, por seu desejo, à paixão do desconhecimento. O olhar clínico constrói-se, assim, não sobre o que vê, mas sobre o que espera ver, onde a subjetividade do analista encobre sua cegueira da clínica num imaginário ilustrante. O mesmo autor lembra, ainda, um outro risco que cabe ressaltar. Trata-se, do privilégio da teoria, às custas da clínica. A força do real na clínica pode emergir acobertada na armadilha do imaginário do analista, sustentando, no mapa de uma lógica espacial em que os instrumentos teóricos servem como brasões, modelos representativos que fazem suporte da figurabilidade, que põem em cena o aprisionamento do analista à lógica de seu fantasma. Impondo-se entre o percebido e o antecipado, tais modelos colocam o analista do lado da fobia da clínica, atado ao saber universitário que reivindica.

Enfim, considerando as próprias afirmações de Freud sobre o jogo, ocupação preferida e intensa, em que a criança insere as coisas do seu mundo seriamente ordenadas por seu desejo, referida ao vir-a-ser em que nada esconde[24], podemos supor que não seja *da criança* a intolerância à associação dita livre, mas *do analista* em operar com o seu correlato, ou seja, a atenção flutuante.

> " ... os êxitos são radicais e duradouros... amiúde a meta da análise ou ela mesma corre perigo...".

---

[23] Jean Bergès, "La Carte forcée de la Clinique", *Le Discours Psychanalytique*, Paris, J. Clims, Association Freudienne, fevereiro de 1990, pp. 35-40.

[24] "El creador literario y el fantaseo", op. cit, pp. 125-135.

A PSICANÁLISE DE CRIANÇAS

Nesses apontamentos Freud considera uma outra questão espinhosa: a direção do tratamento na análise de crianças. Na discussão do caso de Hans, Freud situa o que implica sua intervenção: *"Uma psicanálise não é uma indagação científica imparcial, mas uma intervenção terapêutica; em si não quer provar nada, mas apenas alterar alguma coisa"*[25]. Se levamos em conta aquilo que Freud toma da interceptação parental como risco à viabilidade da análise da criança, podemos considerar que a alteração visada é o deslocamento da posição de submetimento absoluto da criança à alteridade.

Entretanto, a direção do tratamento de crianças sempre esteve mais envolta na consideração da identificação ao analista, da supressão de sintomas, ou de uma suposta normalização adaptativa, do que numa efetiva formulação teórica. Para Izaguirre, muito poucas análises de crianças poderiam ser consideradas como terminadas, apesar de as saídas de análises terem seu interesse e conduzirem a momentos de desabrochamento da estrutura, atravessando formas de seu saber sobre a sexualidade e enodando o sujeito com um gozo. Entretanto, ela salienta um paradoxo: *"o atravessamento do fantasma implica o enfrentamento com o furo do saber do Outro. E me pergunto se isso é possível para uma criança, dadas as condições materiais de desamparo frente ao grande Outro. Poderia uma criança pôr uma censura sobre o Outro e sustentá-la? É indubitável, porém, que falar de fim de análise implica, para a criança, topar com a inconsistência do Outro"*[26].

Essas questões da autora permitem supor não apenas o equívoco de desconsiderar a diferença entre constituição fantasmática (que não prescinde do confronto com a inconsistência do Outro e aloja-se mesmo aí) e o atravessamento do fantasma (proposto por Lacan como fim de análise) e ainda o que se pode concluir do que Lacan afirma, relativamente à análise de criança: que a criança não responda, com seu corpo, ao gozo materno: *"O que convém indicar aqui é, entretanto, o preconceito irredutível do qual se sobrecarrega a referência ao corpo na medida em que o mito que cobre a relação da criança com a mãe não é levantado. Produz-se uma elisão que não pode se notar senão pelo objeto a, enquanto que é precisamente este objeto que ela subtrai de qualquer tomada exata. Digamos então que não a compreendemos senão ao nos opor a que seja o corpo da criança que responda ao objeto a. Ela se animaria justamente pelo fato de que o objeto a funciona como inanimado, pois é como causa que ele aparece no fantasma. Causa com relação ao*

---

[25] S. Freud (1909), *Análisis de la fobia de un niño de cinco años*, op. cit., p. 86 e p. 98.
[26] María Antonieta Izaguirre, *Psicoanálisis con niños*, Caracas, Monte-Ávila editores latinoamericana, 1995, pp. 88-9.

que é o sujeito, do qual o fantasma é a montagem. Mas também com relação ao sujeito que se refende no fantasma aí se fixando em uma alternância, armação que torna possível que o desejo não sofra, por isso, um retornamento"[27]. Trata-se, na análise, de que a criança situe o gozo numa versão fantasmática que responde ao gozo materno, distinguindo-se, assim, da sua encarnação como objeto desse gozo.

O fim da análise de crianças implica ascender a uma posição subjetiva, ou seja, situar a significação fálica no campo simbólico, pela confrontação com a inconsistência e a castração do Outro: *"Não podemos ir além. Se a ética nos indicava prosseguir, aqui terá que deter-se. Terá que esperar... O período de latência é este tempo necessário para comprender a castração materna mediante a fixação fantasmática"*[28]. A tarefa da criança na análise diferencia-se daquela do adulto, referente à travessia do fantasma. Trata-se de a criança proceder pelo apelo ao pai, pondo-o em seu lugar, constituindo a neurose infantil, operação pela qual o sujeito faz passar o agente do recalcamento do desejo materno e da falicização do exterior ao interior: *"Se a criança está inicialmente em posição de objeto do fantasma materno e sintoma da verdade do par parental, se o infantil evolui ao redor do despreendimento do fantasma e de um sintoma próprio, é preciso deduzir disso que precede que a psicanálise com uma criança é repentinamente uma contra-psicanálise: deixar cair isso contra o que, sendo o caso, a análise poderá se efetuar – no sentido em que Lacan lembrava que se pensa sempre contra um significante"*[29].

Enfim, a versão do *objeto a* e seus desdobramentos no valor fálico mantém a perspectiva de situar o diferencial do fim de análise de crianças na direção contrária do tratamento analítico de adultos.

---

[27] J. Lacan (1967), Discurso de encerramento das jornadas sobre as psicoses na criança, *Boletim da Associação Psicanalítica de Porto Alegre*, ano III, nº 7, agosto 1992, p. 5.

[28] Liliana Cazenave, "O que cura o psicanalista de crianças?", *IV Encontro de Psicanálise com Crianças*, São Paulo, nov. 1991.

[29] M.-J. Sauret, *De l'infantile à la structure*, op. cit, p. 490.

4.3. Da estrutura na clínica

"Demonstrou-se que a criança é um objeto muito fa-
vorável para a terapia analítica; os êxitos são radi-
cais e duradouros. Desde logo, é preciso modificar
em grande medida a técnica de tratamento elaborada
para adultos".

Uma série de clínicas psicanalíticas se desenvolveram a partir da necessidade de *modificação da técnica* na análise de crianças constatada por Freud. Algumas delas recorreram a modalizações híbridas, que associam a teoria psicanalítica a recursos da psicologia-psiquiatria. É o caso da proposta fundadora
da psicologia clínica feita por Lagache[30], onde o estudo das condutas individuais, em determinada conjuntura socio-afetivo-cultural, propunha o uso si-
multâneo de técnicas psicométricas, associadas à compreensão fenomenológica
e à interpretação psicanalítica. O traço da origem profilática da análise de crianças, a consideração da demanda parental-escolar e seus desdobramentos, a
prática de anamnese, a observação do comportamento em correlação à cronologia do desenvolvimento orgânico e ao sintoma, e, ainda, as investigações
psicométricas e projetivas de que o psicanalista de crianças por vezes se serve
produzem distintas abordagens de inspiração psicanalítica associadas à psicologia e à psiquiatria.

Outras estratégias clínicas constituíram-se no esteio das perspectivas de
Klein ou Anna Freud, inserindo novas aproximações que possibilitaram a construção de meios de modalização da escuta e de exercício analítico, das quais o
"squiggle-game" de *Winnicott* é exemplar, mas não o único ("o respeito absoluto ao querer da criança" de *Betelheim* e "as intervenções intuitivas
maternantes" de *Dolto* podem ser aí situadas). Tal labilidade técnica permite
interrogar, ainda hoje, se o montante de especificidades impostas à clínica psicanalítica com crianças, que respondem ao que Freud situou como *adaptação da*
técnica, deslocariam a clínica psicanalítica de crianças para a exterioridade do
terreno propriamente psicanalítico.

A indefinição de balizas da clínica psicanalítica com crianças é capaz de
sustentar, em suspense, o embaraço que a criança produz para a psicanálise. É
o que pode ser lido na justificativa da inclusão de um verbete sobre a criança
numa Enciclopédia de psicanálise: *"Pode acontecer que alguém se surpreenda que*

---

[30] Daniel Lagache publicou tal perspectiva em 1949, na França , no livro: *L'Unité de la psychologie*.

se consagre aqui à criança ou à infância um capítulo particular, separado. É dizer que a perspectiva analítica sobre a criança – se não a psicanálise de crianças propriamente dita – constitui um ramo à parte, derivado, um avatar da experiência analítica ortodoxa? É verdade que se coloca ainda hoje a questão de saber se isso que se chama psicanálise de criança deve ser efetivamente reconhecido ou não como da psicanálise stricto sensu..."[31].

Fendrik, por exemplo, atesta essa mesma interrogação nos seguintes termos: *"questões de legitimidade-ilegitimidade, de sentido-não sentido da prática com crianças; de reivindicação do caráter 'uno' da psicanálise, contrário à idéia de especialização; dos direitos da criança de ser considerada 'sujeito' em uma análise, que ainda hoje são proclamados, e outras tantas questões e interrogações, não deixam de insistir, demonstrando, com toda nitidez, que não se avançou muito nos últimos sessenta anos. Algumas tentativas isoladas de refletir sobre a direção da cura em análise infantil não conseguiram atingir o estatuto de uma verdadeira conceitualização, que operasse de um modo diferente dos* impasses *transmitidos durante todo este tempo"*[32].

Numa de suas vertentes importantes, o questionamento volta-se para o estatuto que o clínico confere ao jogo da criança, enquanto orienta sua intervenção, geralmente retomando a proposta de Klein. Nessa trilha, as considerações feitas por Lacan[33], acerca da análise kleiniana de Dick, são bastante esclarecedoras, posto que ele apreende aí algo de fundamental que a técnica analítica de Klein inaugura: a dependência da constituição subjetiva da criança ao exercício simbólico, sob a garantia de um agente que o antecipa, oferecendo-lhe o lugar de onde possa responder. No caso de Dick, Lacan considera que a criança, por prescindir de apelo ao outro, tem interrompido o sistema pelo qual o sujeito vem se situar na linguagem, posto que seus escassos e curtos registros não se demarcam na fala. Lacan aponta que Klein desencadeia a série efetivamente simbólica da criança. Ao dizer: "Dick pequeno trem, grande trem, papai trem", Klein esboça a junção da linguagem ao imaginário do sujeito, reenviando-lhe articulações significantes e, assim, desencadeando um jogo simbólico. A criança brinca com seu trenzinho e diz a palavra *estação*. Klein então lhe reenvia "A estação é mamãe. Dick entrar na mamãe". Para Lacan, Klein introduziu aí, arbitrária e implicitamente, a verbalização: *"Ela simbolizou uma relação efetiva, a de um ser nomeado, com um outro. Ela chapou a simbolização do*

---

[31] Gérard Guillerault, "Enfant" (Psychopathologie De), em P. Kaufmann, org, *L' apport freudien, Éléments pour une Enciclopédie de la psychanalyse*, Paris, Bordas, p. 116.
[32] S. Fendrik, *Ficção das origens*, op. cit., p. 15.
[33] J. Lacan (1953-4), *Seminário I, Os escritos técnicos de Freud*, Rio de Janeiro, Jorge Zahar, 1979.

mito edipiano, para chamá-lo por seu nome. [...] A criança verbaliza um primeiro apelo, um apelo falado. [...] Pela primeira vez produz uma reação de apelo que não é simplesmente um apelo afetivo, mimetizado por todo o ser, mas um apelo verbalizado, que a partir de então comporta resposta. [...] A criança simboliza a realidade dela a partir desse núcleo, dessa pequena célula palpitante de simbolismo que lhe deu Melanie Klein. [...] É o discurso de Melanie Klein que enxerta brutalmente, sobre a inércia eu-óica do sujeito da criança, as primeiras simbolizações da situação edipiana. [...] O desenvolvimento só ocorre na medida em que o sujeito se integra ao sistema simbólico, aí se exercita, aí se afirma pelo exercício de uma palavra verdadeira. Não é nem mesmo necessário, vocês vão observar, que essa palavra seja sua. No casal momentaneamente formado, sob a sua forma contudo menos afetivada, entre a terapeuta e o sujeito, uma verdadeira palavra pode ser introduzida. Sem dúvida não é qualquer uma – é aí que vemos a virtude da situação simbólica do Édipo. [...] Quando Melanie Klein lhe entrega o esquema do Édipo, a relação imaginária que vive o sujeito, embora extremamente pobre, já é suficientemente complexa para que se possa dizer que ele tem seu próprio mundo"[34].

Entretanto, da efetividade do enlaçamento do *infans* no campo simbólico, com o conseqüente desdobramento da constituição subjetiva possibilitado pela intervenção clínica, Klein não problematizou o conteúdo ficcional de suas intervenções. Ela transpôs esse conteúdo diretamente no nível dos fatos históricos da cronologia do desenvolvimento de uma criança qualquer. Considerou o conteúdo de suas interpretações não como um mito necessário, mas como um conhecimento diretamente resgatável pela tradução interpretativa, daquilo que a criança já articularia inconscientemente e expressaria na linguagem do jogo. A linguagem, tomada no limite do veículo transmissor de um conteúdo já constituído, mas não consciente, é o que lhe permite a equivalência entre a fala do adulto e o ato da criança. Obviamente isso não retira o mérito da potencialidade da clínica que ela inaugura[35]. Como diz Lacan: *"este real primitivo é para nós literalmente inefável. Enquanto não nos diz nada, não temos nenhum meio de penetrar nele, senão por extrapolações simbólicas que fazem a ambigüidade de todos os sistemas como o de Melanie Klein – ela nos diz, por exemplo, que, no interior do império do corpo materno, o sujeito ali está com todos os seus irmãos, sem contar com o pênis do pai, etc. É mesmo? Não importa, já que podemos apreender assim, em*

---

[34] Idem, ibidem.
[35] Pelo contrário, provoca a questão sobre a necessidade de a ficção construída pelo analista e oferecida à criança ser da ordem de uma certeza imperativa inarredável do analista, enquanto condição de possibilidade ao engajamento subjetivo. A conseqüência disso seria a prevalência da dimensão imaginária como mote da clínica psicanalítica de crianças.

A CRIANÇA NA CLÍNICA PSICANALÍTICA

todo o caso, como esse mundo se põe em movimento, como imaginário e real começam a se estruturar, como se desenvolvem os investimentos sucessivos, que delimitam a variedade dos objetos humanos, quer dizer, nomeáveis. Todo esse processo parte desse primeiro afresco que constitui uma palavra significativa, formulando uma estrutura fundamental que, na lei da palavra, humaniza o homem"[36].

O limite da interpretação kleiniana e suas implicações é ressaltado por Santa Roza[37]. Para a autora, a clínica de Klein comporta o equívoco de fazer do seu sistema teórico um conteúdo antecipado daquilo que qualquer jogo infantil repetiria, já que o significado do jogo era desvendado apenas por sua apresentação manifesta e era generalizado em códigos pré-estabelecidos de interpretação, impondo significação pré-concebida. Essa perspectiva interpretativa, que contradiz a própria proposta kleiniana, deve-se, para Santa Roza, à atribuição de equivalência entre *jogo* e *associação livre*. Isto porque a atividade lúdica, capaz de conotar e evocar situações, presentificando-as, não pode denotar nem informar, por não nomeá-las. É o que torna impossível ao analista fazer corresponder jogo e associação livre ou traduzi-lo verbalmente, posto que tal operação de superinvestimento das representações-coisa, pela ligação com as representações-palavra, é exclusiva do sujeito que a empreende. Atingida pelo potencial evocador das imagens do jogo, Klein ofereceria imediatamente ao paciente o resultado de suas próprias articulações. Nesta medida, Klein limitou interpretação e transferência aos efeitos da relação intersubjetiva, imprimindo aí a característica vertente imaginária de seu sistema teórico. A interpretação enquanto tradução do inconsciente da criança, pelas versões da sexualidade imputadas como realidade por Klein, faria da analista o único critério, conduzindo a análise para a identificação[38].

A despeito do esclarecimento que a posição de Santa Roza permite apontar acerca da operação tradutiva kleiniana, ela suporta o equívoco de supor que o jogo seria incapaz de dar vigência à associação livre por não denotar nem informar e, portanto, não nomear. Para a autora, a consideração de que o brincar *"é movimento constituinte da realidade psíquica, capaz de promover o estabelecimento das relações do sujeito com a realidade"[39]* não é suficiente para conferir-lhe o mesmo estatuto da fala. O jogo da criança seria uma atividade simbólica estruturalmente distinta e aquém da linguagem verbal, por sustentar-se de

---

[36] *Seminário I (1953-4), Os escritos técnicos de Freud*, op. cit., pp. 100-6.
[37] E. Santa Roza, *Quando brincar é dizer*, Relume Dumará, Rio de Janeiro, 1993, pp. 94-130.
[38] Ibid., pp. 129-30.
[39] Ibid., p. 144.

representações analógicas que comporiam um sistema de signos: *"enquanto jogo de imagens, gestos e ações, o brincar não pode ser considerado equivalente pleno das associações livres, por seu caráter de ambigüidade e imprecisão, por suas diferenças lógicas em relação à linguagem verbal"*[40]. Entretanto, Freud permite-nos lembrar que o apoio que diferencia o jogo da criança do devaneio do adulto não altera nem diminui sua condição mesma de linguagem: *"toda criança que joga se comporta como um poeta, pois cria para si um mundo próprio, ou melhor dito, insere as coisas de seu mundo em uma nova ordem que lhe agrada. [...] A criança diferencia muito bem da realidade seu mundo do jogo, apesar de todo seu investimento afetivo; e tende a apoiar seus objetos e situações imaginados em coisas palpáveis e visíveis do mundo real. Só este apoio diferencia ainda seu 'jogar' do 'fantasiar'. [...] a criação poética, como o sonho diurno, é continuação e substituto dos antigos jogos de criança"*[41]. Se esta possibilidade de inserir coisas numa nova ordem produz outra realidade, efeito da linguagem sobre a linguagem, tais coisas valem não como signos (portanto por aquilo que os define numa realidade pré-existente), mas como significantes. A criança, ao brincar, põe em jogo coisas do mundo, criando uma significação, ou seja, articula as coisas de seu mundo, servindo-se delas como suportes, cujo ordenamento numa série é suficiente para constituir uma nova realidade e sua significação. Afinal, a posição de um elemento na série é o critério de seu valor: um elemento simbólico não se define por realidades pré-existentes, mas pelas relações que definem seu lugar. Portanto, a realidade que a poesia, o devaneio ou o brincar produzem, ao se articularem apoiados em palavras ou em objetos, independem da materialidade de que se servem. Esta realidade criada implica-se na circulação significante que ultrapassa o que a sustém verbal ou concretamente. Como o jogo, a fala sustenta a mesma ambigüidade e imprecisão para produzir equivalências que permitiriam a transparência da tradutibilidade e limitariam a linguagem a um código. Mas é esta precariedade da linguagem que lhe dá o caráter de equivocidade que produz o jogo, a poesia e as formações do inconsciente.

Essas considerações aqui anunciadas só podem assumir suas propriedades a partir de uma aproximação mais detida que permita situar a articulação entre a trama simbólica do jogo e a função da fala que, apesar de uma distinção necessária, estão imbricadas no mesmo campo: a linguagem. Afinal, pretendemos esclarecer o que nos permite considerar o jogo (tomado como a

---

[40] Idem, Ibidem.
[41] "El creador literario y el fantaseo", op. cit, pp. 125-135.

A CRIANÇA NA CLÍNICA PSICANALÍTICA

rede de manifestações da criança) no estatuto de ato que compõe um texto cifrado, na associação dita livre. Afinal, a associação é sobredeterminada pela relação da criança à alteridade, matriz de dupla entrada do tesouro de significantes (A) e das versões do objeto *a*, que ultrapassam o limite de uma linguagem privada, já que comporta, ou no mínimo permite, a equivocidade. As emissões vocais que se destacam nos seus jogos ultrapassam-nos na medida em que operam retorno sobre as impressões significantes presentificadas no jogo, lendo-as portanto. Dessa perspectiva, não é nem o jogo nem as palavras que *per se* permitem a intervenção analítica, ao mesmo tempo que são ambos, em sua trama, que a causam. A pertinência de uma intervenção interpretativa não se define pelo fato de ela ser atinente ao jogo ou à fala, porque é totalmente submetida à condição de estruturação da criança. Antes que tal condição seja situada pelo analista, qualquer interpretação, seja ela supostamente sustentada pelo jogo ou pela fala da criança, está, na verdade, constrangida pelo plano imaginário do analista. Portanto, o questionamento que Santa Roza faz da imaginarização, na interpretação kleiniana do jogo, aplica-se à interpretação da fala, já que não é qualquer fala ou qualquer jogo que podem permitir inserção de uma intervenção propriamente analítica. O diferencial não se situa no jogo ou na fala, mas na condição de estrutura que os põe em funcionamento.

Assim submetida à estruturalidade da criança e não ao imaginário do analista, por exemplo, uma intervenção analítica pode ser reduzida a um estancamento físico do analista no lugar em que era esperado um movimento corporal que atenderia à continuidade de uma oferta gestual de uma criança, conferindo suspensão a um segmento do jogo, de modo a causar a urgência de leitura dessa lacuna pela criança, num apelo ao verbo. O deciframento efetuado pela intervenção é constrangido pela equivocidade que a estrutura do jogo da criança permite. Ao incidir sobre a precariedade da cifragem gestual em que se increvia, permite seu ultrapassamento e sua complexificação, rumo ao destacamento da fala como asserção de um sujeito. Outra intervenção pode se reduzir à surpresa que destaca um termo numa jaculação automática de palavras em associação tão livre que não situa o autor do enunciado, intimando um retorno sobre o dito e sua cifragem, na leitura que institui e permite assumir autoria.

Na perspectiva de esclarecer estes apontamentos, somos conduzidos a explicitar a concepção de linguagem que orienta as operações na clínica psicanalítica desvelada por Lacan.

4.3.1. Do significante...

As condições de possibilidade da concepção de linguagem como estrutura, dadas pelo lingüista Ferdinand de Saussure, serão aqui retomadas, para delimitar a distância entre a estrutura borromeana, concebida por Lacan, e a concepção lingüística de estruturalismo, na diferença que conduziu o psicanalista a chamar seu discurso de lingüisteria. Para delimitá-la, leremos Saussure pelo crivo que Deleuze[42] propõe.

Saussure reconhece, ao forjar o conceito de língua, uma terceira ordem que se impõe à clássica oposição complementar entre a realidade e o pensamento que a imagina. A língua é *"exterior ao indivíduo que por si só não pode nem criá-la nem modificá-la; ela não existe senão em virtude duma espécie de contrato estabelecido entre os membros da comunidade"*[43]. Fazendo da língua esse reino simbólico não assimilável à realidade ou à imaginação, Saussure concebe a língua como *um sistema de signos*[44], demarcando *um todo por si e um princípio de classificação*[45] que aloca suas condições de funcionamento. Os signos, que não são essências ou figuras de imaginação, ligam uma imagem acústica a um conceito, numa relação arbitrária, portanto simbólica[46]. Saussure escreve:

---

[42] Confrontaremos basicamente a sistematização do estruturalismo que Gilles Deleuze apresenta no texto: "Em que se pode reconhecer o estruturalismo?" (*História da Filosofia*, vol. VIII, org. F. Châtelet, Rio de Janeiro, Zahar, 1967, p. 271) com o livro que sistematiza os cursos dados por Ferdinand de Saussure: *Curso de Lingüística Geral*, São Paulo, Cultrix, 1993. Cabe lembrar, com Cláudia De Lemos ("Saussure, um lingüista desejante", Palestra apresentada na Escola Psicanalítica de Campinas, em julho de 1996), que o Curso, que trouxe um horizonte de cientificidade para as Ciências Humanas e que torna Saussure um fundador, não é dele, mas montado a partir de notas dos alunos, que não consideraram as margens, as dúvidas presentes em seu curso. O que se aproveitou do curso apaga suas questões e retira o movimento desejante de Saussure.
[43] F. de Saussure, *Curso*, op. cit., p. 22.
[44] Ibid., p. 23. Saussure concebe assim, de saída, mas é mais complexo, conforme veremos a seguir, o cruzamento da Teoria do valor sobre a Teoria do signo.
[45] Ibid., pp. 15-8. A divisão saussuriana significado/significante não é uma mera versão da dicotomia inteligível/sensível.
[46] "Poder-se-ia chamar a língua o domínio das articulações [...]: cada termo lingüístico é um pequeno membro, um articulus, em que uma idéia se fixa num som e em que um som se torna o signo de uma idéia. A língua é comparável a uma folha de papel: o pensamento é o anverso e o som o verso: não se pode cortar um sem cortar ao mesmo tempo o outro: assim, tampouco, na língua, se poderia isolar o som do pensamento ou o pensamento do som". F. de Saussure, *Curso*, op. cit., p. 131.

O signo é a união de conceito a imagem acústica arbitrariamente ligados, situando-se, ao mesmo tempo, além da realidade e imagem da palavra e além dos conceitos a ela associados. A realidade, enquanto referente, fica assim remetida ao exterior do campo lingüístico.

A combinatória desses elementos formais impede que eles sejam tomados enquanto unidades isoláveis do sistema[47] e implica a concepção de *valor* e, portanto, o critério da *posição*. Como aponta De Lemos[48], a teoria saussuriana do valor, que coincide e procede da interrogação sobre a segmentação da cadeia nos anagramas, visa responder à questão fundamental da teoria do signo, a arbitrariedade, em que a ausência de relação entre conceito e imagem acústica não implica a independência deles: não há conceito prévio a significante, nem imagem acústica independente de significação[49].

Um elemento simbólico não se define por realidades pré-existentes às quais remeteria e que designaria, ou pelos conceitos que ele implicaria e que lhe dariam significação. Sem designação extrínseca ou significação intrínseca, são as relações de vizinhança que definem lugares antes dos seres e coisas que venham a ocupá-los[50]. A língua é o sistema de valores puros estabelecidos por uma coletividade que nada determinam fora do estado momentâneo de seus termos, sistema de termos articulados, onde o valor de um termo resulta da presença simultânea de todos os outros e é determinado por aquilo que o rodeia, pelas relações diferenciais com outros, em sua posição relativa.

---

[47] *"[no jogo de xadrez:] Tomemos um cavalo; será por si só um elemento do jogo? Certamente que não, pois, na sua materialidade pura, fora de sua casa e das outras condições de jogo, não representa nada para o jogador e não se torna elemento real e concreto senão quando revestido de seu valor e fazendo corpo com ele. Suponhamos que, no decorrer de uma partida esta peça venha a ser destruída ou extraviada: pode-se substituí-la por outra equivalente? Decerto: não somente um cavalo mas uma figura desprovida de qualquer parecença com ele será declarada idêntica, contanto que se lhe atribua o mesmo valor". Curso*, p. 134.

[48] "Saussure, um lingüista desejante", op. cit.

[49] A este respeito, cf. o artigo em que De Lemos nos lembra a tensão entre um Saussure diurno e um Saussure noturno, em que a teoria do valor desfaz a própria unidade do signo:"*O que se tem chamado de 'subversão' do signo de Saussure por Lacan corresponde, para mim, a uma teoria que salva a teoria do valor, não para a Psicanálise, mas para o próprio Saussure. Submeter a significação ao valor, como relação entre significantes, deslocando-a para a relação entre sujeito e significante, não poderia ter sido um gesto de Saussure?*". Em: "Da morte de Saussure, o que se comemora?", *Psicanálise e Universidade*, PUCSP, nº 3. 1995, São Paulo, p. 50. Ainda sobre o assunto, Marc Darmon considera que Lacan resgatou o que havia de essencial à teoria de Saussure: o jogo de diferenças que só assumem valor a partir dos locais que ocupam. Lacan teria reestabelecido a verdade da descoberta de Saussure, verdade encoberta pelos acréscimos feitos pelos autores do livro que retoma os cursos de Saussure. Em *Ensaios sobre a topologia lacaniana*, Porto Alegre, Artes médicas, 1994, pp. 11-25.

[50] *"nem sequer da palavra que significa 'sol' se pode fixar imediatamente o valor sem levar em conta o que existe em redor: línguas há em que é impossível dizer 'sentar-se ao sol'. Curso*, p. 140.

A PSICANÁLISE DE CRIANÇAS

As unidades de posição ou elementos simbólicos permitem situar o *diferencial* que caracteriza a estrutura. O que distingue o signo *"é tudo que o constitui: é a diferença que faz a característica, como ela faz o valor da unidade"*[51]. A menor unidade lingüística é inseparável da relação que a une às outras, encarna-se em letras mas não se reduz a elas, sendo ao mesmo tempo distinta das partes sonoras, das imagens e dos conceitos associados. Como diz De Lemos[52], a teoria do valor desfaz a positividade da teoria do signo através da negatividade da diferença em que nenhum signo se apresenta por si próprio, ele existe pela diferença em relação aos outros, diferença que constitui a língua. As unidades estabelecem relações simbólicas, por ser nas relações diferenciais que estas se determinam reciprocamente[53].

O processo de determinação recíproca no interior da relação é o que permite definir a natureza simbólica, numa lógica de relações. Os valores não se confundem com o elemento que lhes serve de suporte, o valor é valor simbólico: *"não é o metal da moeda que lhe fixa o valor. [...] o significante lingüístico, em sua essência, este não é de modo algum fônico; é incorpóreo, constituído não por sua substância material mas unicamente pelas diferenças que separam sua imagem acústica de todas as outras"*[54].

Ao apontar a virtualidade da língua, Saussure permite depreender uma importante face estrutural. Diferenciada na sua encarnação, na sua atualidade, a língua é sempre virtual e nunca se atualiza completamente. Apenas certos

---

[51] *Curso*, pp. 140-1.

[52] "Saussure, um lingüista desejante", op. cit.

[53] *"A lingüística trabalha, pois, no terreno limítrofe entre as duas ordens que se combinam. [...] é uma grande ilusão considerar um termo simplesmente como a união de um certo som com um certo conceito. Defini-lo assim seria isolá-lo do sistema do qual faz parte. [...] Quer se considere o significado, quer o significante, a língua não comporta nem idéias nem sons pré-existentes ao sistema lingüístico, mas somente diferenças conceituais e diferenças fônicas resultantes deste sistema. O que haja de idéia ou de matéria fônica num signo importa menos que o que existe ao redor dela nos outros signos". Curso*, p. 131. Como diz Viviane Veras (em comunicação pessoal), quando Saussure introduz a teoria do valor, ele inverte os termos.

significado > *Significante*
significante   significado

Ele inscreve o significado como um valor num sistema dado, valor das formas significantes, portanto, sob o significante. Se são necessárias outras formas significantes, para que um significante se una a um significado, o significado é efeito do significante, ou seja, o significado só se dá sob formas significantes determinadas. Afinal, não é sem razão que Lacan escreve o algoritmo $\underline{S}$ afirmando que *"o signo, assim escrito, merece ser atribuído a Saussure"*.
s

[54] Saussure, *Curso*, pp. 137-8.

A CRIANÇA NA CLÍNICA PSICANALÍTICA

valores de relações e certas singularidades se atualizam[55]. O caráter virtual da estrutura da língua a faz real, sem ser atual, e ideal, sem ser abstrata. Um repertório ideal de coexistência virtual (de relações, valores de relações e singularidades próprias a um domínio) pré-existe ao que vem ocupá-lo, mas a atualização se faz necessariamente em direções exclusivas, implicando combinações parciais que recobrem a estrutura, sendo não apenas produtos ou efeitos dela, mas o único modo de acesso a ela.

A condição de movimento da estrutura é dada por sua propriedade *serial*. Qualquer estrutura implica a organização serial que se faz referida a relações complexas entre outras séries e a estrutura não funciona sem esta condição. Os elementos simbólicos, tomados em suas relações diferenciais, estão necessariamente organizados em séries distintas. A cada instante, uma série remete, não apenas repete ou reflete outra série. Nas relações atuais, dadas na linearidade do sintagma, incidem as séries das relações associativas que as permitem[56] e as restringem.

Diferenciando, na linguagem, a língua (ordem própria de funcionamento que constitui o objeto da lingüística) e a fala, Saussure delimitou o campo da ciência lingüística, excluindo dela a modalização da língua na fala. A fala, enquanto atualização momentânea e individual da língua, não lhe permitia detenção: *"Todos os outros elementos da linguagem, que constituem a fala, vêm por si mesmos subordinar-se a esta primeira ciência. [...] A língua é necessária para que a fala seja inteligível e produza todos os seus efeitos; mas esta é necessária para que a língua se estabeleça. [...] De que maneira a fala está presente numa comunidade? É a soma do que as pessoas dizem, e compreende: a) combinações individuais, dependentes da vontade dos que falam; b) atos de fonação, igualmente voluntários, necessários para a execução destas combinações. Nada existe portanto de coletivo na fala; suas manifestações*

---

[55] *"Se pudéssemos abarcar a totalidade das imagens verbais armazenadas em todos os indivíduos, atingiríamos o liame social que constitui a língua. Trata-se de um tesouro depositado pela prática da fala em todos os indivíduos pertencentes à mesma comunidade, um sistema gramatical que existe virtualmente em cada cérebro ou, mais exatamente, nos cérebros de um conjunto de indivíduos, pois a língua não está completa em nenhum, e só na massa ela existe de modo completo". Curso, p. 21.*

[56] *"De um lado, no discurso, os termos estabelecem entre si, em virtude de seu encadeamento, relações baseadas no caráter linear da língua, que exclui a possibilidade de pronunciar dois termos ao mesmo tempo [...] Tais combinações, que se apóiam na extensão, podem ser chamadas de sintagmas. [...] Por outro lado, fora do discurso, as palavras que oferecem algo de comum se associam na memória e assim se formam grupos dentro dos quais imperam relações muito diversas. [...] A relação sintagmática existe* in praesentia; *repousa em dois ou mais termos igualmente presentes numa série efetiva; ao contrário, a relação associativa une termos* in absentia *numa série mnemônica virtual". Curso, pp. 142-3. A que Lacan dirá: "Não há, com efeito, nenhuma cadeia significante que não sustente como apenso, na sustentação de cada uma de suas unidades, tudo o que se articule de contextos atestados, na vertical, por assim dizer, desse ponto".* Em: "L'instance de la lettre dans l'inconscient", *Écrits*, Paris, Seuil, 1966, p. 503.

160

são individuais e momentâneas. [...] seria ilusório reunir, sob o mesmo ponto de vista, a língua e a fala. O conjunto global da linguagem é incognoscível, já que não é homogêneo, ao passo que a diferenciação e a subordinação propostas esclarecem tudo "[57] . Na própria necessidade de diferenciação língua/fala Saussure aponta o incômodo da relação que elas constituem, no estabelecimento da ciência lingüística.

Como diz De Lemos[58] , Saussure expulsa o sujeito psicológico (para ele a fala é desempenho individual) em nome das leis de funcionamento da língua, em que nenhum indivíduo interfere. Constatada a não intervenção do sujeito na ordem da língua e reafirmada a relação entre significantes, o que um significante representaria para outro significante? Perguntando se há escolha na passagem de um significante para outro, Saussure, mesmo acossado pelo que escuta nos anagramas, escolhe responder que não, por causa da ordem própria da língua, porque sua cadeia é linear, não há retroação para fazer sentido.

4.3.2. ... à letra

> *"se considerarmos tudo que, pela definição da linguagem, se segue quanto à fundação do sujeito, tão renovada, tão subvertida por Freud, que é lá que se garante tudo que de sua boca se afirmou como o inconsciente, então será preciso, para deixar a Jakobson seu domínio reservado, forjar alguma outra palavra. Chamarei a isto de lingüisteria. [...] Meu dizer que o inconsciente é estruturado como uma linguagem não é do campo da lingüística. [...] Mudamos de razão, quer dizer, mudamos de discurso"*[59] .

Ao constituir a lingüística como ciência, Saussure diferenciou a fala, subordinando-a ao que, para ele, era essencial: a língua. Sua definição de fala, manifestação individual e momentânea, permitiu hipóteses de domesticação plena da língua pela ciência: a fala poderia ser tomada como dejeto da língua e ser excluida de considerações. Mas o esforço saussuriano dessa distinção também permitiu que esse resíduo da língua fosse recolhido por Lacan, que definiu o discurso analítico como o modo de relação fundado pelo que funciona na

---

[57] *Curso*, pp. 26-8.
[58] "Saussure, um lingüista desejante ", op. cit.
[59] J. Lacan, *O Seminário, livro XX, Mais, ainda*, op. cit., p. 25.

A CRIANÇA NA CLÍNICA PSICANALÍTICA

fala: *"todo esse significante, dir-se-á, só pode operar por estar presente, no sujeito. É a isso mesmo que eu respondo ao supor que ele passou para o plano do significado. [...] O que essa estrutura da cadeia significante descobre é a possibilidade que eu tenho – justamente na medida em que sua língua é comum a mim e a outros sujeitos, isto é, na medida em que essa língua existe – de me servir dela para significar* algo totalmente diferente *do que ela diz"*[60].

Afinal, a estrutura virtual da língua só é atualizada pela fala que a habita. Sob a substituição de significantes que fazem a metonímia (o deslizamento significante) e a metáfora (em que um significante substitui outro, tomando-lhe o lugar e mantendo-o oculto pela sua conexão metonímica com o resto da cadeia), Lacan leu o transporte do sujeito, sempre alhures ao funcionamento indefinidamente substitutivo da significância. A fala é ato do *sujeito que enuncia*, sempre excêntrico ao *eu do enunciado* que reúne a sua consistência imaginária. Entre o *eu do enunciado* e o *sujeito da enunciação*, Lacan marcou um intervalo aberto, a fenda do sujeito que só pode situar-se além de onde *"Eu sei".* É de onde está que faz entrar o *eu* no seu jogo[61]. Diferentemente de qualquer outro estruturalista, Lacan apreendeu que a estrutura da língua contém, em exclusão interna, uma emergência distinta – o sujeito. Isto implica que a definição de significante, enquanto elemento mínimo de uma estrutura qualquer, inclua tal emergência. Na relação de representação binária, acrescentou um terceiro termo só definível pela relação aos outros, fazendo dele uma propriedade intrínseca da cadeia[62]. É o que permite a afirmação de que *um significante representa o sujeito para outro significante*.

À concepção saussuriana de valor (que recobre a noção de unidade e permite constatar que o emprego de uma mesma palavra se diferencia a cada uso, produzindo uma significação que se descola de qualquer identidade a ela suposta) Lacan resgata-lhe a vigência: *"os significantes não designam a si mesmos, só podem ser os representantes deles mesmos ao distinguirem-se deles mesmos. Essa alteridade do significante a si mesmo é o que designa o termo A, significante como Outro, ele introduz o Outro como tal na sua inscrição, como separado de sua inscrição mesma"*[63]. Portanto, *A* não é identificável ao um, ao todo, é o conjunto de todos

---

[60] "L'instance de la lettre dans l'inconscient", op. cit., pp. 504-5.

[61] François Wahl, *Estruturalismo e Filosofia*, Cultrix, São Paulo, 1967.

[62] Sigo aqui o desenvolvimento em que Jean-Claude Milner apresenta a conjectura hiperestrutural de Lacan, Em *A obra clara*, op. cit., p. 85.

[63] J. Lacan (1968-9), *D'un Autre à l'autre, Seminário XVI*, lição de 14/05/69, inédito. (Desde o *Seminário da Identificação (IX)*, Lacan retoma essa questão a partir do exemplo de Saussure, o expresso Genebra-Paris (*Curso*, p. 126) que, apesar de ser suposto sempre o mesmo, é sempre totalmente diferente. Resumiremos, nesse parágrafo, as posições de Lacan em 14/05/69).

os conjuntos que não se contêm neles mesmos. É o que permite tomar *A*, o significante como Outro, campo que não é nenhuma encarnação, mas estrutura, matriz de dupla entrada, pois, ao inscrever-se num ser, está separado de sua própria inscrição. Essa inscrição é a colocação em forma do *a*, simplicidade de um traço impresso, alteridade primeira essencial ao sujeito, cunhagem, no ser, de uma estrangeiridade particular.

Os modos como o *infans* aborda o que o Outro deixou como marca são apagamentos dessa cunhagem que definem os objetos pulsionais nos encontros com o Outro. Sob o suporte da voz, opera-se a sucessividade, entrelaçada à escansão do traço restaurado, que o esboço de fala distingue, já no campo da linguagem: reinscrição de sua marca noutro lugar. Essa reinscrição é a ligação pulsional ao outro de quem depende o *infans*, onde os traços escritos são substituidos pelo seu rasuramento na fala. Portanto, o significante nasce desses traços apagados, que sejam parecidos ou os mesmos, esses outros são os únicos admitidos, pois estão instituídos num sistema de linguagem: *"um ser que pode ler sua marca, isso basta para que ele possa reinscrevê-la noutro lugar que lá de onde ele a trouxe. Essa reinscrição é a ligação que o faz desde então dependente de um outro, de quem a estrutura não depende"*[64]. O suporte desses traços é o que o *A* enforma em *a*, pela via dos quatro objetos que apagam o traço de *a*. O primeiro, o entrevisto que se abre além do visto, em que a escritura precede a palavra; o segundo, a voz que cai do dito; o terceiro, o seio, no seu papel prevalente em que se fundam as relações subjetivas da criança e da mãe. É com o seio enquanto *objeto a* colado na sua parede qual placenta *"que a criança sujeito se articula, que sua mensagem é recebida da mãe e que ela lhe é respondida. Isso que se demanda com esses significantes, está aí o terceiro termo, e vocês vejam seu laço com esse outro elemento a"*[65]. O quarto apagamento é o objeto anal. *"Enfim, a articular as coisas por esse viés, nós veremos, nós apreenderemos que isso que se engendra, a saber, tudo que é sentido, a propriamente falar, o significado, é enquanto efeito de queda desse jogo que ele se situa. Isso que há no sentido, que não é somente efeito, mas efeito rejeitado, mas efeito que se importa e também efeito que se acumula. A cultura, para dizer tudo, participa desse qualquer coisa que decola de uma economia fundada sobre a estrutura do objeto a, a saber, que é bem como dejeto, como excremento da relação subjetiva como tal que se faz a matéria dos dicionários, disso que se diz ser o acúmulo dos sentidos que são concentrados no curso de uma certa prática registrável por se tornar comum, em*

---

[64] *D'un Autre à l'autre*, op. cit.
[65] Idem.

A CRIANÇA NA CLÍNICA PSICANALÍTICA

torno de um significante, é bem do registro do objeto anal, que é preciso inscrevê-lo nessa perspectiva"[66]. Temos portanto os quatro apagamentos em que o sujeito inapreensível pode se inscrever no campo do Outro para aí subsistir, a partir do registro do significante mais primário, marca da função do um. O pensamento está inteiramente assujeitado a esse sistema que articula todo saber. A linguagem envelopa o sistema significante sobre algo de vivo que torna sua própria imagem significante. Permite assim a função do falo, significante privilegiado que intervém como o que lhe falta, enigma do gozo absoluto.

Portanto, entre significante e significado, há um obstáculo[67]. Supondo que os efeitos de significado não têm qualquer laço com o significante, Saussure inseriu uma barra que grafa aquilo que ele denominou *arbitrariedade*, na impossibilidade de determinar a relação do significante com a significância. Afinal, o que se ouve não é significado, é significante que não responde a nenhuma significação. O significante como tal não se apóia em nenhum objeto do mundo, refere-se a um discurso: o significante refere-se a um modo de funcionamento, a um uso da linguagem como liame entre aqueles que falam e não a um referente no mundo. Cada realidade se funda e se define por um discurso, jamais é pré-discursiva, ela só se ordena como discurso. O significado é a leitura que se faz dos significantes, esses lugares que o discurso cria e que podem ser vergados em todos os sentidos. Portanto, o significado é efeito de significantes.

A imantação da sexualidade, no centro de tudo o que se passa no inconsciente enquanto uma falta que os impasses dos gozos substituem, permite um deslocamento essencial. Tais impasses são gerados pelo ponto de miragem de um gozo absoluto[68]. Nenhum efeito do inconsciente tem suporte sem a barra que faz valer a não-relação entre significante e significado[69]. Essa barra escreve a contingência da função fálica na constituição do sujeito: *"a significação do falo é o único caso de genitivo plenamente equilibrado. Isso quer dizer que o falo [...] é o que Jakobson explicava: o falo é a significação, é aquilo pelo qual a linguagem significa; há uma só* Bedeutung, *é o falo. Se partimos dessa hipótese, temos largamente explicado o conjunto da função da palavra, pois ela nem sempre está aplicada em denotar os fatos — são os fatos, não as coisas, que se denotam — mas é bem por acaso, de tempos em tempos... quase o tempo todo, ela cumpre a suplência disso, que é justamen-*

---

[66] Idem, ibidem.
[67] Retomamos um tema desenvolvido no Seminário XX, *Mais, ainda.*
[68] J. Lacan (1971-2), *Le savoir du psychanalyste*, conferência de 04/11/71, inédito.
[69] Retomaremos, nos próximos parágrafos, algumas pontuações de Lacan no percurso do Seminário XX, *Mais, ainda.*

te a função fálica que faz não haver no homem senão as relações já sabidas... ruins entre os sexos"[70]. Portanto, ao que Saussure escreveu, com a barra, a arbitrariedade entre significante e significado, Lacan atribuiu contingência: a articulação dessa impossibilidade do gozo pleno com o que enuncia em sua suplência: S1, significante do gozo fálico.

Assim, depois de isolar a função do significante como fundamento da dimensão do simbólico, o discurso analítico extraiu o *significante Um* encravado na linguagem. Este significante não se reduz a um suporte fonemático, ele é o efeito do *significado irreconhecível* do gozo, cujo limite só se interpela numa aparência. Este S1 é o que permite toda a ordenação da série significante da linguagem (S2). Eles só operam articulados, pois a ordenação da série é o movimento de interrogação e de coletivização possível de S1: "Não é isso – *aí está o grito por onde se distingue o gozo obtido do gozo esperado"[71]*. S1 é interpelado pelo S2, esse saber sempre limitado ao gozo insuficiente que constitui o falante, ao elucubrar sobre S1, na procura da verdade, da lei que regra o gozo, sempre mal-dita. S2 é saber inconsciente que escorre na ranhura do dizer verdadeiro e se deposita como sedimento que se produz em cada um quando tenta abordar a relação sexual[72].

Diferentemente da suposição de sentido em que a consciência supõe seu poder e seu conhecimento, o enigma presentificado pelo que o inconsciente pratica é o saber não sabido, cuja conquista se renova a cada vez que é exercido. Seu poder está voltado para seu gozo e se repete a cada exercício da aquisição em que põe o Outro como lugar a ser tomado. O saber está no Outro, e o ser veicula sua letra, na demanda dirigida ao Outro, em que o deslizamento do desejo evoca o gozo substitutivo primeiro.

Esta estrutura *"é do mesmo texto que o gozo, na medida em que ao se marcar de que distância ele falta, aquele de que se trataria se fosse isso, ele não somente supõe aquele que seria isso, ele suporta supor, com isto, um outro"[73]*. É pela hiância inscrita no estatuto do gozo que o ser fala, gozando ao preço da renúncia que permite distinguir a incidência do real no simbólico, que lhe faz fissura: *"A estrutura é o real que aparece na linguagem. Evidentemente, ela não tem relação alguma com a boa forma"[74]*.

---

[70] J. Lacan (1971-2), *Le savoir du psychanalyste*, op. cit., conferência de 03/02/72.
[71] J. Lacan, *Mais, ainda*, p. 152.
[72] J. Lacan, *Les nons dupes errent*, lição de 12/02/74, inédito.
[73] J. Lacan, *Mais, ainda*, p. 152.
[74] J. Lacan, "L'Étourdit", *Scilicet*, nº 4, Seuil, Paris, 1973, p. 33.

A CRIANÇA NA CLÍNICA PSICANALÍTICA

Tal emergência real no simbólico é localizada por Lacan sob termo *Lalangue*, parasitismo inconsciente que estende suas raízes, impondo-se em toda experiência. O termo *lalangue*, como diz Milner[75], é um semblante que trabalha pelo equívoco cujo real visa objetivar, já que nenhum nome, por visar à univocidade, pode prestar-se a isso. O inconsciente é feito de *lalangue* e a linguagem é o que se tenta saber sobre *lalangue*, que testemunha o saber que escapa ao ser que fala. Isto que faz a imparidade que não saberia ser dita é, em cada língua, o que o inconsciente pratica. A *língua*, concebida por Saussure, é percorrida por falhas que se entrecruzam e se recobrem parcialmente, espaços *"onde o desejo se espelha e o gozo se deposita"[76]*. É o que faz de *lalangue "coleção de lugares, todos singulares, todos heterogêneos: de qualquer lado que se a considere, ela é outra para ela mesma, incessantemente heterotópica. Assim ela se faz igualmente substância, matéria possível para os fantasmas, conjunto inconsistente de lugares para o desejo. A* lalangue, *a linguagem empresta os traços que a levam em direção da compatibilidade e da pertinência a uma classe; ao mesmo tempo, ela insere* lalangue *no todo das realidades onde ela toma lugar e distinção. [...] A série [língua, fala, linguagem], de fato, como qualquer outra, receberá sua lógica de um termo que lhe é exorbitante, e que ela é feita para obliterar. Este termo, nomeado por subterfúgio, é* lalangue, *dito de outra forma, aquilo pelo qual, de um único e mesmo movimento existe língua (ou seres qualificáveis de falantes, o que dá no mesmo) e existe inconsciente. [...] o fato de língua consiste nisto que em* lalangue *haja impossível: impossível de dizer, impossível de não dizer de uma certa maneira [...] a língua suporta o real de* lalangue"[77]. Portanto, a língua não é feita de palavras, mas de *lalangue*; pela ambigüidade de cada palavra, ela se presta a essa função em que o sentido escoa sem que se possa alcançá-lo[78]. É o que permite todos os sentidos às palavras.

Assim, Lacan ultrapassa a impossibilidade apontada por Saussure de que um sujeito não poderia mudar a língua: *"Criamos uma língua, na medida em que a todo instante lhe damos um sentido. Ele não está reservado às frases onde a língua se cria. A todo instante damos nela um peteleco, sem os quais a língua não seria viva. Ela é viva na medida de cada instante em que a criamos. E é por isso que não há inconsciente coletivo, que não há senão inconscientes particulares, na medida em que cada um, a cada instante, dá um pequeno peteleco na língua que fala"[79].*

---

[75] J.-C. Milner, *O amor da língua*, op. cit.
[76] Ibid., p. 8.
[77] Ibid., pp. 14-48.
[78] J. Lacan, *Les nons dupes errent*, lição de 08/01/74, inédito.
[79] J. Lacan (1975-6), *Seminário XXIII, Le Sinthome*, lição de 13/04/76.

166

A PSICANÁLISE DE CRIANÇAS

A posição do sujeito se inscreve no movimento em que a tradição ordena o discurso e, por fazer laço, o sujeito torna-se servo do discurso. O falante é dividido pela linguagem[80]. Se em um de seus registros o sujeito pode se fazer, enquanto saber constituído do exercício da palavra, no outro, ele se faz com referência ao que *lalangue* escreve, não por acaso nem arbitrariamente, mas pela petrificação contingente cunhada de letras colhidas na rede dos significantes. As unidades de *lalangue* são as letras que demarcam a constelação em que age o gozo anômalo do não-sabido, ou seja, saber impossível de se reajuntar, saber do qual não há idéia, saber de lalangue: *"o inconsciente é estruturado como uma linguagem, eu não disse por. [...] é pela linguagem que eu explico o inconsciente: a linguagem [...] é condição do inconsciente. [...] A linguagem só designa a estrutura da qual há efeito de linguagens, destas várias abrindo o uso entre outras que dá ao meu como um alcance bem preciso, o de como uma linguagem, da qual justamente o inconsciente diverge do senso comum. As linguagens caem no domínio dos não todos de maneira mais certa, pois a estrutura não tem aí outro sentido. [...] Assim, a referência na qual situo o inconsciente é justamente a que escapa à lingüística [...] pois a linguagem é isso mesmo, esta deriva. [...] o inconsciente, por ser estruturado como uma linguagem, isto é,* lalangue *que ele habita, está sujeito à ambigüidade com que cada uma se distingue. Uma língua entre outras não é senão a integral dos equívocos que sua história deixou aí persistir. [...] A linguagem [...] não faz efeito senão da estrutura que motiva esta incidência do real"*[81].

Enquanto conseqüência da linguagem, a *letra* desenha a borda do buraco do saber, é litoral (e não mera fronteira entre territórios) que demarca os domínios do saber e do gozo, que não têm relação recíproca nem nada em comum. A letra é a rasura do rastro do sujeito, que rompe o sentido (definível como efeito de semblante da *chuva* de significantes) e precipita o que era matéria em suspensão, reproduzindo a parte do que subsiste do sujeito num alojamento do recalcado. Ao mesmo tempo que participa da perda, a letra é a condição do gozo intraduzível, que faz do litoral o literal. Fazendo sulco (erosão) no significado, a letra evoca o gozo e inscreve-se em exterioridade ao simbólico. Este vazio cavado pela letra é receptáculo que acolhe o gozo, permitindo o artifício de invocá-lo: *"A escritura não decalca o significante. Ela só remonta até ele ao tomar um nome, da mesma maneira que isso acontece com outras coisas que a bate-*

---

[80] Retomo aqui as considerações de Lacan (1971) em "Lituraterre" (aula do dia 12/05/71, no Seminário XVIII, *D'un discours que ne serait pas du semblant*, inédito) e em "La troisième" (1974), texto apresentado no Congresso de Roma desse ano e divulgado no nº 16 das *Lettres* da Escola Freudiana de Paris.

[81] J. Lacan, "L'Étourdit", Scilicet, nº 4, Paris, Seuil, 1973, pp. 44-7.

167

ria significante vem a denominar após tê-las enumerado. [...] A escritura, a letra, estão no real, o significante está no simbólico[82].

A *letra*, portanto, não se confunde com o significante. Do inconsciente, efeito de linguagem, Lacan propõe, com a letra, o desenho da borda do buraco do saber e, na literalidade é que ele encontra a instância que lhe permite contemplar a especifidade da estrutura que inclui sujeito. Assim, Lacan tomou a letra isolada da generalidade do sistema de diferenças que especificam o simbólico.

4.3.3. Operações clínicas

"[...]a palavra, mesmo ao extremo de sua usura, guarda seu valor de téssera.

Mesmo se não comunica nada, o discurso representa a existência de comunicação; mesmo se nega a evidência, ele afirma que a palavra constitui a verdade; mesmo se é destinado a enganar, especula sobre a fé no testemunho. Da mesma forma, o psicanalista sabe melhor do que ninguém que a questão aí é de ouvir a qual 'parte' desse discurso é confiado o termo significativo, e é bem assim que ele opera no melhor caso: tomando o relato de uma história quotidiana por um apólogo que a bom entendedor endereça sua saudação, uma longa prosopopéia por uma interjeição indireta, ou ao contrário, um simples lapso por uma declaração muito complexa, e mesmo o suspiro de um silêncio por todo o desenvolvimento lírico ao qual ele supre.

Assim, é uma pontuação feliz que dá seu sentido ao discurso do sujeito.

[...] quando a questão do sujeito tomou forma de palavra verdadeira, sancionamo-la com nossa resposta, mas também mostramos que uma palavra verdadeira contém já sua resposta e que somente a duplicamos com nossa antífona leiga"[83].

Inúmeras vezes, Freud tratou a hipótese de o funcionamento psíquico implicar leitura, compor um texto, constituindo outra gramática, outra sintaxe, outra lógica, servindo-se da língua, mesmo que se opondo à convenção,

---

[82] J. Lacan, "Lituraterre", op. cit.

[83] J. Lacan (1953), "Fonction et champ de la parole et du langage en psychanalyse", *Écrits*, Paris, Seuil, pp. 251-2 e p. 310.

A PSICANÁLISE DE CRIANÇAS

como testemunham não apenas as formações do inconsciente, mas as manifestações da criança, como vimos no primeiro capítulo. A operação aí incidente é referida pelo que ele chamava, em 1896, de rearranjo, de tradução ou de retranscrição, supondo o recalcamento como uma falha de tradução: *"o material presente sob a forma de traços mnêmicos fica sujeito, de tempos em tempos, a um rearranjo, de acordo com as novas circunstâncias – a uma retranscrição. [...] os registros sucessivos representam conquistas psíquicas de fases sucessivas da vida. Na fronteira entre duas dessas fases, é preciso que ocorra uma tradução do material psíquico. Explico as peculiaridades das psiconeuroses através da suposição de que essa tradução não se tenha dado no tocante a uma parte do material, o que acarreta certas conseqüências. [...] Uma falha de tradução – eis o que se conhece clinicamente como 'recalcamento'". O motivo disso é sempre a liberação do desprazer, que seria gerado por uma tradução; é como se o desprazer provocasse um distúrbio de pensamento que não permitisse o trabalho de tradução"*[84]. Portanto, Freud ilumina um processo em que traços mnêmicos estão sujeitos a reordenamentos, retranscrição, tradução e situa o recalcamento na falha que o impede. Como vimos, o pensamento de Lacan nos permite avançar nessa hipótese freudiana de que o funcionamento dos mecanismos da linguagem precedem o inconsciente, e o reconhecimento do inconsciente no que se sedimenta em cifra, sem se prestar à tradução ou à transcrição.

Afinal, a linguagem é o campo em que a função significante é realizada, imaginarizada e simbolizada.

A função significante incide desde que o organismo é nomeado, situado na relação a uma linhagem e a um discurso. Tomada pela alteridade, a individualidade realiza-se enquanto distinção: contingência da função do traço que a separa do real de sua imanência vital, na singularidade do que é aí cunhado, resíduo, *a* que barra e garante a inscrição da alteridade .

A imaginarização dessa função significante é efeito do mal-entendido do gozo que aparelha o gozo fálico, no desdobramento do jogo permutativo, entre significantes, que sublinha a equivocidade significante: o Outro comparece como falta que o fantasma, em que o desejo se apóia, modaliza. O indivíduo se corporifica no ordenamento pulsional, fomentando a reciprocidade entre gozo esperado e gozo obtido: a equivalência almejada encontra a diferença e a repetição da não-identidade a reencontra, defeito de realização que sustém a insistência do desejo.

---

[84] S. Freud (06/12/1896), *A correspondência completa de Sigmund Freud para Wilhelm Fliess*, org. J. Masson, Rio de Janeiro, Imago, 1986, pp. 208-9.

A CRIANÇA NA CLÍNICA PSICANALÍTICA

Essa função é simbolizada na medida em que o sujeito se posiciona referenciado no traço de sua diferença absoluta: a única medida comum é a inexistência de medida comum, que o impede de designar-se em equivalência, e o constrange a ser representado entre significantes. Nesse encurralamento, um sujeito objetiva-se – discórdia entre o que teria sido para o outro (a representação do outro) e o que supôs ser (o representante representativo). A função fálica em que o ser toma inscrição encontra o limite na existência do que nega essa função: – a barra – função do pai, onde $ só se relaciona ao que está inscrito do outro lado da barra "a", que prende o sujeito ao fantasma da causa do seu desejo, o Outro.

Trata-se assim da torção subversiva da condição de equivalência à posição que lhe é conferida na linguagem (sendo contado como alguma coisa que para alguém é signo), para a asserção de sujeito na condição de incomensurabilidade que o singulariza como desproporção (não sabe representar-se, não equivale à posição que um outro lhe confere, nem à posição em que supôs situar-se, só se incluindo em sua contagem, entre significantes), ou seja, barrado, separado de sua significação[85].

Nesse processo, não há realidade prévia ao funcionamento da linguagem, suplência ao gozo jamais obtido e aparelhamento para o gozo possível, em que tudo se ordena discurso: *"graças a um certo número de convenções, de interdições, de proibições que são efeitos da linguagem e só se devem tomar como desse estofo e desse registro. Não há a mínima realidade pré-discursiva, pela simples razão de que o que faz coletividade, e que chamei de os homens, as mulheres e as crianças não são mais do que significantes"[86].*

A criança, portanto, é a consistência imaginária que se dá a essa lógica temporal de extração de um sujeito a partir da imanência vital, percurso da posição na estrutura que o precede, em que se ordena pela referência à significância, sobredeterminado pela posição significante que exerce na compulsão à repetição. A posição desse significante na sucessão é necessidade lógica de significação, efeito *après-coup* de sua significância. Constitui-se portanto numa série elíptica, onde o constante retorno sincrônico de sua significância governa a diacronia de sua enunciação[87].

Se ela comparece à clínica analítica por padecer de mal-estar, localizá-la na temporalidade dessa estrutura é condição primordial de qualquer aborda-

---

[85] Contamos aqui com as asserções de Érik Porge, em *Psicanálise e tempo*, Rio de Janeiro, Campo Matêmico, 1994.
[86] J. Lacan, *Seminário XX, Mais, ainda*, op. cit., p. 46.
[87] Alfredo Jerusalinsky, "Pequena história do tempo lógico em psicanálise", *Cem anos de psicanálise*, org. Slavutzky, Brito e Sousa, Artes Médicas, Porto Alegre, 1996, p. 190.

A PSICANÁLISE DE CRIANÇAS

gem. Nessa perspectiva, a consideração do material inchado, em que a consistência da criança se faz presente sugerindo sentidos (*tanto nos seus jogos, narrativas, desenhos e movimentos, quanto na apresentação em que seus pais a implicam*), está em função da determinação dos constrangimentos da relação do *infans* à alteridade estruturada, onde se insinua a margem do inconsciente, no intervalo entre imaginário e simbólico: *"ele concerne a esse campo onde já há trama, o gradeado do Outro que é matriz de dupla entrada, cruzamento do a com o que define o ser do significante"*[88].

A despeito da prevalência imaginária dessa consistência, o ponto do trançamento em que a condição da criança se efetua pode ser resgatado – desde que se confira estatuto de significante à rede de recruzamentos em que ela se mostra e é apresentada, despejando sentidos que *lalangue* permite à linguagem, onde a estrutura é reconhecível[89].

Aquilo que comparece nessa rede, modalizado como mal-estar, é ciframento a ser decifrado e não um sentido apreensível: *"A função do sintoma é o que, do inconsciente, pode-se traduzir por uma letra, já que apenas na letra a identidade de si a si está isolada de qualquer qualidade. Todo um que sustenta o significante em que o inconsciente consiste é susceptível de se escrever como uma letra. É preciso uma convenção. Se o sintoma opera selvagemente é o que não cessa de se escrever. A repetição do sintoma, selvagemente, é escritura. Se socialmente ele é desrazão, em cada um ele se assinala por todo tipo de racionalização. Fato racional particular não de exceção, mas de qualquer um"*[90]. O ciframento da relação da criança à alteridade poderá se distinguir, nodulado ao registro imaginário que produz sentido, à articulação significante que apresenta a consistência da criança, e ao real que os causa.

Para abordar o real da clínica pelo único meio que o permite, ou seja, o simbólico, que o situa ao conferir-lhe estatuto de coisa, há que se recuperar a sincronia e a diacronia que marcam o processo de estruturação do sujeito. Afinal, a clínica de crianças exige problematizar o paradoxo de conceber estrutura na atualidade de um ser que sofre os tempos de estruturação. O enlaçamento

---

[88] Seminário XXII, *RSI*, lição de 21/01/75.
[89] *"Daí o inconsciente, ou seja, a insistência com a qual se manifesta o desejo, ou ainda a repetição do que aí se demanda [...] daí o inconsciente, se a estrutura – que se reconhece por fazer a linguagem na alíngua, como digo – a comanda bem, lembra-nos que à vertente que na fala nos fascina – mediante a qual o ser faz anteparo a essa fala, esse ser do qual Parmênides imagina o pensamento – lembra-nos que à vertente do sentido, o estudo da linguagem opõe a vertente do signo"*. Lacan, J. (1974), *Televisão*, Rio de Janeiro, Jorge Zahar, 1993, p. 22.
[90] Seminário XXII, *RSI*, lição de 21/01/75.

do nó borromeamo a partir da trança, que o nodula em seis movimentos, torna-se aqui o leito sobre o qual se pretende localizar a constituição estrutural do ser ao sujeito, onde o trilítere RSI se articula nas diversas posições em que a criança experimenta tempos lógicos dessa articulação, produzindo as condições estruturadas da experiência. Nessa medida, os termos paterno e materno tomam função estrutural, ao modalizarem as encarnações da estrutura trilítere nos sujeitos concretos que as suportam, realizando-as enquanto agentes, posto que a incidência das modalidades destas funções na estrutura permite que a criança, ao constituí-los mundanamente, se constitua sujeito do inconsciente.

Nessa medida, a topologia borromeana da constituição do sujeito tem valência na clínica: a primeira é tributária da urgência da segunda.

A incidência dos acidentes que demarcam o ponto lógico das contingências do processo de estruturação subjetiva pode ser situada na sua coincidência com os pontos do trançamento do nó borromeano. Contemplam-se, assim, condições que balizam, sem que por isso sejam suficientes para a leitura do texto hieroglífico escrito pela criança em suas manifestações transferenciais. A localização do processo de estruturação em que a criança se encontra obriga-nos a operações, submete-se a riscos e implica apostas.

Situar a criança no processo de estruturação subjetiva exige uma hpótese, que Lacan nos permite construir: *não há insuficiência de linguagem em nenhuma criança, a despeito dos modos como ela se apresenta. Há insuficiências subjetivas da criança, que lhe conferem as condições para a circulação significante que ela pode ter, na trajetória lógica de sua estruturação e no aprisionamento aos impasses de enlaces que podem ser aí gerados.*

As manifestações da criança têm ampla gama de especificidades e, pode-se dizer, compõem vários registros: fala, desenho, jogos, movimentos e discurso parental. Emergem como elementos distintos que se interpõem e entrecruzam-se na composição do texto de sua realidade psíquica.

Como vimos, é pela via do trabalho com os pais que se introduz e se constitui a possibilidade de transferência analítica, onde a criança pode vir a supor saber no analista e assim permitir outro sentido às queixas trazidas pelos pais. Nesse caso, em que é possível haver análise, o analista, construído pela criança, será colocado como objeto do tratamento, no desenrolar de um processo que Bergès e Balbo[91] explicitam. O contrato analítico, que é posto em ato transferencial da realidade do inconsciente dos pais e da criança, faz com

---

[91] J. Bergès e G. Balbo, *L'enfant et la psychanalyse*, Masson, Paris, 1994, pp. 24-40. Seguiremos nesse parágrafo as colocações dos autores.

que sejam simultaneamente conjugados e disjuntos, por esse ato tornado simbólico pela elaboração da demanda. A criança não formula ao analista nenhuma demanda, ignora qualquer finalidade de cura, mas atém-se a seu sofrimento e dele retira o gozo que lhe permite o narcisismo da diferença. A relação ao analista se sustenta desse narcisismo que não sofre a incidência de interdição nem de sugestão: o analista apenas permite que a criança possa provar sua escuta. Assim, a criança torna-se susceptível de formular uma demanda que opera inversão narcísica notável, engajando-se na transferência especular onde a imago, especialmente a parental, entra em jogo. É necessário ao analista não encarná-la, mantendo-se num lugar terceiro, que não a realiza. Isso é condição para que, dessa imago, ele possa fazer valer os significantes de sua falta, para que a criança se engaje, por via de uma demanda, como desejante. É pelo desejo e pela identificação que o significante da demanda será distinguido. Daí a dificuldade de tratamento, fora do campo que a transferência circunscreve. Ela transborda por todo lado, e seu funcionamento dependerá do trabalho analítico que regula sua função. Sem responder às demandas, o analista pode encarnar esse fragmento de real anônimo sobre o qual toda imago se apóia, e assim permitir dissociar a imago dos desejos da criança: *"a imago é essa moeda de troca especial, com a qual a criança alimenta suas tramas de transferência; segundo seu signo, o analista é por vezes aliado dos pais contra a criança, seu aliado contra eles; inimigo dos três ou amigo de todos; ele é tanto o ideal parental como a melhor das crianças; o pior ou o mais solidário dos filhos... Ou seja, o jovem analisante abandona progressivamente, graças à cura, seus processos de atribuição e as clivagens maniqueístas e angustiantes, como é próprio às imagens, para poder simbolizar a imago à qual, não sem efeito depressivo, ele pode então renunciar como objeto a"*[92]. Na passagem do imaginário ao simbólico, são as palavras da criança que nomeiam as coisas, valendo pelo anonimato de seus empregos, produzindo os pedaços de real em que a simbolização desaliena a criança de seu imaginário: *"Essa nominação pela própria criança torna presente o que ela nomeia, ausente entretanto do dever de ser nomeado. A passagem é operada do imaginário ao simbólico por meio do real da palavra"*[93].

A aposta do engajamento analítico é a pressuposição de um saber mais além do apreensível, saber sem sujeito, que é alocado num sujeito suposto, que, na transferência, uma presença encarna. Entretanto, é pelo fato de o ato analítico não comportar a presença do sujeito que o faz que ele responde à deficiência que a verdade da criança experimenta: o ato suporta-a. O ato analí-

---

[92] Ibid., pp. 27-8.
[93] Ibid., p. 28.

tico é um ponto de partida lógico, hiância necessária, que testemunha algo, que lê alguma coisa que diz respeito à criança, operando um deslocamento que abala os sentidos dados e permite renová-los. O ato analítico articula um significante a outro significante posto em jogo pela criança, ou seja, faz incidência num significante sem que entre eles haja um sujeito: é produção de saber sem sujeito: é atualização do inconsciente. Afinal, toda formação do inconsciente é uma operação que exclui o domínio de um sujeito. Portanto, nesse ato, o analista não representa esse sujeito, mas produz uma fissura na continuidade do sentido, num lugar que inclui o analista como posição de objeto a[94]. Dessa posição, a transferência em si mesma faz objeção à intersubjetividade[95]. Mas o que autoriza esse ato é a identificação e a distinção dos significantes em função da *estrutura essencialmente localizada do significante,* ou seja, da insistência da letra, na criança. Tal leitura é o que permitirá desencadear um conjunto de proposições e assim permitir desvelar a cadeia textual e a estrutura de que eles são feitos.

A aproximação à realidade psíquica da criança implicará o recolhimento do tecido significante, localizando, nele, marcas que balizam a sua constituição subjetiva, reconhecendo as senhas que poderão permitir operar sua leitura. Deter-nos-emos, portanto, em tal aproximação, em que a interpretação implica as operações de tradução, transcrição e transliteração. Se, na clínica, elas se entrecruzam numa trama, nem por isso podem deixar de ser distinguidas. Cabe lembrar que a construção que faremos aqui é tributária do que a análise feita por Allouch, da leitura lacaniana das produções de Hans, esboça.

Uma operação pode ser denominada *pontuação.* Ela se aproxima da tradução, na medida em que visa o encontro de uma orientação e implica certas decisões, onde o peso imaginário da referência teórica tem incidência, e determina uma certa localização da criança numa hipótese.

Trata-se de tomar o tecido significante articulado pelos sentidos e ressaltar as incidências e fisgar as insistências para buscar a montagem que os estrutura.

A localização de mal-estar na criança, endereçado ao analista, implica o posicionamento da criança numa estrutura. Modalizando a realidade do par parental ou dissolvida como objeto, a criança problematiza seu posicionamento no laço discursivo que engendra e nele encontra a resolutividade possível. Esse problema é lido pela criança com uma resposta enigmática que é produto de uma exigência, imposição de uma urgência, escolha forçada. Está em fun-

---

[94] J. Lacan (1967-8), *Seminário XV, L'Acte analytique,* inédito, lições de 22/11 e 29/11/67.
[95] J. Lacan (1967), "Proposición del 9 octobre de 1967 sobre el psicoanalista de la Escuela", *Momentos cruciales de la experiencia analítica,* Buenos Aires, Manantial, 1987, p. 11.

ção das contingências de aparelhamento ao gozo possível, que podem implicar e/ou determinar sua constituição subjetiva; respondem à articulação de suas perdas e às modalizações de sua cessão ao Outro.

Pontuar o complexo significante é distinguir diferentes conjuntos de elementos em jogo. Esses conjuntos obedecem à estrutura quaternária do tempo lógico do ato, composto portanto do movimento tensionado pelas escansões que o desencadeiam e que o detêm: (1) a tomada pela alteridade em que a criança atesta estar referenciada; (2) a modalização do seu engajamento nos desdobramentos da relação que ela estabelece a partir daí, numa vacilação; (4) o ato que o soluciona numa precipitação subjetiva; (3) a conclusão, ato virtual que precede o ato propriamente dito, só apreensível, entretanto, na sua posterioridade, modulada no ato (portanto, (3) só é situável depois de (4)).

A condição dessa operação, como aponta Jerusalinsky[96], é que a criança seja tomada como enigma, sem o que não estamos dispostos a que nosso saber tropece numa borda. Esse é o mínimo indispensável à interrogação: *que quer dizer?*; ou seja, pressupõe quatro termos: um sujeito, o Outro, uma interrogação e um dizer. Nessa perspectiva, a operação clínica se aproxima da montagem própria à estruturação do sujeito. Portanto, pressupõe um sujeito; o Outro do sujeito acerca do qual este é sujeito; um terceiro que interroga essa relação, atravessando o mero espelhamento, naquilo que rompe a mera especularidade e produz uma enunciação; um dizer, ou seja, a enunciação significante que é seu produto. Lógica quaternária em que a criança está implicada em dois vértices (o sujeito e o Outro), portanto seccionados por um instrumento de corte (uma interrogação) e suturados num dito que deixa escorregar seu produto: uma enunciação.

Allouch[97] nos indica o termo *configuração sintática* para nomear os conjuntos distinguidos por Lacan, ao pontuar as elucubrações imaginárias de Hans, onde se nomeiam elementos que são conjuntos de elementos em jogo, para realizar uma primeira demarcação, naquele caso.

Outra operação é a *seriação*. Trata-se de um modo de barrar o imaginário que opera na primeira, por meio da colocação em série das configurações sintáticas, ou seja, operando uma transcrição desses conjuntos, num alfabeto ordenado. A listagem é indispensável para essa operação.

---

[96] Em seminários realizados em São Paulo, 18 e 19 de agosto de 1996, inéditos. Seguiremos sua perspectiva, neste parágrafo.

[97] Jean Allouch, *Letra a letra*, Rio de Janeiro, Companhia de Freud, 1995, especialmente o capítulo quatro, onde o autor esclarece a leitura que Lacan fez de Hans.

A CRIANÇA NA CLÍNICA PSICANALÍTICA

Compondo uma listagem de configurações sintáticas, ainda com Allouch[98], permite-se sua praticabilidade, ou seja, situa-se a função dos elementos e de seus efeitos, apreendendo as dificuldades de sua legibilidade. Allouch esclarece a função da lista, ao dizer que a lista tem um papel específico: nomeia o traço de pertinência que regula a lista. Tal traço implícito será revelado pela lista, ao realizá-lo, permitindo decidir a pertença de novos elementos a ela. Esse apoio tomado na lista permite uma série de operações que poderiam fracassar se não fossem registradas. As operações que dão praticabilidade à lista são: as inversões; a exaustividade; a enumeração; as correlações (onde a articulação entre duas listas permite uma terceira, de outra ordem); o estabelecimento de hierarquias (por exemplo, as configurações sintáticas fixas, as que estabelecem giros de posição, as que se complexificam); e as classificações (que permitem levar a análise mais adiante, permitindo, por exemplo, o destacamento de significantes pertinentes).

No caso de Hans, a listagem das sucessivas fantasias submete-se a seu objeto. Essa leitura recebe desse objeto um ensinamento de método: os objetos são postos em função significante, têm valor de rébus, de uma cifra. É o que permite tomar a criação de Hans como escrito, cifração que dá ao objeto fóbico a função de resposta a sua crise. Enquanto significante, o objeto pode mudar de valor, ao mudar de posição. Por isso, o detalhe tem grande valor, pois nenhum código permite previamente prevê-lo, ele depende do lugar dos outros e implica a superposição de linhas que a seriação permite. Assim, a coerência da série de sistemas significantes, que emerge na seriação, explicita a função da fobia de Hans, como um mito: integrar o que é da ordem da impossibilidade, advinda da articulação sucessiva de todas as formas de impossibilidade implicadas na questão inicial. A série das produções luxuriantes de Hans permite a Lacan tomá-la na estrutura desse mito, que Freud (1908) considera no que diz respeito às teorias sexuais infantis: "[...] *Pode-se perceber o eco deste primeiro interrogante em muitos enigmas do mito e da saga. A pergunta mesma, como todo o investigar, é um produto da exigência vital, como se ao pensar se lhe colocasse a tarefa de impedir a recorrência de um evento tão temido [...] O que há nessas teorias de correto e acertado se explica por sua proveniência da pulsão sexual [...] das objetivas necessidades de constituição psicossexual"[99]*. Lacan, com Lévi-Strauss, reencontra a mesma função dessas teorias nos sintomas de Hans que, como todo mito, "*possui, pois, uma estrutura folheada que transparece na superfí-*

---

[98] Ibid., pp. 81-3.
[99] S. Freud (1908), *Sobre las teorías sexuales infantiles*, O. C., vol. IX, Buenos Aires, Amorrortu, pp. 189-92.

A PSICANÁLISE DE CRIANÇAS

cie, se é lícito dizer, no e pelo processo de repetição. Contudo [...], as camadas não são jamais rigorosamente idênticas [...] o objeto do mito é fornecer um modelo lógico para resolver uma contradição"[100].

Outra operação ainda, o *deciframento*, situa propriamente a transliteração. Trata-se da leitura que se destaca num testemunho, escreve. Transpondo formalmente o sedimento que liga os elementos alfabéticos, permite-se o esgarçamento do tecido significante que, pelo efeito de retroação que sua incidência promove, faz aparecer a trama que o tece; trama simbólica que situa o valor das manifestações na posição e nos impasses que a constrangem. Tal cifração é transposição formal que se presta à refutação.

A relação da letra com a linguagem, em que o texto das manifestações da criança tece seus impasses estruturais, implica a complexidade da vigorosa prevalência da motricidade (que pode inclusive apresentar-se no modo de congelamento na inibição do gesto) sobre o exercício da fala. É o que tantas vezes pode sugerir uma patente evanescência da inserção da criança na linguagem, capaz de provocar, no clínico, a busca de uma correspondência termo-a-termo entre o movimento da criança e as representações-palavra que ele lhes empresta, numa suposta transcrição. Tal transcrição, entretanto, é regida pela articulação imaginária daquele que a assiste e, se assegura sentidos às manifestações, torna indistintos seus agentes, nublando a singularidade da autoria.

A motricidade em que o corpo da criança se engaja em atos mantém viva a inscrição significante da criança no agente materno[101], ou seja, veicula em signos o que representa para o Outro primordial. Assim, o que caracteriza essa motricidade é uma língua privada que concerne apenas a tal laço. No seu movimento, o corpo é regido pela circulação possível no campo fantasmático materno, como objeto-carretel que transita num deslocamento regulado pela extensão e elasticidade da linha que ata suas próprias bordas às bordas maternas.

A presença de enunciações incidentes no registro do engajamento corporal marca emergências de secções na continuidade dessa linha, fazem remissões às perdas dessa posição de objeto inscrito como termo localizado na série do Outro primordial, evocando-as no mesmo golpe em que as substituem, permitindo, portanto, a equivocidade. Como aponta Balbo, com Melman, *"a equivocidade é datável na sua emergência; ela rompe a repartição dessa língua privada,*

---

[100] C. Levi-Strauss (1955), *Antropologia Estrutural*, Rio de Janeiro, Tempo Brasileiro,1975, p. 264.

[101] Cf. J. Bergès e G. Balbo, *L'enfant et la psychanalyse*, Paris, Masson, 1994, p. 77.

A CRIANÇA NA CLÍNICA PSICANALÍTICA

feita de signos que asseguram uma relação fusional com a mãe e se inscreve na memória como trauma. Este não é nada mais que a colocação desta zona opaca que constitui o real e que comanda, agora, um jogo metafórico-metonímico que só fala de si. O sentido da historicização posterior que é feita pelo sujeito desse traumatismo é sexual. [...] Aquilo do qual gozamos [...] é do Outro, corpo infinito, organizado e constituído de elementos finitos, que são as letras, em posição outra, recalcadas, inconscientes. A escritura [...] é o fenômeno vindo do inconsciente que não esconde os fonemas, mas se reconhece constituída de letras, que são igualmente elementos unitários irresistíveis e resistentes à partição; capazes portanto de suportar um fonema qualquer, porque cada um deles comemora e traz consigo uma perda: a letra, pois, não é nada senão o signo de um gozo faltante, o do Outro. Desde então, nada mais se oferece ao gozo, a não ser este mesmo signo que, inscrevendo-se no Outro enquanto corpo do gozo, torna-se o objeto verdadeiro, designado pela letra a. Objeto que representa, portanto, a própria letra, signo do gozo que falta. Dessa letra isolada, o inconsciente sabe fazer leitura, qualquer que seja sua relação com a escritura propriamente dita"[102] .

Por mais simples que seja a vocalização de uma recusa, de um apelo, ou num retorno sobre uma articulação, há conjugação de uma emissão vocal com um signo, destaca-se um ato subjetivante em que se distinguem um mínimo de três significantes: *"Um passo, um traço, o passo de Sexta-feira na ilha de Robinson: emoção, o coração batendo diante dessa marca. Tudo isso não nos ensina nada, mesmo se desse coração batendo resulta todo um espezinhamento em torno da marca: isso pode acontecer a qualquer cruzamento de marcas animais, mas se de repente encontro a marca daquilo que alguém se esforçou para apagar, ou mesmo se não encontro mais a marca desse esforço, se retornei porque sei – não sou mais importante por isso – que deixei a marca, que acho que, sem nenhum correlativo que permita ligar esse apagamento a um apagamento geral dos traços da configuração, realmente apagou-se a marca como tal; aí eu tenho certeza de que me relaciono com um sujeito real. Observem que, nesse desaparecimento da marca, o que o sujeito procura é fazer desaparecer sua passagem, de sujeito, a ele mesmo. O desaparecimento é redobrado pelo desaparecimento visado que é aquele do ato, o próprio ato de fazer desaparecer. [...] Isso diz, se a marca é apagada, o sujeito cerca o lugar de um cerne, algo que desde então lhe concerne; a indicação do lugar onde ele encontrou a marca, vocês têm aí o nascimento do significante"*[103] . A constituição do significante é processo de articulação de três significantes comportando o retor-

---

[102] G. Balbo (1986), "O desenho como originária passagem à escritura", *O mundo a gente traça*, Salvador, Ágalma, 1996, pp. 38-40. A construção aqui resgatada do texto de Balbo condensa as colocações de Charles Melman em seminários de dezembro 85 e Janeiro 86, realizados em Paris: Questions de clinique psychanalytique.

[103] J. Lacan (1961-2), *L'Identification*, *Seminário IX*, lição de 14/01/62, inédito.

A PSICANÁLISE DE CRIANÇAS

no do último sobre o primeiro: *"Um significante é uma indicação, uma marca, uma escritura, mas não se pode lê-lo sozinho. Dois significantes é uma patacoada. Três significantes é o retorno disso de que se trata, isto é, do primeiro"*[104]. Uma marca transformada num vocalise está portanto esquecida como tal, ela não é apenas reproduzida, mas lida. A substituição pela qual o que tem um sentido se transforma em equívoco e reencontra sua articulação é onde o sujeito se desloca no jogo giratório da linguagem, cujas síncopes indicam o sujeito. Portanto, *"a relação da letra com a linguagem não é algo a ser considerado numa linha evolutiva. Não se parte de uma origem espessa, sensível, para daí destacar uma forma abstrata. Não há nada que se pareça ao que quer que possa ser concebido como paralelo ao dito processo do conceito, mesmo somente da generalização. Há uma seqüência de alternâncias em que o significante volta a bater na água, se posso dizer, do fluxo, pelas pás de seu moinho, e sua roda volta a subir cada vez que alguma coisa, para tornar a cair, enriquecer-se , complicar-se, sem que jamais possamos em momento algum compreender o que domina no ponto de partida concreto ou no equívoco"*[105].

Desde que uma emissão vocal afete o outro, evocando a falta do gozo de uma presença ou de uma ausência, uma enunciação se destaca em ato que mesmo antecedendo a presença do seu agente produz, por seu efeito, uma diferença irredutível, lacuna na qual um sujeito será tomado por cifrar a equivocação em que atesta a ultrapassagem dos domínios estritos da língua materna. Do engajamento corporal que vivifica a privacidade do laço primordial, constitui-se em suas brechas contingentes o correlato significante que articula o ato. No franqueamento da linguagem que o desloca e o substitui inscrevem-se os acidentes que lhe são concernentes, traços ressublinhados de diferença, em cujos efeitos um sujeito se precipita em enunciação. O traço da diferença é medida comum de sua imparidade subjetiva, em que pode *"ser o mesmo, sem ser, entretanto, igual a si mesmo e se diferenciar do outro, sendo a ele semelhante"*[106], passo que só é possível sob a vigência da equivocidade.

No deciframento que a interpretação analítica requer, desconhecem-se as convenções que serviram à cifração efetuada pela criança. Portanto, não se pode ler o texto das suas manifestações numa relação de correspondência biunívoca com a chave da estrutura daquele que decifra. Entre as cifras da criança e as cifras do clínico não há comunalidade de procedimentos da cifração: um texto não substitui o outro. Isso exige que a operação analítica trate o

---

[104] Idem, ibidem.
[105] Idem, ibidem.
[106] Nos termos de A. Jerusalinsky no seminário de 13/12/96, realizado em São Paulo.

A CRIANÇA NA CLÍNICA PSICANALÍTICA

deciframento contando apenas com o texto da criança. É em sua própria lógica que se pode apreender o procedimento de cifração por meio da reconstituição, uma a uma, do conjunto das convenções utilizadas, considerando, portanto, a existência de um saber textual que poderá permitir, entre o deciframento e o ciframento, uma equivalência de procedimentos[107].

Desde que problematizemos a relação da criança à estrutura da linguagem, pode-se distinguir, nas modalizações de diferentes séries que aparentemente são como contas dispersas, a marca do fio que as une num colar, ou seja, significantes que cifram singularmente sua relação à alteridade e organizam uma estruturalidade.

Tais significantes comparecem de modo irruptivo, esgarçando a continuidade das séries modalizadas pela criança. É pela sua reincidência em séries distintas em que eles se alocam repetindo sua constrição que se pode testemunhar a incidência da letra sedimentada, determinativa do texto em questão. Assegurar seu reconhecimento, apontando-o com a antífona[108] leiga do analista que a translitera, permite destacá-la como significante, responsório passível portanto de ser interrogado, pela criança, na plurivocidade que carrega. Assim, na interpretação, o que se faz operante é a insistência da equivocidade implicada no seu reconhecimento, pelo analista. Desde que tenha efetivamente incidência de letra, seu reconhecimento leigo permite desvelar a sua função determinativa. Assim, seja a diferença fonemática produzida na decalagem de uma homofonia, a estranheza que causa surpreendimento ou mesmo a alteração da acentuação que permite um chiste, a interpretação interroga a letra ao tomá-la na equivocidade que o significante permite envergar, causando o engajamento da criança na produção de sentidos em que ela exerce o deslizamento metaforonímico, trabalho sobre a língua capaz de alterar a posição que a fixava.

Na situação de Hans, analisada por Allouch[109], temos um exemplo dessa transposição. Se ela não comparece pelo franqueamento da transferência, já que não se trata de uma emergência clínica, ela permite explicitar aquilo de que se trata numa operação de transliteração, em que a formalização significante confere ao objeto fóbico a acessibilidade em que situa a criança nos impasses

---

[107] Cf. *Letra a letra,,* op. cit., p. 109.

[108] Com Viviane Veras, chamamos atenção para a etimologia da palavra antífona: falar contra, contra-dizer, tornar explícita a contradição. *Phon* deriva do radical indo-europeu *Bha-*, que designa a fala enquanto proferimento, ressonância de voz humana: *phone*, não enquanto significa mas enquanto o que se ouve, distinguindo a dimensão do significante.

[109] *Letra a letra,* op. cit., pp. 84-89.

da castração. Interessa notar o caráter de equivalência entre o que Lacan dá a ler no deciframento e o que Hans dá a ler no ciframento[110]. A transliteração barra a proliferação de sentidos pelo destacamento da estrutura em que o sentido produzido por Hans se desloca. Mantém-se na mesma linha da fobia que, tal como o deciframento, é uma pontuação.

Assim, a crise de Hans é:

$$(M+\varphi+a)\, M \sim m+\pi$$

ou seja, para Hans, a seqüência do desejo materno soma a mãe com seus pequenos outros e a irmã $(M+\varphi+a)$, que estão para além da mãe (M) como objeto. A crise consiste nessa tensão da criança de responder ao desejo materno, que a faz equivaler ($\sim$) ao seu eu (m) aumentado de seu pênis real (π).

A resposta fóbica (I) instaura a metáfora possível, atendento a urgência de Hans lá onde a função paterna não tem exercício:

$$\frac{I}{(M+\varphi+a)}\, M \sim m + \pi$$

A nomeação do cavalo (I) como agente da mordida, é substituição significante da seqüência do desejo materno $(M+\varphi+a)$, a que ele está angustiadamente apassivado, que lhe permite a conexão com outros significantes e a metaforização de seu campo. É o que faz da fobia esse passo onde se barra o objeto como referente, instaurando uma cifra que representa sua representação. O cavalo pontua o universo de Hans abalando seu meio, numa operação de *rebus-de-empréstimo-assinalado* [111], é sentinela avançada contra a angústia que faz a cifra ininteligível que o conduz a Freud.

Como marca Allouch[112], a operação de transliteração, efetuada por Lacan, situa a função do sintoma fóbico de Hans: suplência da castração (a figura heráldica do cavalo supre função paterna), substituição do desejo materno (o cavalo desloca e ordena o impasse da relação em que a criança está presa ao engodo de sua insuficiência para satisfazer a mãe, ao mesmo tempo que está

---

[110] Ibid., p. 76 e p. 94.

[111] Ibid., p. 93, onde o autor esclarece que o cavalo não é um objeto absoluto, não é o representante do objeto, mas a escrita de seu nome, escritura por imagem, tal como se observa no sonho, em que uma imagem escreve um signo, escrita não alfabética, escrevendo em figuras elementos literais, num rébus de empréstimo. Cf., no mesmo livro, p. 66.

[112] Ibid., pp. 77-80.

A CRIANÇA NA CLÍNICA PSICANALÍTICA

submetida ao capricho daquela) e abertura para a metaforização (o cavalo é objeto posto em função significante).

As graves patologias infantis, autismo e psicose, formatam modos como o corpo pode denunciar o impedimento à equivocidade, função primordial do significante e suas conseqüências na subjetivação, onde uma enunciação não se destaca. Engajado à motricidade, para evitar ou sustentar a captura especular em que se submete ao aprisionamento que o exclui ou que o cola ao olhar do outro, está impedido de poder recuperá-lo ou de poder perdê-lo.

É o que situa o autista fora do campo da linguagem e da função da fala. Nos termos de Jerusalinsky[113], qualquer significante tem para o autista um efeito de exclusão, o que se manifesta na posição de recusa ao olhar do outro, estendida muitas vezes a qualquer manifestação da alteridade que ultrapasse uma ordenação de hábitos. Tal exclusão é, entretanto, ativa. Ele não ignora o outro. Uma atenção oblíqua impede que seja surpreendido, na vigilância indireta destinada a preservar certo alheamento e a configurar a reciprocidade imaginária da ausência. Diferentemente do que ocorre no fóbico, o objeto tem posição siderativa na função de defesa contra o semelhante, defesa contra a demanda de exclusão do outro, cujo paradoxo é o de realizá-la. Apegado ao ponto onde se manifesta uma diferença, não pode extrair suas conseqüências. Fort-da sem fort nem da, o autista só é situável no traço de união em que o balanceio é seu girar na barra que os separa, apontando o fracasso do simbólico na tentativa de situar um ponto de referência tornado imediatamente em automatismo de repetição.

Nas psicoses precoces da infância, não se configura a exclusão verificável no autista, como aponta Jerusalinsky[114]. Uma inscrição se produz no sujeito que, entretanto, não tem instância na função significante, caracterizando a forclusão. A criança recebe a demanda do Outro numa posição em que a inscrição do traço unário não pôde ser simbolizada e só se mantém ao reproduzir-se no real, pela via de uma veste imaginária qualquer, na impossibilidade do efeito simbólico sobre a série significante. Assim, cada palavra carrega seu sentido definitivo, retida que está ao corpo materno que a contempla, tomando a criança como representante real do falo simbólico daquela e assim sustentando a impossibilidade de o Nome-do-pai operar simbolicamente. É o que faz do seu

---

[113] A. Jerusalinsky, "Autismo: a infancia no real", *Escritos de la infancia*, Buenos Aires, Edições FEPI, 1993, pp. 93-99.
[114] A. Jerusalinsky, "Psicose e autismo na infância: uma questão de linguagem", *Psicose*, Boletim da Associação Psicanalítica de Porto Alegre, Ano IV, nº 9, novembro de 1993, pp. 62-73.

discurso uma mera repetição de morfemas sem que eles produzam significação, onde a tentativa de tomar, ou compreender a posição da alteridade a mantém, entretanto, hipotecada à decisão do Outro, catapultada à alterização absoluta. Se ela fala referida a uma inscrição, ela o faz guiada nessa colagem ao Outro, reprodução incessante de um sentido inequívoco na tentativa de deslocamento em que reencontra o Outro no real, que lhe sustenta esse mesmo sentido, já que não há como registrar outro. Assim, uma estrutura fantasmática mínima se verifica, mesmo que se trate de psicose, denotando uma posição na linguagem em que modaliza a impossibilidade de relação ao objeto *a*.

A dificuldade do deciframento das manifestações da criança é a leitura que ele requer. Assim, a clínica de crianças se faz privilegiada para *"interrogar os analistas, a fim de que se dêem conta do que suas práticas tem de aleatório, o que justifica Freud ter existido"*[115]. O reconhecimento de modos de equivocidade, em que a criança supera a iteração da relação especular pela transposição em que escreve sua relação à alteridade, permitirá o trabalho necessário ao exercício de sua imparidade. Nessa medida, a posta à prova da interpretação como transliteração é condição para que se possa supor uma análise de crianças, na operação de passagem para uma outra escrita, do texto em que as manifestações da criança mostram o estofo da estruturalidade que as imagens, em seu valor de escrita não alfabética, permitem reconhecer no sonho e que Freud mostrou passível de deciframento, ao especificar suas operações. É o que nos lembra Allouch ao dizer que o sonho translitera ao voltar ao incidente de véspera para nele reiterar num rebus o que concerne ao sonhador, escrevendo em figuras, elementos literais: *"E a regra freudiana, tomando esses elementos um por um para seu deciframento, se apresenta como a regra fundamental de sua transliteração. É por se ter apegado estritamente a esta regra que um Champollion pôde tornar legíveis, enfim, os hieróglifos egípcios. Trans-literando, o sonho escreve. Escrevendo, o sonho lê e, em primeiro lugar, lê o que na véspera não pôde ser ligado. [...] O sonho, mas também toda formação do inconsciente, é cifração"*[116]. Portanto, não se trata de tomar as manifestações da criança como se fossem um sonho, mas de tomá-las no que elas permitem reconhecer formações do inconsciente, cujo estatuto de cifra permite operar deciframento e não tradução.

Enfim, as operações clínicas distinguíveis de pontuação, seriação e deciframento incidem, no exercício da clínica, trançadas umas às outras, res-

---

[115] J. Lacan, "Ouverture de la section clinique", *Ornicar?* Revue du Champs freudien, abril, 1977, p. 14.

[116] *Letra a letra* , op. cit., p. 70.

pondendo pois, pela interpretação. Elas orientam a direção do tratamento enquanto permitem assegurar a vigência da posição subjetiva no campo simbólico, onde a ordem de significância da criança destaca-se da encarnação em que responde pelo gozo do Outro, para articular-se nas versões de sua constituição fantasmática.

Conclusão

Desde que foi escavada pelo discurso social, a criança tornou-se mina de ideais, metal tão precioso que encarna, no nosso tempo, o veio de tantos alentos e de tantos mistérios, substituindo a devoção religiosa.

Esta posição orienta a função delegada à criança de responder pelo futuro, função investida na polimetria do narcisismo parental e atualizada nos dispositivos sociais asseguradores ou recuperadores desse projeto. É o que localiza a criança na fronteira da capacidade operatória da psicanálise, e que se confirma em grande parte das orientações clínicas capturadas por esse projeto, onde algo insiste em escapar por mais que se possa descrever ou significar suas manifestações.

Por mais paradoxal que seja, a condição de criança mantém flancos de impasse para a psicanálise, que demarcou a determinação da incidência do infantil nas formações psicopatológicas. Como tentamos mostrar, tais flancos são implicados pelas próprias cavilhas que constituem a condição de criança, sendo portanto desveladores de sua especificidade.

Fomos conduzidos ao trabalho de extração da especificidade da criança concreta na psicanálise, considerando a produção discursiva de sua consistência imaginária, recuperando extratos em que Freud a bordeja e retomando a problemática ainda atual implicada no confronto de Anna Freud e Melanie Klein. Tal extração permitiu problematizar o *que define a condição da criança concreta para a psicanálise* e situar a emergência dos constrangimentos da condição de analisabilidade que a criança impõe, explicitando o que, nessa malha, se modaliza da contingência estrutural da constituição subjetiva.

É claro que, em sua presença na clínica, a opacidade da criança implica o desdobramento da questão, em referência às modalizações que essa condição pode imprimir. Entretanto, o necessário estabelecimento da especificidade diferencial da *condição de criança* é o que dá lugar à localização de sua realização singular, na unicidade em que cada criança faz a presença enigmática que a clínica psicanalítica testemunha.

Atribui-se a dificuldade clínica imposta pela criança à precariedade de seus meios de interação. A competência da circulação da criança na língua é, desse modo, confundida com a estrutura de linguagem que preside sua inscrição como sujeito, no laço social. As conseqüências dessa perspectiva são complexas e percorrem as nuances da análise de crianças. Desconsiderar a vigência da linguagem na inscrição subjetiva implica manter inespecífica a autoria da demanda de análise. A queixa que orienta a demanda se opacifica, esvanescida no deslizamento entre o pólo criança-sintoma, em que não é reconhecida pelo semelhante, e o pólo do sintoma-da-criança, onde ela interroga a opaca equivocidade significante que a concerne, mas a que não pode equivaler. Sem o discernimento do sintoma da criança, a decorrência lógica é a implicação de uma direção do tratamento obstaculizada.

A convocação do analista enquanto dispositivo de suplência ou de continuidade da função parental é a via pela qual, muitas vezes, estes impasses são "resolvidos", conferindo à clinica o caráter de aplicação da teoria psicanalítica. Esta aplicação da teoria põe em ato a agudeza da descoberta freudiana, onde a inapreensibilidade do que causa um sujeito, dada na hiância que o determina, é revestida pelo domínio imaginário da correspondência direta entre a manifestação da criança e um significado supostamente predito e garantido pela teoria.

Tal modo de resolução cria sérios impasses à distinção da condição de criança para a psicanálise e, conseqüentemente, para a clínica de crianças, seja por operar uma redução da especificidade da psicanálise, ou mesmo por fazer, neste uso, a dissolução da possibilidade de aí haver clínica psicanalítica. Afinal, oferecer a teoria como resposta conteudística às manifestações clínicas, numa equivalência teoria/sujeito, é preencher o inconsciente com um conhecimento que saberia tudo de si, ou seja, conhecimento passível de ser dominado, supondo-o extinguível numa instância que não estaria submetida a seus efeitos.

Tentamos mostrar a secundaridade da competência lingüística da criança em relação ao campo da linguagem de onde ela emerge e onde a função

Conclusão

significante se exerce. Portanto, o campo da linguagem e a função da fala nos permitem orientar a especificidade clínica da análise de crianças sem que qualquer desvio do escopo psicanalítico se imponha.

A perspectiva de Jacques Lacan nos permite dissolver as questões quanto à analisabilidade de crianças, ao evidenciar a objetivação lógica da criança na linguagem e as condições formais das relações nas quais o organismo pode apreender-se sujeito, partindo da hipótese de que a especificidade da constituição subjetiva é a estruturação da relação com a alteridade, relação que se define pela diferença que se desdobra até a exaustão e produzindo um precipitado sem correspondência ou complementariedade: o sujeito desproporcional. As diferenças são marcadoras de reposicionamentos, em lances que reinstalam a nova e a mesma condição original de incomensurabilidade. É o que permite distinguir o progresso da subjetivação enquanto retrocesso, ressublinhamento do traço que designa o sujeito na repetição, a cada volta elíptica da mesma estrutura: repetição da diferença, que constrange o sujeito ao ato em que se precipita e em que se faz reconhecer em sua unicidade.

Assim, a incidência da hipótese do inconsciente é correlata de uma concepção de tempo não constrito pelos limites de uma condição ordenada pela cronologia ou pela sucessão evolutiva que o termo criança pemitiu supor. Afinal, o inconsciente é estrutura que sobredetermina a tensão entre a diacronia de um desdobramento subjetivo e a sincronia da reincidência da diferença. Enfim, a psicanálise permite considerar a constituição subjetiva como a lógica desta instauração que esclarece o retorno elíptico que permite o paradoxo subjetivo da diacronia sincrônica. Isso não convoca a recusa de uma espacialização do tempo na consideração de uma progressão, mas inscreve a sucessão numa lógica. A impossibilidade de uma medida temporal a partir da contagem de unidades temporais previamente definidas – em relação de exterioridade ao que se processa – ou da complexificação superadora de uma simplicidade estrutural a que jamais retornaria implica um percurso tensionado pelas incisões que enlaçam o que a realidade psíquica modaliza.

O sujeito, seja ele adulto ou criança, incide como modalidade da nodulação de três heterogêneos, em que o real, impossível de suportar, é demarcado por operações simbólicas agenciadas como equivalências imaginárias. Ao serem tomadas como cifração da relação à alteridade, as manifestações que concernem à criança, na relação transferencial, conotam as formações inconscientes que portam, tendo, conseqüentemente, valor de texto cifrado.

A CRIANÇA NA CLÍNICA PSICANALÍTICA

Distinguir essas cifras é operação de leitura do regramento da estrutura em jogo, considerando, portanto, um saber textual cujas cifras são capazes de reconstituir sua cadeia e a gramática de que é feito. É o que constitui a aposta de que as manifestações da criança, por mais carregadas de motricidade que sejam, são atos, ou seja, estão submetidas à letra, ao litoral entre o gozo e o saber, nas rasuras que arrimam o traço que está antes. Identificar esses significantes, localizados no ponto onde a linguagem se equivoca, é situá-los em seu estatuto de letra, operação de deciframento que se resume ao que faz cifra. Operação analítica do agente que a suporta num semblante, para permitir que a letra encontre lugar no Outro e, assim, como diz Allouch, desarrimar o gozo que lhe era atinente.

Bibliografia

Allouch, J., *Letra a letra*, Rio de Janeiro, Companhia de Freud, 1995.

Ancona-Lopez, M., *Psicodiagnóstico, processo de intervenção*, São Paulo, Cortêz, 1995.

Ariés, P. (1973), *História social da criança e da família*, Rio de Janeiro, Guanabara, 1981.

Balbo, G., Demanda e transferência, *Boletim da Associação Psicanalítica de Porto Alegre*, ano III, nº 7, 1982.

_____ . O desenho como originária passagem à escritura, *O mundo a gente traça*, Salvador, Ágalma, 1996.

Bercherie, P. , *Genesis de los conceptos freudianos*, Buenos Aires, Paidos, 1988.

_____ . *Os fundamentos da clínica*, Rio de Janeiro, Jorge Zahar, 1989.

Bergès, J., La voix aux abois, *La psychanalyse de l'enfant*, nº 3-4, Paris, Association freudienne, 1989.

_____ . La carte forcée de la clinique, *Le discours psychanalytique*, Paris, Association freudienne, 1990.

Bergès, J. e Balbo, G., *L'enfant et la psychanalyse*, Paris, Masson, 1994.

Bloch, H., Chemama R. et all., *Grand dictionnaire de la psychologie*, Paris, Larrousse, 1995.

Calligaris, C. *Introdução a uma clínica diferencial das psicoses*, Porto Alegre, Artes Médicas, 1989.

_____ . *Hipótese sobre o fantasma*, Porto Alegre, Artes Médicas, 1986.

_____ . Introdução a uma clínica psicanalítica, Seminário realizado em Salvador, divulgado pela Cooperativa Cultural Jacques Lacan, 1986.

Canguilhen, G. (1956), Qu'est-ce que la psychologie?, *Les cahiers pour l'analyse*, 1, 2, Paris, Societé du grafe, 1966.

Cazenave, L., *O que cura o psicanalista de crianças?*, atas do IV Encontro de psicanálise com crianças, São Paulo, 1991.

Chatel de Brancion, M.-M., Haverá um irredutível do sintoma?, *Letra Freudiana*, ano XV, nº 17-8, Rio de Janeiro, 1996.

Clavreul, J., *A ordem médica*, São Paulo, Brasiliense, 1983.

Corso, Severino e Pereira, Acerca do texto de Anna Freud, *Boletim da Associação Psicanalítica de Porto Alegre*, ano III, nº 7, 1992.

Darmon, M., *Ensaios sobre a topologia lacaniana*, Porto Alegre, Artes Médicas, 1994.

De Lemos, C., Da morte de Saussure, o que se comemora? *Revista Psicanálise e Universidade PUC-SP*, nº 3, 1995.

_____ . Saussure, um lingüista desejante, Palestra apresentada na Escola Psicanalítica de Campinas, Julho de 1996.

Deleuze, G., Em que se pode reconhecer o estruturalismo?, *História da filosofia*, org. Chatêlet, Rio de Janeiro, Zahar, 1967.

A CRIANÇA NA CLÍNICA PSICANALÍTICA

Donzelot, J., *A polícia das famílias*, Rio de Janeiro, Graal, 1980.

Dor, J., *Estrutura e perversões*, Porto Alegre, Artes Médicas, 1991.

_____ . *Estruturas e clínica psicanalítica*, Rio de Janeiro, Taurus-Timbre, 1991.

Duault, R., L'analyse des enfans ou de l'utilization d'un grand héritage, de Anna Freud et Melanie Klein à Françoise Dolto, *La psychanalyse de l'enfant nº 11*, Paris, Association Freudienne, 1992.

Elias, N., *O processo civilizador*, Rio de Janeiro, Jorge Zahar, 1994.

Fendrik. S., *Ficção das origens*, Porto Alegre, Artes Médicas, 1991.

Ferreira, A., *Novo dicionário Aurélio*, Rio de Janeiro, Nova fronteira, 1986.

Figueiredo, L.C., *Matrizes do pensamento psicológico*, Petrópolis, Vozes, 1991.

Freud, A. (1926), *O tratamento psicanalítico de crianças*, Rio de Janeiro, Imago, 1971.

_____ . (1935), *Psicanálise para pedagogos*, Santos, Martins Fontes, 1973.

_____ . (1946), *O ego e os mecanismos de defesa*, Rio de Janeiro, Civilização Brasileira, 1978.

Freud, S. (1895), *Proyeto de psicologia*, O.C., vol.I, Buenos Aires, Amorrortu,1992.

_____ . (1900), *La interpretación de los sueños*, O.C., vol. IV, Buenos Aires, Amorrortu, 1992.

_____ . (1901), *Sobre el sueño*, O.C., vol. V, Buenos Aires, Amorrortu, 1992.

_____ . (1905), *El chiste y su relación con lo inconciente*, O.C. vol. VIII, Buenos Aires, Amorrortu, 1992.

_____ . (1905), *Tres ensayos de teoría sexual*, O.C., vol. VII, Buenos Aires, Amorrortu, 1992.

_____ . (1907), *El criador literario y el fantaseo*, O.C., vol. IX, Buenos Aires, Amorrortu, 1992.

_____ . (1908), *Sobre las teorias sexuales infantiles*, O.C., vol. VII, Buenos Aires, Amorrortu, 1992.

_____ . (1909), *Análisis de la fobia de un niño de cinco años*, O.C., vol. X, Buenos Aires, Amorrortu, 1992.

_____ . (1912), *Consejos al médico sobre el tratamento psicoanalítico*, O.C., vol. XII, Buenos Aires, Amorrortu, 1992.

_____ . (1913), *Tótem e tabú*, O.C., vol. XIII, Buenos Aires, Amorrortu, 1992.

_____ . (1914), *Introducción del narcisismo*, O.C., vol. XIV, Buenos Aires, Amorrortu, 1992.

_____ . (1914), *Contribución a la história del movimiento psicoanalítico*, O.C., vol. XIV, Buenos Aires, Amorrortu, 1992.

_____ . (1917), *Sobre las transposiciones de la pulsion, en particular del erotismo anal*, O.C., vol. XVII, Buenos Aires, Amorrortu, 1992.

_____ . (1918), *De la historia de una neurosis infantil*, O.C., vol. XVII, Buenos Aires, Amorrortu, 1992.

_____ . (1920), *Mas allá del principio de placer*, O.C., vol. XVIII, Buenos Aires, Amorrortu, 1992.

_____ . (1925), A negativa, *Letra Freudiana*, ano VIII, nº 5, Rio de Janeiro, Taurus-Timbre, 1988.

_____ . (1925), *Las resistencias contra el psicoanálisis*, O.C., vol. XIX, Buenos Aires Amorrortu, 1992.

_____ . (1925), *Prologo a August Aichormn*, O.C., vol. XIX, Buenos Aires, Amorrortu, 1992.

_____ . (1926), *¨Pueden los legos ejercer el análisis?*, O.C., vol. XX, Buenos Aires, Amorrortu, 1992.

_____ . (1930), *El malestar en la cultura*, O.C., vol. XXI, Buenos Aires, Amorrortu, 1992.

BIBLIOGRAFIA

_____ . (1933), *Nuevas conferencias de introducción al psicoanálisis*, O.C., vol. XXII, Buenos Aires, Amorrortu, 1992.

_____ . (1938), *Conclusiones, ideas, problemas*, O.C., vol. XXIII, Buenos Aires, Amorrortu, 1992.

Gay, P., *Freud, uma vida para nosso tempo*, São Paulo, Companhia das Letras, 1989.

Gómes de Silva, *Breve diccionario etimológico de la lengua española*. México, Fondo de cultura econômica, 1988.

Grosskurth, P., *O mundo e a obra de Melanie Klein*, Rio de Janeiro, Imago, 1992

Izaguirre, M.A., *Psicoanálisis con niños*, Caracas, Monte Ávila Editores Latino- americana, 1994.

Jerusalinsky, A., Autismo, a infância no real, *Escritos de la infancia*, Buenos Aires, FEPI, 1993.

_____ . Psicose e autismo na infância: uma questão de linguagem, *Boletim da Associação psica-nalítica de Porto Alegre*, ano IV, nº 9, novembro 1993.

_____ . Pequena história do tempo lógico, *Cem anos de psicanálise*, Slavustsky, Brito e Sousa, orgs., Porto Alegre, Artes Médicas, 1996.

Jones, E., *A Vida e a obra de Sigmund Freud*, Rio de Janeiro, Imago, 1989.

Julien, P., *O retorno a Freud de Jacques Lacan: a aplicação ao espelho*, Porto Alegre, Artes Médicas, 1993

Kaufmann, P. (org.), *L'apport freudien*, Paris, Bordas, 1993.

Klein, M. (1932), *Psicanálise da criança*, São Paulo, Mestre Jou, 1975.

_____ . (1955), *Inveja e gratidão e outros trabalhos*, vol.III, O.C., Rio de Janeiro, Imago, 1991.

Lacan, J. (1949), Le stage du miroir comme formateur de la fonction du je, telle qu'elle nous est révéillée pour l'experience psychanalytique, *Écrits*, Paris, Seuil, 1966.

_____ . (1953) Fonction et champ de la parole et du language en psychanalyse, *Écrits*, Paris, Seuil, 1966.

_____ . (1953-4), Os escritos técnicos de Freud, *O Seminário, livro 1*, Rio de Janeiro, Jorge Zahar, 1979.

_____ . (1956), Situation de la psychanalyse et formation du psychanalyste en 1956, *Écrits*, Paris, Seuil, 1966.

_____ . (1956-7), A relação de objeto, *O Seminário, livro 4*, Rio de Janeiro, Jorge Zahar, 1995.

_____ . (1958), La signification du phallus, *Écrits*, Paris, Seuil, 1966.

_____ . (1957-8), *Formations de l'inconscient*, Seminário V, inédito.

_____ . (1958), La direction de la cure et les principes de son pouvior, *Écrits*, Paris, Seuil, 1966.

_____ . (1959-60), A ética da psicanálise, *O Seminário, livro 7*, Rio de Janeiro, Jorge Zahar, 1988.

_____ . (1960), Intervenção no Congresso de Bonneval.

_____ . (1960), Subversion du sujet et dialectique du désir dans l'inconscient freudien, *Écrits*, Paris, Seuil, 1966.

_____ . (1960), Remarques sur le rapport de Daniel Lagache, *Écrits*, Paris, Seuil, 1966.

_____ . (1960-1), A transferência, *O Seminário, livro 8*, Rio de Janeiro, Jorge Zahar, 1992.

_____ . (1961-2), *L'identification*, Seminário IX, inédito.

_____ . (1962-3), *L'angoisse*, Seminário X, inédito.

A CRIANÇA NA CLÍNICA PSICANALÍTICA

_____ . (1963), Os nomes do pai, seminário de 20/11/63, *Che vuoi?*, ano 1, nº 1, Cooperativa cultural Jacques Lacan, Porto Alegre, 1986.

_____ . (1964), Position de l'inconscient, *Écrits*, Paris, Seuil, 1966.

_____ . (1964), Os quatro conceitos fundamentais da psicanálise, *O Seminário, livro 11*, Rio de Janeiro, Jorge Zahar, 1988.

_____ . (1966), Da estrutura como intromistura de uma alteridade, prévia a qualquer que seja o sujeito, *A controvérsia estruturalista*, org. Macksey, R. e Donato E., São Paulo, Cultrix, 1976.

_____ . (1967-8), *L'Acte psychanalytique*, Seminário XV, inédito.

_____ . (1967), Proposición del 9 octobre sobre el psicoanalista de la Escuela, *Momentos cruciales de la experiencia analitica*, Buenos Aires, Manantial, 1987.

_____ . (1967), Discurso de encerramento das Jornadas sobre as psicoses na criança, *Boletim da Associação Psicanalítica de Porto Alegre*, ano III, agosto de 1992.

_____ . (1968-9), *D'un Autre à l'autre*, Seminário XVI, inédito.

_____ . (1969), Dos notas sobre el niño, *Intervenções e textos 2*, Buenos Aires, Manantial, 1991.

_____ . (1969-70), O avesso da psicanálise, *O Seminário, livro 17*, Rio de Janeiro, Jorge Zahar, 1992.

_____ . (1970-1), *D'un discours que ne serait pas du semblant*, Seminário XVIII, inédito.

_____ . (1971-2), *Le savoir du psychanalyste* , Conférènces à Saînte-Anne, inédito.

_____ . (1973), L'Étourdit, *Scilicet*, nº 4, Seuil, Paris, 1973

_____ . (1973-4), Mais ainda, *O Seminário, livro 20*, Rio de Janeiro, Jorge Zahar, 1982.

_____ . (1973-4), *Les nons dupes errent*, Seminário XXI, inédito.

_____ . (1973), Lettres de l''Ecole nº XV, Congress de L'E.F.P, Montpellier, 1973.

_____ . (1974), *Televisão*, Rio de Janeiro, Jorge Zahar, 1993.

_____ . (1974-5), *RSI*, Seminário XXII, inédito.

_____ . (1975), Conferencia en Ginebra sobre el sintoma, *Intervenciones e textos 2*, Buenos Aires, Manantial, 1988.

_____ . (1975-6), *Le sinthome*, Seminário XXIII, inédito.

_____ . (1977), Overture de la section clinique, *Ornicar*, 1977.

Leite, N. , História e estrutura, *Revista Dizer*, Rio de Janeiro, Escola Lacaniana de Psicanálise, nº 7, novembro de 1993.

Lévi-Strauss, C., *Antropologia estrutural*, Rio de Janeiro, Tempo Brasileiro, 1975.

Lerude, M., Au bonheur des enfants, *La psychanalyse de l'enfant*, Paris, Association Freudienne, 1992.

Macedo, R., *Diagnóstico psicológico*, São Paulo, mimeo, 1980.

Mannoni, M., *A teoria como ficção*, Rio de Janeiro, Campus, 1986.

Masson, J., *A correspondência completa de Sigmund Freud para Wilhelm Fliess – 1887-1904*, Rio de Janeiro, Imago, 1986.

Melman, C., *Novos estudos sobre o inconsciente*, Porto Alegre, Artes Médicas, 1994.

Milner, J.-C. (1966), Que é a psicologia?, *Estruturalismo*, Org. E.P. Coelho, Martins Fontes, 19.

BIBLIOGRAFIA

_____ . *Les noms indistints*, Paris, Seuil, 1983.

_____ . *O amor da língua*, Porto Alegre, Artes Médicas, 1987.

_____ . *A obra clara*, Rio de Janeiro, Jorge Zahar, 1996.

Santana, C., *Sobreonome*, São Paulo, inédito, 1996.

Silveira Bueno, *Grande dicionário etimológico-prosódico da língua portuguesa*, Ed. Brasília, 1974

Scwartzman, S., Assumpção Júnior, F., *Autismo Infantil*, São Paulo, Mennon, 1985.

Ocampo, M.L., Garcia Arzeno, M. E. e outros, *O processo diagnóstico e as técnicas projetivas*, São Paulo, Martins Fontes, 1981.

Perrot, M., Figuras e papéis, *História da vida privada*, vol. IV, org. Aries, P., São Paulo, Companhia das letras, 1995.

Piaget, J. (1972), Problemas de psicologia genética, *Os pensadores*, São Paulo, Abril cultural, 1983.

Robert , *Dictionnaire de la langue Française*, Paris, Le Robert, 1991.

Pommier, G., *A neurose infantil da psicanálise*, Rio de Janeiro, Jorge Zahar, 1992.

_____ . *A ordem sexual*, Rio de Janeiro, Jorge Zahar, 1992.

Porge, E., *Psicanálise e tempo*, Rio de Janeiro, Campo Matêmico, 1994.

Santa-Roza, E., *Quando brincar é dizer*, Rio de Janeiro, Relume-Dumará, 1993.

Sauret, M.-J., *De l'infantile à la structure*, Paris, Presses universiteires du Mirail, 1992.

Saussure, F. (1916), *Curso de lingüística geral*, São Paulo, Cultrix, 1993.

Souza, O., *Fantasia de Brasil*, São Paulo, Escuta, 1994.

Trinca, W. e cols., *Diagnóstico psicológico*, São Paulo, EPU, 1984.

Ulhoa Cintra e Cretela Júnior, *Dicionário Latino-Português*, São Paulo, Anchieta, 1947.

Veras, V., *Fantasia*, Campinas, inédito, 1995.

_____ . *O passeio da tradução pelo jardim do mais amargo amor*, IV Encontro Nacional de tradutores, Fortaleza, 1996.

Wahl, F., *Estruturalismo e filosofia*, Cultrix, São Paulo, 1967.

OBRAS PUBLICADAS

Psicanálise e Tempo
Erik Porge

Psicanálise e Análise do Discurso
Nina Leite

Letra a Letra
Jean Allouch

Mal-Estar na Procriação
Marie-Magdeleine Chatel

Marguerite ou "A Aimée" de Lacan
Jean Allouch

Revista Internacional nº 1
A Clínica Lacaniana

A Criança na Clínica Psicanalítica
Angela Vorcaro

A Feminilidade Velada
Philippe Julien

O Discurso Melancólico
Marie-Claude Lambotte

A Etificação da Psicanálise
Jean Allouch

Roubo de Idéias?
Erik Porge

Os Nomes do Pai em Jacques Lacan
Erik Porge

Revista Internacional nº 2
A Histeria

Anorexia Mental, Ascese, Mística
Éric Bidaud

Hitler – A Tirania e a Psicanálise
Jean-Gérard Bursztein

Littoral
A Criança e o Psicanalista

O Amor ao Avesso
Gérard Pommier

Paixões do Ser
Sandra Dias

A Ficção do Si Mesmo
Ana Maria Medeiros da Costa

As Construções do Universal
Monique David-Ménard

Littoral
Luto de Criança

Trata-se uma Criança – Tomos I e II
Congresso Internacional de Psicanálise e suas Conexões – Vários

O Adolescente e o Psicanalista
Jean-Jacques Rassial

— Alô, Lacan?
— É claro que não.
Jean Allouch

A Crise de Adolescência
Octave Mannoni e outros

O Adolescente na Psicanálise
Raymond Cahn

A Morte e o Imaginário na Adolescência
Silvia Tubert

Invocações
Alain Didier-Weill

Um Percurso em Psicanálise com Lacan
Taciana de Melo Mafra

A Fantasia da Eleição Divina
Sergio Becker

Lacan e o Espelho Sofiânico de Boehme
Dany-Robert Dufour

O Adolescente e a Modernidade – Tomos I, II e III
Congresso Internacional de Psicanálise e suas Conexões – Vários

A Hora do Chá na Casa dos Pendlebury
Alain Didier-Weill

W. R. Bion – Novas Leituras
Arnaldo Chuster

Crianças na Psicanálise
Angela Vorcaro

O Sorriso da Gioconda
Catherine Mathelin

As Psicoses
Philippe Julien

O Olhar e a Voz
Paul-Laurent Assoun

Um Jeito de Poeta
Luís Mauro Caetano da Rosa

Estética da Melancolia
Marie-Claude Lambotte

O Desejo do Psicanalista
Diana S. Rabinovich

Os Mistérios da Trindade
Dany-Robert Dufour

A Equação do Sonhos
Gisèle Chaboudez

Abandonarás teu Pai e tua Mãe
Philippe Julien

A Estrutura na Obra Lacaniana
Taciana de Melo Mafra

Elissa Rhaís
Paul Tabet

Ciúmes
Denise Lachaud

Trilhamentos do Feminino
Jerzuí Tomaz

Gostar de Mulheres
Autores diversos

Os Errantes da Carne
Jean-Pierre Winter

As Intervenções do Analista
Isidoro Vegh

Adolescência e Psicose
Edson Saggese

O Sujeito em Estado Limite
Jean-Jacques Rassial

O que Acontece no Ato Analítico?
Roberto Harari

A Clínica da Identificação
Clara Cruglak

A Escritura Psicótica
Marcelo Muniz Freire

Os Discursos e a Cura
Isidoro Vegh

Procuro o Homem da Minha Vida
Daniela Di Segni

A Criança Adotiva
Nazir Hamad

Littoral
O Pai

O Transexualismo
Henry Frignet

Psicose, Perversão, Neurose
Philippe Julien

Como se Chama James Joyce?
Roberto Harari

A Psicanálise: dos Princípios Ético-estéticos à Clinica
W.R. Bion – Novas Leituras

O Significante, a Letra e o Objeto
Charles Melman

O Complexo de Jocasta
Marie-Christine Laznik

O Homem sem Gravidade
Charles Melman

O Desejo da Escrita em Ítalo Calvino
Rita de Cássia Maia e Silva Costa

O Dia em que Lacan me Adotou
Gérard Haddad

Mulheres de 50
Daniela Di Segni e Hilda V. Levy

A Transferência
Taciana de Melo Mafra

Clínica da Pulsão
Diana S. Rabinovich

Os Discursos na Psicanálise
Aurélio Souza

Littoral
O conhecimento paranóico

Revista Dizer - 14
A medicalização da dor

Neurose Obsessiva
Charles Melman

A Erótica do Luto
Jean Allouch

Um Mundo sem Limite
Jean-Pierre Lebrun

Comer o Livro
Gérard Haddad

Do pai à letra
Hector Yankelevich

A experiência da análise
Norberto Ferreyra

A fadiga crônica
Pura H. Cancina

O desejo contrariado
Robert Lévy

Psicanálise de Crianças Separadas
Jenny Aubry

Lógica das Paixões
Roland Gori

Um narrador incerto
Lucia Serrano Pereira

IMPRESSÃO

GRÁFICA MARQUES SARAIVA
Rua Santos Rodrigues, 240 - Estácio / RJ
Telefax: (21) 2502-9498